CARLA WEISZ

O DONO DA HISTÓRIA

CARLA WEISZ

O DONO DA HISTÓRIA

editora évora.

Presidente
Henrique José Branco Brazão Farinha
Publisher
Eduardo Viegas Meirelles Villela
Revisão
Cirlene Ferreira Doretto
Ariadne Martins
Ilustrações de miolo e capa
Álvaro Reitman
Capa
Álvaro Reitman
Impressão
Edições Loyola

Copyright © 2016 *by* Carla Weisz
Todos os direitos reservados à Editora Évora.
Rua Sergipe, 401 – Cj. 1.310 – Consolação
São Paulo – SP – CEP 01243-906
Telefone: (11) 3562-7814/3562-7815
Site: http://www.editoraevora.com.br
E-mail: contato@editoraevora.com.br

DADOS INTERNACIONAIS PARA CATALOGAÇÃO NA PUBLICAÇÃO (CIP)

W461d

Weisz, Carla
  O dono da história / Carla Weisz. – São Paulo : Évora, 2015.
  260p. ; 16 x 23 cm.

  ISBN 978-85-8461-034-1

  1. Ficção brasileira. I. Título.

CDD- B869.3

JOSÉ CARLOS DOS SANTOS MACEDO – BIBLIOTECÁRIO – CRB7 N. 3575

Dedico estas páginas as minhas filhas, Luisa e Anna Helena, com o desejo de que esta história apoie seus desenvolvimentos em todas as dimensões de suas vidas, sendo sempre responsáveis por seus atos e suas escolhas.

Agradecimentos

Minha vida tem sido cheia de experiências intensas, iluminadas por muitas pessoas especiais, algumas mais próximas, outras distantes e por tantas que, mesmo sem saber, influenciaram minhas escolhas e meu aprendizado.

Muitas dessas experiências foram a base de criação da vida do personagem principal. Nele, coloquei parte de meus questionamentos. Cada palavra criada, cada momento do livro me ofereceu um dos maiores prazeres da minha vida: a liberdade para escrever o que minha criatividade pudesse alcançar – e o fiz com toda a minha sinceridade emocional.

Mas toda esta explosão de mim mesma, o êxtase que experimentei no processo de conceituação e produção deste livro, só foi possível de viver porque meu marido Johnny me deu apoio incondicional e ainda cuidou das questões burocráticas do lançamento. Ele é meu companheiro, meu amigo, um homem inteligente, o parceiro perfeito na missão de criar nossas duas filhas, tornando nosso lar a expressão de nossas crenças e valores.

Meu marido entendeu minha ausência e criou soluções para eu ter alguma tranquilidade para escrever ao cuidar de nossas filhas. Uma pessoa sensível que cocriou comigo este sonho, me escutou em muitas madrugadas quando minha mente e meu corpo explodiam de ideias e eu precisava compartilhar, ser encorajada ou mesmo freada. Este livro é nosso!

Quando finalizei *O dono da história*, muitas pessoas me perguntaram quanto tempo levei para escrevê-lo. Na prática, foram quatorze meses entre o projeto e a escrita, mas, na verdade, passei parte dos últimos anos da minha vida nutrindo o desejo de escrever um livro com os assuntos abordados aqui e me preparando, estudando. Quando entendi que escrever história é uma forma de criar novas possibilidades e de ajudar as pessoas a sonharem, consegui colocar em prática o meu sonho.

Agradeço a Deus por ter me permitido ser mãe da Luisa e Anna Helena, dois anjos que me motivam a cada instante a me tornar um ser humano melhor através da simplicidade e espontaneidade de seus sorrisos. Estes tem o dom de eliminar problemas, tornando a vida mais fácil, mais gostosa e muito mais feliz. Dois seres humanos ainda tão pequenos, mas já demonstram muita compreensão do mundo.

Anna Helena, meu pequeno anjo de 5 anos, é muito esperta, me desafia e, ao mesmo tempo, me enche de carinho com palavras espontâneas de amor. Sua alegria e suas músicas preenchem nossas manhãs e nossas vidas. Luisa, a mais velha, aos 9 anos, já é uma leitora voraz, inteligente, comunicativa, doce e dona de um vocabulário que impressiona muitos adultos, ao passo que não deixa de acreditar nos contos de fada e no poder da magia.

A minha mamãe devo e agradeço a formação do meu caráter, ela me ensinou os maiores valores que carrego comigo, a honestidade, a integridade, o valor da palavra e a ser forte diante das adversidades da vida. Criou e educou sozinha meus dois irmãos e a mim com muita garra e ainda tem fôlego para repetir, até hoje, os mesmos ensinamentos de quando éramos crianças. Um exemplo de coragem.

Ainda no âmbito familiar, agradeço minha tia Sandra e meu tio Careca *(in memoriam)*, minha avó Lourdes *(in memoriam)* e meu avô Augusto *(in memoriam)* pelo amor incondicional doado a mim e aos meus irmãos. Onde minha avó estiver, estará vibrando por este livro ser uma realidade, pois este era seu sonho, mas a doença não permitiu que ela realizasse isso.

Um agradecimento especial às pessoas que trabalharam na minha casa nos últimos anos, pelo cuidado com o nosso lar, permitindo que eu tivesse tranquilidade para trabalhar.

Este livro fala de liderança, cultura e protagonismo e eu me considero uma pessoa de muita sorte, pois tive bons exemplos em minha vida e ótimos mestres.

Agradecimentos

Reconheço minha dívida impagável com o Nardini, por seu papel decisivo na minha história, o líder direto mais importante que tive o prazer de conhecer, conviver, errar e aprender. Uma pessoa que soube me dar o espaço necessário para que o melhor de mim aflorasse. Na sua equipe, tive anos dourados da minha trajetória profissional, com um grupo de pessoas especiais, onde, juntos, como um verdadeiro time, construímos uma história de valor que se tornou referência e, à medida que éramos encorajados por nosso líder, outras causas foram abraçadas por nós e todos ganhamos muito. Até hoje, conto com seu apoio, pois quando apresentei a ideia do livro, sem questionar qualquer detalhe prático, mais uma vez, ele acreditou em mim e me deu o estímulo que eu tanto precisava em uma fase de muita dúvida. Ao seu lado, me sinto competente. Nardini, você é eterno!

Meu reconhecimento vai também para Juliana Rios, uma pessoa inteligente, corajosa e dedicada, que me ensinou especialmente sobre a importância dos detalhes. Nossa fase profissional foi tão intensa e cheia de boas realizações que nos tornamos grandes amigas, dividindo nossas experiências, questionamentos e alegrias em todas as dimensões de nossas trajetórias e escolhas.

Também agradeço profundamente a Gislaine Gallette, amiga e parceira que sempre esteve ao meu lado vibrando com meus projetos, incluindo a decisão de escrever. Obrigada por sua empolgação e por ser tão boa ouvinte. Compartilhamos nossas vidas, crenças e nossas carreiras ajudando uma a outra. Gi, obrigada pela confiança em meu trabalho e parabéns pela coragem de empreender de forma ética, criando um negócio admirável.

José Renato Salles teve importante influência em meu desenvolvimento e ganho de consciência. Suas palavras sempre cheias de humanidade me estimularam e seus ensinamentos estão presentes em mim.

Também aprendi com as pessoas que atuaram de forma contrária ao que acredito. Aquelas que conheci que não servem de bons exemplos, mas tem sua importância, porque despertaram em mim uma vontade de crescer, de fazer diferente e me ajudaram a aprender o que não deve ser feito em termos de liderança e na construção de uma cultura saudável. Sem elas, a vida seria apenas uma paisagem.

Sou grata a minha amiga Ione Antunes, participante do projeto de fornecedores do Banco Real, uma guerreira, exemplo de luta e amor à vida, uma verdadeira protagonista que muito me inspirou na concepção de personagens deste livro. Parabéns por sua força.

A incrível parceria e dedicação do Cassio Rosas da agência KMS foi fundamental para o projeto de lançamento do livro e desenvolvimento do meu site. Sua ajuda, competência e dedicação pessoal me comovem, eu o admiro imensamente por sua inteligência, humildade e disposição para ajudar as pessoas a sua volta. E ainda teve a sacada de me apresentar o Álvaro Reitman, o ilustrador que este livro precisava. Com sensibilidade, ele soube expressar meu desejo, foi aberto às mudanças sugeridas e ficou animado com o projeto. Sua vibração tornou a criação e o processo mais prazeroso.

Na organização do texto, contei com a ajuda do Luigi Santos-Hammarlund que mesmo vivendo na Suécia e hoje tendo uma profissão diferente de redator, dispensou do tempo com a família para atender nosso pedido e mostrou que não perdeu o jeito. Valeu!

Em minha trajetória, contei com o Agnelson Correali, meu primeiro *coach*, que neste papel permaneceu por longos anos, sempre disposto a me socorrer em momentos de crise, ensinar em momentos de crescimento e me dizer a verdade em momentos de loucura. Em outra fase, o Álvaro de Paula Souza fez este trabalho. Profissionais que acolheram meus questionamentos e me estimularam a buscar respostas em situações de dúvidas, viradas e retomadas. Obrigada pelo carinho, pelo respeito, por vocês terem me estimulado e tanto me ensinado. Sou muito feliz por ter conhecido vocês e por permanecerem em minha jornada.

Obrigada, Irene Azevedo e Luiz Concistré, por me ajudarem a acessar o pessoal da Editora Évora. Obrigada, Eduardo Villela, que, desde o primeiro contato ao telefone e em todas nossas reuniões, foi disponível, simples, honesto, aberto e acreditou na proposta deste livro. Obrigada, Henrique Farinha e Claudia Rondelli, por cuidarem da produção e lançamento desta obra.

Marco Barcellos, Roberto Torres e Cristina Oliveira, agradeço por dedicarem tempo para ler o livro antes de sua publicação. Suas palavras foram encorajadoras e de valor inestimável.

Tenho tantas pessoas a agradecer... Na certeza de ter deixado de mencionar algum nome, espero que sintam sua importância em minha vida e o carinho que a vocês dedico.

"Somos todos anjos com uma asa só; e só podemos voar quando abraçados uns aos outros." (Luciano de Crescenzo)

Eis aqui outros anjos da minha vida que, de alguma forma, me ajudaram a voar:

Ademir de Sena, Alessandro Rinaldi, Amália Sina, Andrea Galego, Alex Silva, Alex Gonçalves, Alessandra Marcondes Ferreira, Alberto Saul, Adriana Lassalvia, Alexandre Campos de Souza, Ariane de Castro Coelho, Aurea Regina de Sá, Beatriz Conversano, Cinaria Gonçalves, Claudine Silva, Claudia Perrone, Claudio Yusta, Cristiane Molenhauer (*in memoriam*), Christine Christophe, Cristina Nogueira, Daniele Rodrigues, Danielle Camargo, Douglas Lucarelli, Eliana Ventura, Ernesto Krauz, Fabio Barbosa, Fátima Motta, Jane Teixeira, José Salibi Neto, Jairo Glikson, Geórgia Batah, Hélio Augusto (*in memoriam*), Karen Molenhauer, Ligia Velozo Crispino, Ligia Sommerfeld, Ligia Lopes, Luciene Bloise, Luiz Fulfaro, Luiz Antonio Pacheco, Maria Cristina Carvalho, Marcelo Greco, Marcia Cury, Márcia Rocha, Maria Aparecida, Maria Luiza Dias, Marcos Maia, Marcos Thiele, Marcão, Maurício Fernandes, Meg Chiaramelli, Marcus Manduca, Martus Tavares, Myrene Boueri, Mônica Morita, Norberto Sommerfeld, Nelson Kawakami, Paulo Sérgio, Silvia Martinelli, Patricia Castro, Patricia Weisz, Ricardo Guimaraes, Rita Lima, Roberta de Cassia, Rose Gabay, Sabrina Nogueira, Silvana Machado, Tamara Barbosa, Vanessa Andrade, todas as pessoas incríveis que tive o imenso prazer de liderar e que tanto me ensinaram e meus alunos queridos no MBA da Poli/USP.

Meus irmãos Augusto e Sérgio, vocês são vencedores. Minha especial admiração ao meu irmão Sérgio pela coragem e humildade, um exemplo de resiliência e determinação.

Aos meus padrinhos de batismo, Ellen e Nassib, obrigada por me amarem mesmo na distância da vida hoje e por terem me mostrado a alegria da vida em família.

Prefácio

> *"A imaginação tem todos os poderes: ela faz a beleza,*
> *a justiça e a felicidade os maiores poderes do mundo."*
> Georges Pascal, *Pensamentos*

Quando recebi o livro da Carla Weisz para analisar, fiquei surpreso. Li as primeiras páginas e não entendi bem o que estava acontecendo. Era uma história de ficção, bem escrita, que passava reflexões sobre as práticas de negócio. Era um livro inusitado sobre valores morais. Seu Milton, dona Márcia, senhor Mauro, senhor Antonio, professor Edson, senhor Alex, dona Beatriz e outros personagens se apresentam como figuras míticas, encarnadas pelos valores éticos defendidos pela autora. Figuras poéticas semelhantes àquelas analisadas por Sócrates e Platão.

Minha surpresa inicial não era em relação ao conteúdo, mas ao estilo do livro. Não estou acostumado a ler histórias imaginárias que não pertençam ao gênero romance – salvo engano, o último livro de moral que li nesta mesma linha foi *Utopia*, escrito pelo filósofo Thomas More. Faz uns cinco anos. Mas a história de Milton Leone, narrada por Carla, não se assemelha à experiência do personagem Rafael Hitlodeu criado por More – o primeiro narra seus encontros com pessoas que defendem os valores do sucesso justo, nos ensina o bom caminho nos negócios e na vida; já o segundo se detém a criticar nossas crenças sobre tudo aquilo que nossa sociedade considera correto e verdadeiro para sustentar as relações de exploração. Apesar da semelhança no estilo, são livros bem distintos na forma e no conteúdo.

Em todos esses anos ministrando palestras e consultorias no mundo corporativo, acabei desenvolvendo um estilo de comunicação mais acadêmico. Meus livros tratam das teorias filosóficas de ética com minhas experiências de vida. Minha maneira de escrever não é melhor ou mais legítima que a da Carla, só temos trajetórias diferentes e falamos para públicos distintos. Os presidentes e diretores de empresas que me acompanham gostam bastante do meu pensamento lógico, abstrato e erudito. Das polêmicas e dos exercícios intelectuais que proponho. Mas este é um estilo que toca somente uma parte da cultura organizacional da empresa. Exclui muitas outras. Não é possível ter um discurso homogêneo, que agrade a todos.

Já o discurso da Carla é diferente, mais lúdico e simples – fórmula que garante uma melhor assimilação em um outro universo importante que eu tenho dificuldades em atingir. Sua experiência bem-sucedida como gestora de recursos humanos, sua boa vontade, sua preocupação com a formação humana e uma boa dose de dedicação são os talentos que ela utiliza para falar com a maioria dos gestores e colaboradores que lidam diretamente com as atividades operacionais, com os desafios diários da instituição. Seja com clientes, seja com fornecedores.

A autora fala aos corações de quem está na base do sistema, os agentes concretos da realidade. Muitos CEOs e acadêmicos da administração ignoram a importância do que denominam "a massa". Eles os tratam indevidamente como inferiores, ignorantes, tutelados, brutos e pouco confiáveis. Comportamento que os atrasados líderes empresariais do Terceiro Mundo vivem repetindo – um erro que nem o mais radical fascista americano ou europeu cometeria: primeiro, porque esses funcionários são a alma do negócio. Segundo, porque eles aprenderam com Karl Marx que as revoluções começam de baixo para cima.

Com o advento da ditadura civil-militar em 1964, nosso país perdeu uma leva importante de intelectuais da filosofia e da sociologia que se dedicavam a discutir e ensinar as grandes questões da ética. Filosofia moral era disciplina obrigatória no ensino médio. Os militares decidiram retirá-la para oferecer o curso de educação moral e cívica, que nada mais era do que uma tentativa malsucedida de lavagem cerebral segundo as ideologias do regime. Esse lamentável fato histórico privou cinco gerações de uma formação filosófica e ética decente. Hoje, a sociedade paga um alto preço por essa lacuna em nossa formação.

Nesse sentido, contribuições como as de Carla Weisz são muito importantes. Ela tenta resgatar, com suas histórias, o pensamento pró-ativo da personalidade empreendedora. Em sua trajetória, o protagonista depara com pessoas especiais que lhe ensinam valores filosóficos como "confiança" (acreditar), "equilíbrio" (ganha-ganha), "dignidade na condução das ações" (forma de fazer), "solidariedade" (ensinar), "diálogo" (conversar) e "entusiasmo" (encantar).

Acredito que os valores elencados pela autora transcendem sua experiência profissional no gerenciamento de equipes de recursos humanos. Eles são úteis não somente para os negócios, mas para outras esferas da vida também. Confiança, entusiasmo e diálogo são as chaves para conduzir amizades, casamento ou a relação entre pais e filhos. Nada é mais caro e difícil de administrar nesta vida do que o cuidado com as pessoas. Como recompensa, nada nos oferece maior retorno do que elas. Do que adianta ter um cônjuge bonito que não é digno de confiança? Ou ter uma ideia lucrativa, colaboradores qualificados, mas desmotivados e incapazes de dialogar com todos os envolvidos? Será que um bom pai aceitaria um filho bem-sucedido que não se preocupa em ser honesto para conseguir o que quer?

O livro oferece possibilidades de reflexão sobre diversas áreas da nossa vida. Meditar sobre nossas condutas, nossas estratégias, analisar o que estamos fazendo certo ou errado. Enquanto intelectual, sempre recomendo uma leitura bem crítica. Nunca aceitem passivamente as ideias que explicamos ou defendemos – isso vale para os textos da Carla e para os meus também. Questionar é a melhor maneira de crescer – note que as crianças se desenvolvem na base dos "porquês", dos questionamentos, e não das respostas prontas.

Dou um exemplo: no primeiro capítulo, "O jeito de acreditar da Dona Márcia", percebemos como a confiança no outro é um valor importante. Toda relação, mesmo com aqueles que não gozam de boa credibilidade, se sustenta em um mínimo de confiança do que esperar do interlocutor. Sabemos o que podemos ou não falar, em que situações ou o que podemos esperar de alguém de quem não gostamos. A confiança no outro, este "acreditar da dona Márcia", é o que sustenta a própria sociedade. Mas eu também ensino, em minhas palestras e livros, que a desconfiança também é um valor muito importante. Quanto nós poderíamos ter sofrido menos com alguns relacionamentos, ou quanto poderíamos ter poupado dinheiro se desconfiássemos um pouco mais... Confiança e desconfiança, crer e duvidar. Valores conflitantes, antagônicos, mas que precisam ser dosados na condução da vida.

Gosto deste exercício filosófico quando deparo com reflexões dessa natureza. Alguns alunos me dizem: "Professor, não me sinto preparado para fazer uma reflexão crítica deste nível". Nós, acadêmicos, também esbarramos nessa dificuldade. Na universidade utilizamos os seminários, estratégia pedagógica na qual os especialistas leem os textos em conjunto, um ou dois capítulos por vez, e dialogam sobre ele. Vira uma rede de conhecimento. Você, leitor, também pode fazer a mesma coisa no trabalho, no bar ou com a família. Um livro como este merece ser lido e discutido com outras pessoas para extrair o máximo de informação e perspectivas de leitura.

Deixo o leitor degustar esta obra e tirar suas próprias conclusões. Fazer sua própria leitura crítica. Não é preciso ter lido a *Utopia*, de Thomas More, ou qualquer outro livro de filosofia para se aventurar nas reflexões deste livro. Para aqueles que gostam de "ler e aplicar" antes de tirar suas próprias conclusões, os ensinamentos de Milton Leone talvez façam o leitor gozar da mesma sorte que Thomas More teve com o rei Henrique VIII da Inglaterra. Quem sabe.

Leia e interprete sem moderação.

__Clóvis de Barros Filho__
Professor livre-docente da ECA/USP. Palestrante há mais
de dez anos no mundo corporativo e consultor pelo Espaço
Ética. É autor de vários livros sobre ética.

PRÓLOGO

Julho de 1990

Não sabia ao certo como tudo acabaria, mas eu tinha que seguir em frente na minha decisão de arrumar emprego e viver em São Paulo.

Minha tia me acordou às 5h30 da manhã. Ela era muito gentil e me acolheu por um tempo em sua casa apertada. A ideia era encontrar um emprego logo e, em seguida, outro lugar para morar. Naquele dia, pulei da cama, coloquei minha calça jeans e uma camiseta de manga comprida. A manhã estava fria, mas o sol dava sinal de que iria dar as caras. Tomei café com minha tia e meus primos menores, e fui para o ponto de ônibus.

Iria visitar uma agência de serviços temporários. Era o que eu vinha fazendo naqueles últimos dez dias em busca de um emprego. Minha tia morava na Vila Matilde e eu iria para o centro da cidade, na Praça da República.

Estava amanhecendo quando cheguei ao ponto de ônibus. Nas manhãs de inverno, o dia sempre parece chegar mais tarde nessa cidade cheia de poluição.

Entrei no ônibus, que já estava cheio. Resolvi pagar e ir logo para a frente, para olhar melhor o caminho. Tudo aquilo era uma grande novidade para mim. Eu sentia o aperto da multidão opressora, que dificultava minha passagem. Enfim consegui me segurar em um banco perto do motorista. Vivia um misto de emoções. Estava animado, mas, ao mesmo tempo, com receio e cheio de dúvidas.

Não sabia ao certo onde estávamos, pedi para outro passageiro me avisar quando estivéssemos perto do meu ponto de descida.

Depois de uns dez minutos de viagem, notei que um senhor começou a puxar assunto com o motorista, desviando-lhe a atenção. Parecia que iam começar a discutir. O ônibus vinha rápido e, de repente... Não vi direito o que aconteceu.

★★★

Um turbilhão de ideias... Fragmentos da minha vida começaram a aparecer, era muito confuso. Eu estava lá, mas, ao mesmo tempo não estava. Era uma sensação estranha, especialmente porque ouvia risadas de crianças e alegria.

Eu era, aliás, uma das crianças que corriam pela casa. Minha mãe fazia o almoço e meu pai andava atrás de mim e dos meus irmãos, pedindo para gente não fazer muita bagunça.

Logo nos sentamos à mesa para o almoço de domingo. Como sempre, comíamos a macarronada da minha mãe, que aprendeu a cozinhar com minha avó. Como toda boa italiana, ela adorava fazer massa e nós, como a maioria das crianças, adorávamos macarronada com molho vermelho. Era sempre assim o nosso almoço aos domingos. Sentávamos todos à mesa e meu pai fazia questão de agradecer pela comida e pela família. Enfim, por estarmos todos juntos. Ele também agradecia pelo trabalho, coisa que aprendeu com meus avós, imigrantes italianos que vieram para o Brasil. Esse comportamento ficou mais forte depois que meu pai começou a frequentar a igreja.

Do almoço, minha mente foi direto para uma noite em que meu pai acabara de chegar da fábrica. Juntou os filhos em volta para contar como tinha sido o dia. Ele sempre contava para gente com muito orgulho que tinha um emprego e que assim conseguia cuidar da sua família – segundo ele, algo muito importante na vida de um homem.

Meu pai trabalhava em uma tecelagem. Nós ouvíamos animados suas histórias. Um homem honesto, trabalhador, satisfeito com a vida que tinha. Senti saudade desses tempos, dos meus irmãos e de mim, ainda criança. Senti saudade especialmente do Natal, mesmo ganhando somente um único brinquedo, que era dado pela fábrica onde meu pai trabalhava. Foi uma tristeza saber que Papai Noel não existia.

Os brinquedos até eram bons, mas eu já estava lotado de soldadinhos. Gostava mesmo era de brincar na rua. Por onde ia, carregava sempre comigo minha lata de bolinhas de gude, era como se eu exibisse um troféu. Tinha o maior orgulho da minha coleção, pois era uma das poucas coisas em que eu conseguia ser melhor que o Giovani, meu irmão mais velho. Ninguém podia comigo em matéria de bolinha de gude! Eu ganhava não só do meu irmão, mas de toda a molecada da rua. Como dizíamos, eu "rapelava" todo mundo!

Minha irmã Dedé, nossa caçula, vibrava com isso. Ela adorava minha lata de bolinhas de gude e, vez ou outra, eu dava uma bolinha para ela especialmente quando ganhava as brancas, que chamávamos de bolinha de leite, e as grandes azuis transparentes. Ela dizia que pareciam tesouros.

Também lembrei de uma ocasião triste, que aconteceu quando eu tinha 12 anos. Meu pai tentou esconder a situação de todos nós, mas logo percebi que algo estava errado. Seu dinheiro tinha acabado antes do fim do mês, depois de pagar as contas. Acredito que naquele dia ele estava especialmente triste, pois minha mãe tinha decidido ajudar nas despesas, ou seja, tinha decidido arranjar um emprego. Acho que foi a primeira vez que ouvi os dois discutindo. Meu pai era do tipo que achava que esposas e filhos tinham de ser sustentados pelos maridos, coisa que deve ter aprendido com meu avô.

Meu pai não teve muito estudo, mas, em sua simplicidade, ensinou para a gente a força da palavra e do caráter. Ele sempre dizia:

– Palavra não tem mola, depois que sai da boca, não volta mais.

O tempo todo ele nos ensinava a honrar nossas palavras e cumprir promessas, mesmo nas situações mais complicadas. Foi isso que ele sempre procurou fazer com a gente, especialmente na hora de dizer coisas que não são boas.

Veio à cena meu pai saindo bem cedo para trabalhar, religiosamente, no horário de sempre, mesmo nos dias de muita chuva e frio. Naqueles dias, meus irmãos e eu não queríamos ir à escola e ele dizia: "Vamos, molecada, não existe dia ruim, somente roupas inadequadas para enfrentar o dia. Nada cai do céu, dinheiro não dá em árvore e trabalho honesto não quebra os ossos de homem nenhum".

Meu pai era mais próximo do Giovani, talvez por ele ser o filho mais velho ou porque eles gostavam das mesmas coisas. Os dois adoravam jogar bola juntos, mas eu gostava mesmo de ler meus gibis, especialmente do Homem-Aranha que, quando tirava a roupa de super-herói, tornava-se um garoto simples, magrelo, mas que sempre tentava ajudar as pessoas. Acho que foi nessa época que comecei a pensar que a gente deveria ter direito a uma vida melhor. Pensava que, se Deus existisse mesmo, ele tratava seus filhos de forma diferente: uns tinham mais que os outros.

As histórias dos gibis me levavam para um universo diferente. Eu também queria fazer alguma coisa pelo mundo e pelas pessoas. Mas, claro, não tinha um lança-teias nos pulsos e, além de tudo, na minha cidade quase não havia prédios. No dia em que vi um comercial na TV, que se passava em São Paulo, na Avenida Paulista, cheia de prédios enormes, com a câmera ligada em um ângulo que dava mais imponência à cena, eu pensei: "Um dia, quero estar lá".

★★★

Eu via e ouvia tudo isso, mas sabia que não estava vivendo aquilo de verdade. Comecei a sentir o suor em meu rosto, meu coração batia muito forte. "Que merda é essa que eu fiz?" Sentia uma dor enorme nas pernas. "Ai, ai, ai, que dor desgraçada é essa?" Tentei segurar minhas pernas, mas não consegui, a dor parecia aumentar. Apertei os dentes para segurar a dor terrível e fechei os olhos.

— Calma, você vai ficar bom. Vai dar tudo certo, pode confiar.

"Confiar?" Eu olhei para a dona daquela voz doce e vi um anjo de olhos azuis com o corpo inclinado, todo de branco, colocando um termômetro embaixo do meu braço.

— Será que estou no céu?

— Não, você está no hospital, eu sou a doutora Alice e estou cuidando de você. Já faz dois dias que você chegou aqui.

CAPÍTULO 1

O JEITO DE ACREDITAR DA DONA MÁRCIA

· No hospital

Eu não sabia, mas estava havia dois dias no hospital. Tinha apagado. Sentia muitas dores nas pernas e a doutora Alice era a médica residente que estava cuidando de mim. Uma mulher jovem e linda, de pele branca, cabelos castanhos bem claros e grandes olhos azuis. Sua voz era doce e firme, ela tinha um olhar bastante acolhedor. Com uma aura de compaixão e generosidade, ela era uma visão extremamente animadora, capaz de me acalmar. Com tranquilidade, começou a me contar o que havia acontecido.

— Você passou dois dias desacordado, seu quadro clínico agora é estável. Houve um acidente com o ônibus em que estava. O motorista se distraiu, atravessou o farol vermelho, bateu em um caminhão e depois rodopiou. Suas pernas ficaram presas na ferragem. Por sorte, elas ainda estão aí. Mas deixe de lado a preocupação porque o prognóstico é bom. Irá sentir dores por mais algum tempo, mas vai sarar. Tivemos muitos feridos naquele veículo, as pessoas que estavam sentadas na frente foram as que mais se machucaram. Consegue se lembrar de algo?

— A única coisa de que me lembro é de um senhor puxando assunto com o motorista. Depois, ouvi muitos gritos. Foi tudo rápido demais, um desespero danado e... apagou tudo! Minha nossa! – Disse repentinamente, me recompondo. – E a minha tia? E os meus pais? Eles devem estar achando que eu morri!

– Olhe, nós não conseguimos avisar ninguém, pois você estava sem documentos quando chegou aqui. Eu preciso de seus dados e de um telefone de contato. Podemos prosseguir? – Foi quando ela começou a escrever em uma folha (ficha médica):

– Nome?
– Milton Leone.
– Idade?
– 20 anos.
– Peso?
– 68 kg.
– Altura?
– 1,73 m.
– Pessoa de contato?
– Luzia, é minha tia.
– Telefone?
– 829 73 02.

– Muito bem. A enfermeira vai lhe dar alguns comprimidos para atenuar a dor e eu vou deixar você descansar. Mais tarde, à noite, eu volto. Vamos então conversar mais.

A enfermeira era sisuda, bem diferente da doutora Alice. Ela me deu vários remédios, mediu minha pressão e foi embora. Mal consegui ver se ela tinha dentes.

Fiquei meio dormindo, mas acordava de tempos em tempos, um sono intermitente. Quando parecia que ia pegar no tranco e me manter acordado, dormia novamente. A cama do meu lado direito estava vazia, mas na cama da esquerda havia um senhor que fazia um barulho danado para respirar. Eu não o vira acordar naquele dia. Pelo menos nos poucos momentos que eu consegui enxergar de verdade algo ao meu redor.

Mais tarde, a doutora passou para me ver, conforme o combinado. Conversamos pouco. Eu ainda sentia muita vontade de dormir, uma moleza que ia além do que podia controlar. Eu queria levantar, mas faltava força. Em horas assim, é fácil ver como somos pequenos e frágeis. Também percebemos como temos pouquíssimo domínio em relação à nossa própria vida.

Os remédios eram mais fortes que minha vontade de abrir os olhos. Na manhã seguinte, eu iria fazer alguns exames, especialmente para avaliar a condição das minhas pernas. Se desse tudo certo, poderia seguir com o tratamento e começar a fisioterapia. Eu nem entendia direito como era isso, mas compreendi que seria importante para exercitar minhas pernas e voltar a andar. O pior é que talvez eu ainda tivesse de ficar mais uns dez dias no hospital. Foi isso que me deixou mais zonzo e injuriado.

Como poderia ficar tanto tempo num hospital? Nem mesmo tinha arrumado um emprego e já tinha fracassado. Começava a achar que era um cara desafortunado e que nunca deveria ter vindo para São Paulo. Meus sonhos estavam acabando em pesadelo, um pesadelo de pernas mancas, pensava. E se minhas pernas não ficassem boas?

Além disso, só conseguia pensar no alívio, pela primeira vez, de não gostar de jogar futebol, como meu irmão Giovani. Se aquilo tivesse acontecido com ele, ficaria arrasado. Se bem que ele provavelmente era capaz de surpreender todo mundo, ficar bom, voltar a jogar no campeonato e, ainda, terminar como artilheiro.

No primeiro dia em que minha tia veio me visitar, ela me arrumou um bloco de anotações, o que passou a ser muito útil. Eu ficava anotando tudo o que me vinha na mente para ajudar a passar o tempo. Anotava também algumas palavras da doutora Alice e as coisas que eu ouvia do senhor ao meu lado. Pensava no sentido que daria à minha vida, o que me deixava agitado. Também percebi que o senhor ao meu lado ficava sempre em silêncio e não recebia visitas. Estranho.

Paciente: Milton Leone
Idade: 20 anos
Leito 7B
Prontuário: 2587369-5

25873695

O revés do que parecia ruim

Os resultados dos exames felizmente foram animadores. Eu iria ficar bom. Minhas pernas voltariam a funcionar direito, mas teria de ficar mais algum tempo no hospital, naquele quarto sem televisão, sem ninguém para conversar. Minha tia não conseguia me ver todos os dias. O horário de visitas era bem no meio da tarde e ela trabalhava. O restante da minha família morava longe. Era impossível para eles virem durante a semana e, muito menos, desembolsarem muito dinheiro para pagar a hospedagem em São Paulo. Pensava: "Que tédio! Eita vida de merda essa a minha! Saí da casa dos meus pais pra ficar preso em um hospital, ora essa!"

Uns três dias depois do resultado positivo dos meus exames, os remédios foram diminuindo. Eu já me mantinha acordado o dia todo e usava o tempo para pensar e escrever.

Lembro que, num fim de semana, passei por um grande teste no hospital, só que daquela vez não foi no meu corpo. Foi um exame que mediu o tamanho de minha decisão de continuar a viver em São Paulo.

Meus pais vieram me visitar num sábado. Chegaram agitados. Como bons italianos, falavam alto e, ao mesmo tempo, tentavam disfarçar a preocupação. A única coisa que eles conseguiam dizer era para eu voltar para casa, que eu não precisava passar por tudo aquilo, que me amavam e estariam esperando por mim de braços abertos. Fiquei bem balançado, foi emocionante receber a visita deles e sentir que se importavam comigo. Porém, algo me dizia que eu deveria resistir a tudo isso e ficar em São Paulo por mais um tempo.

No dia seguinte, domingo, foi a vez da minha tia me visitar, com seu delicioso bolo de chocolate, que eu comi como se fosse criança. Depois que ela foi embora, o seu Pereira, meu vizinho da cama esquerda, me olhou firme. Pela primeira vez, senti que ele queria conversar ou, ao menos, ganhar um pedaço do bolo.

Comemos trocando poucas palavras. Depois que serviram o jantar, resolvi puxar conversa com ele.

– Seu Pereira, ontem eu ouvi a doutora Alice dizer que, até hoje, ninguém nunca atendeu o telefone que forneceu ao hospital. Sua família sabe que o senhor está aqui?

— Não, filho – ele me disse. – Um dia, quando meus filhos ainda eram crianças, fui embora de casa. Com o tempo, fui espaçando as visitas, passei a vê-los cada vez menos. Faltava em apresentações da escola, às reuniões de pais e às competições de natação. Sabe, eu me casei com outra mulher. Ela tinha muito ciúmes dos meus filhos e da minha ex. Provavelmente porque era estéril. Foi uma dessas paixões loucas que arrasam a vida de um homem e não deixam a gente raciocinar direito, Milton. Fui feliz enquanto estávamos juntos, porém uma doença grave a levou de mim. E aí já era tarde para recuperar o tempo que ficou para trás com meus filhos. Há coisas que não voltam, que o tempo não consegue curar. Foi assim comigo... Mas eu sei que, se eles estivessem menos ocupados, talvez viessem me visitar.

"Era melhor acreditar nisso e continuar tendo esperanças", pensei. Mas lá no fundo, ele sabia que ninguém viria. Olhei nos seus olhos e foi duro ver aquele senhor soltar uma lágrima tímida e dolorida, que se desprendeu do olho e rolou em sua face devagar. Fiquei quieto, sem saber o que falar, mas ele continuou.

— Gostaria de começar de novo. Teria ficado mais tempo com eles e cumprido minhas promessas. Espero que eu tenha uma chance de dizer isso a eles, algum dia.

E prosseguiu:

— Como forma de retribuir o bolo de chocolate, quero lhe pedir para olhar bem para este velho aqui e refletir: se você tivesse 76 anos, o que você gostaria que sua família dissesse sobre sua pessoa? Pense no que diriam seus filhos, seus netos. Hoje, não consigo ouvir a voz deles, nem mesmo uma queixa, nada – disse em tom desconsolado.

Emudeci, nada vinha à minha mente como resposta a esse lamento. Consegui apenas fazer um leve sinal com a cabeça, como quem diz: "Entendi". Aquilo tinha me pegado fundo. Fiquei com pena do seu Pereira.

Fechei os olhos para dormir, sem conseguir. Que situação aquela, a do seu Pereira. Vou pedir para a doutora Alice ligar para a minha tia e pedir a ela dois bolos, um para o seu Pereira e o outro para mim. Fiquei pensando: "O que as pessoas da minha família, incluindo os filhos que possivelmente terei um dia, falarão de mim no final da minha vida?"

Estava no hospital, ainda sem saber o que viria pela frente, mas uma coisa era certa, decidira começar a planejar seriamente como construir minha vida, assim como o que eu espero deixar para os outros.

O seu Pereira tinha me dado um presente. Ele me mostrou a importância de se pensar a respeito de nossas atitudes, coisa que eu nunca tinha feito. Parecia que tudo tinha clareado. Realmente, se eu começasse a pensar no futuro, talvez as minhas chances de sucesso pudessem aumentar.

A conversa da noite anterior tinha me marcado. Seria necessário passar por uma crise ou por um desastre para entender o valor da bondade, entender o que vale a pena na vida? Qual será a maneira mais tranquila de aprendermos quem são as pessoas importantes em nossa jornada? Pessoas à nossa volta, com quem nos relacionamos todos os dias? Quais são suas qualidades e que tipo de problemas enfrentam?

Foi tão simples começar a falar com o seu Pereira... Pensei sobre o assunto e notei que poderia conversar mais com as pessoas do meu cotidiano com o intuito de conhecê-las um pouco melhor. Pode ser que elas queiram coisas simples, talvez até as mesmas coisas que eu. Eu quero apenas alguém para trocar ideias, para me dar o apoio que preciso neste momento difícil, e o seu Pereira está sozinho, ao meu lado, e também precisando de apoio. Assim, nos ajudamos mutuamente. Esse novo olhar sobre o mundo me distraiu por algum tempo e dispersou meus antigos medos. Também me deu uma pista. Seja lá o que for fazer da minha vida, é bom começar a pensar muito bem em como tratar as pessoas. Percebi que seria muito triste, muito mesmo, ter como único arrependimento não ter tido o cuidado de dedicar mais tempo às pessoas importantes. Não teria custado um tostão, seria somente uma escolha.

Cochilei e, quando abri os olhos novamente, percebi que a vida é uma grande troca, as relações são construídas no dia a dia, nas pequenas coisas, nos simples gestos. Como partilhar um bolo de chocolate e se interessar por quem está à nossa volta.

Não queria voltar para casa dos meus pais. Sabia que, se fizesse isso, aquela coragem que um dia tomou conta de mim e me trouxe para esta cidade maluca iria desaparecer. Há coisas que a gente só faz uma vez na vida. Mas também, por outro lado, este lugar me dizia com todas as letras que era preciso ir embora, que eu não era bem-vindo. Ou será que era?

Por que aquele acidente acontecera justo comigo? Um cara simples, que veio do interior atrás da ideia de "se fazer" na cidade grande. Verdade, aquele era um projeto ainda meio vazio, sem forma, sem pé nem cabeça, mas era algo comum. Em poucos dias de São Paulo, vi a quantidade de gente que vem de longe em busca de uma vida melhor. Comigo não era diferente. Tinha dentro de mim a grande vontade de estudar, de trabalhar e, quem sabe, ter um futuro, em vez de simplesmente casar e viver para pagar as contas... como meu pai. Queria mais da vida.

Naquela altura, ainda nem sabia o que poderia fazer. Não tinha uma profissão, nem mesmo um curso técnico para constar no currículo. Terminei o colegial e, como gostava de ler, havia dado cabo de vários livros e gibis. Leituras que me transportavam para mundos imaginários, mas que também me faziam pensar e aprender.

Fui flagrado em meus devaneios com a chegada inesperada da doutora Alice. Estava viajando tanto que nem percebi quando ela entrou no quarto. Nesse dia, após me examinar, ela deu uma boa olhada na minha perna e quis saber sobre os exercícios com a fisioterapeuta. Foi quando ela me surpreendeu contando que, quando eu estava desacordado, eu havia dito algumas palavras sem nexo, parecia que estava conversando em um dialeto alienígena. Ela me disse que, durante os sonhos, nosso inconsciente dá alguns sinais e transmite mensagens. Se a gente prestar atenção, podem surgir as pistas que procuramos para nos conhecermos melhor.

Como fiquei desacordado, sob o efeito de fortes analgésicos e medicamentos para induzir o sono, ela resolveu me contar alguns dos devaneios do período que eu estava dormindo:

— Milton, você fazia uma espécie de prece quando estava em coma, não completava as frases inteiras, mas falava que queria fazer algo. Falou várias vezes que gostaria de ser alguém, de pertencer a este mundo. Percebi que você é uma pessoa diferenciada, especialmente em relação à grande parte dos pacientes que passam por aqui. Você demonstrou muita vontade de viver e lutou para estar aqui. *E agora você está aqui*, com a vida a seu dispor.

Pensei: "A meu dispor?" Ela estava totalmente enganada a meu respeito. Eu não era capaz de controlar meu destino.

— Sabe, Milton, nenhuma pessoa vê o mundo como outra — ela continuou. — Uma pessoa vê a morte mais cedo que a outra e, nesse caso, pode desistir de tentar. Você, ao contrário, dizia o tempo todo que não queria morrer. Usava um palavreado estranho, incompreensível, o que me intrigou bastante, pois em vários momentos você ficou bastante agitado. Parecia que iria sair correndo, mesmo sem poder andar, com uma pressa louca de chegar em algum lugar. Dava a impressão que queria viver para realizar o seu objetivo. Bom, posso lhe perguntar uma coisa?

– Claro, doutora.

– O que você deseja?

Aquela pergunta seca e direta foi um golpe para mim. O que eu deveria dizer? Por instantes, achei que poderia inventar algo sensacional, para causar uma boa impressão. Sei lá, que eu queria ser médico, salvar criancinhas... Mas uma voz interior de sabedoria, do meu pai, me resgatou e lembrou que devo sempre dizer a verdade, em qualquer situação.

Não foi no primeiro minuto, nem no segundo, que consegui falar. O silêncio que se instalou foi irritante. Aquele olhar acolhedor esperava uma resposta. Mas eu estava lá, estatelado naquela cama. Quando a minha voz saiu, quase que de repente, esbocei algumas palavras:

– Olha, doutora, eu não sei ao certo. É estranho para mim também. Eu quero ter uma vida melhor, fazer alguma coisa grande da qual eu possa me orgulhar. Gostaria de trabalhar e, principalmente, poder estudar, fazer faculdade. Acho que as pessoas que têm formação acabam tendo mais oportunidades, são mais respeitadas. Eu quero aprender, conhecer coisas novas, viver em um mundo diferente do que eu conheço.

Enquanto falava, minha voz ia ficando mais baixa, como se pedisse desculpas.

– Nem sei se isso pode ser considerado uma meta. Mas para mim é algo muito importante, que não consigo definir e nem mesmo explicar. Desculpe-me se a frustrei. Talvez esperasse que eu quisesse descobrir a cura de alguma doença, mas só o que espero conseguir neste momento é a cura do meu próprio temor, o temor de não achar o que vim encontrar nesta cidade. Quero ser capaz de continuar, não de desistir. Já sei que as dificuldades serão muitas. O mais fácil parece ser voltar para a casa dos meus pais, expliquei.

Num dado momento, consegui acrescentar:

– Meu sonho não tem forma, cor ou cheiro, nem mesmo valor. Algo me diz, aqui dentro de mim, que posso fazer alguma coisa importante. Só que aí veio esse acidente. No dia que aconteceu, estava procurando uma agência de serviços temporários para fazer uma ficha e tentar arrumar um trabalho. Confesso que não quero voltar para minha cidade. Minha família sempre foi boa comigo. Tive uma infância feliz, sem luxos, mas com muito amor e harmonia. Quero um destino diferente do que o meu pai teve, enfiado em uma fábrica, esperando o dia da aposentadoria. Nada de errado, claro, isso serviu para ele, mas eu quero mais. Só preciso só saber exatamente o quê.

Aqueles olhos azuis fitavam-me atentos e expressivos. Ela respirou profundamente antes de dizer que a visita tinha acabado e que eu deveria continuar firme nos exercícios. Porém, em vez do costumeiro "até amanhã", acrescentou:

– Sabe, Milton, as pessoas são diferentes. Sentimos de jeitos diferentes. Se você quer algo a mais para a sua vida, não desista. Para começar, concentre-se em ficar bom logo.

Despedi-me. Foi como se um estopim tivesse se incendiado dentro de mim. Pela primeira vez, tive vontade de sarar, de estar zerado. Acreditava que a doutora era realmente um anjo em minha vida. Foi nessa hora que comecei a perceber que, quando uma coisa ruim acontece, pode ser que outra coisa, muito boa, esteja por vir.

Os dias no hospital continuaram. Era uma rotina, exceto por algumas pequenas mudanças. Os remédios foram diminuindo e comecei a até achar graça na comida. Os encontros com a doutora Alice me animavam tanto que, quando ela ia embora, eu já começava a contagem regressiva para a próxima visita. As conversas foram se tornando mais longas e profundas. Eu me sentia à vontade com ela. Ela era uma daquelas pessoas que a gente confia logo de cara. Tinha esse dom especial de me deixar calmo e confiante, além de uma habilidade incrível de me fazer pensar sobre assuntos importantes. Admirava não só sua beleza, mas também as perguntas que fazia antes de ir embora, que sempre me deixavam refletindo. Ela era uma médica atenciosa e generosa, que conversava muito com os seus pacientes. Todos pareciam perceber isso, e comigo não era diferente. Já estava até gostando de ficar ali, confesso, mas o dia da alta se aproximava. Foi quando, mais uma vez, ela me surpreendeu, ao me entregar um pedaço de papel:

– Este aqui é o endereço do escritório da minha mãe, o nome dela é Márcia. Eu já falei de você e ela o aguarda. Minha mãe montou uma empresa e está contratando profissionais. Nada de serviço temporário, é para ser fixo e com registro em carteira.

— Mas eu não sei fazer nada, sou um cara comum — disse. E pensei comigo: "Um cara comum sim, mas louco por uma oportunidade".

Ela falou em tom firme:

— Pare de se colocar pra baixo e aceite minha indicação. Você quer um emprego e ela precisa contratar gente. O que há de mal nisso? — indagou.

Recebei alta no dia seguinte. Foi duro me despedir do seu Pereira e deixá-lo ali. Prometi a ele que iria visitá-lo em breve, levando um bolo de chocolate. Mas a grande verdade é que eu mal tinha saído do hospital e já sentia saudades da doutora Alice. Foi aí que comecei a pensar seriamente em ir procurar o escritório da dona Márcia. Quem sabe eu teria alguma chance de vê-la novamente? A possibilidade me deixou entusiasmado.

Depois da avenida

Depois da alta, resolvi procurar o endereço da Serviços Difusão, que era o nome da firma. Escolhi o caminho mais longo. Não sei por que, mas acho que no fundo eu estava com medo do que ia encontrar.

Desci na estação Consolação, tive de andar bastante. Achava que o lugar era mais próximo, mas ficava no sentido oposto, perto do Paraíso. Quando me dei conta, resolvi andar e apreciar a imponente Avenida Paulista, ainda meio sem acreditar em tudo o que já tinha ocorrido em tão pouco tempo vivendo em São Paulo. Lembrei-me do comercial que um dia tinha visto na TV, mostrando aquela avenida. Comecei a me sentir leve, contente. Naquele momento, senti uma grande paz, uma sensação de plenitude. Sentia que era mais do que eu mesmo. Fui andando e cantando a música "Coisas da Vida", de Rita Lee:

> Quando a lua apareceu
> Ninguém sonhava mais do que eu
> Já era tarde
> Mas a noite é uma criança distraída
> Depois que eu envelhecer
> Ninguém precisa mais me dizer
> Como é estranho ser humano

Nessas horas de partida

É o fim da picada
Depois da estrada começa
Uma grande avenida
No fim da avenida
Existe uma chance, uma sorte
Uma nova saída

Qual é a moral? Qual vai ser o final
Dessa história?
Eu não tenho nada pra dizer
Por isso eu digo
Eu não tenho muito o que perder
Por isso jogo
Eu não tenho hora pra morrer
Por isso sonho

São coisas da vida
E a gente se olha, e não sabe
Se vai ou se fica.

Quando cheguei na Serviços Difusão, no bairro do Paraíso, procurei pela dona Márcia. Uma mocinha me entregou um papel preso a uma prancheta marrom e pediu para que eu preenchesse e avisasse quando tivesse terminado. Estava animado. Especialmente porque a doutora Alice tinha cuidado muito bem de mim. Se ela era uma pessoa tão boa, a mãe dela deveria ser igual. Nem imaginava o que viria pela frente.

Uma mulher madura, provavelmente com seus 50 e poucos anos, veio falar comigo. Dona Márcia era bem diferente da doutora Alice. Mais morena e um pouco mais baixa.

Ela era muito carismática, cheia de energia. Parecia divertida e direta, ou seja, uma pessoa verdadeira e singular na forma de se vestir, de falar e de ver as coisas. Reparei na atitude de respeito e consideração que ela tinha com a mocinha da recepção. Não só com ela, mas com todos. Quando ela apareceu, saudou a todos que estavam sentados na recepção da empresa.

Depois de me cumprimentar, ela indicou a sua sala. Falei muito pouco. O mais importante foi que ela me pediu para voltar na segunda-feira seguinte, às 8 horas da manhã, para fazer um treinamento. Saí de lá sem acreditar. Será que eu conseguira mesmo um emprego? Fui embora zonzo, verdade, mas de alegria.

Um começo

Na segunda-feira cheguei à porta do escritório às 7h25. O treinamento começou às 8 horas em ponto.

Contei cerca de quinze homens na sala. Percebi então que a doutora Alice dissera a verdade. A mãe dela estava mesmo precisando contratar gente. Ela não tinha feito aquilo só por mim. Confesso que senti uma pontinha de decepção. Havia acreditado que a médica tinha ido com a minha cara... Sei lá, que poderia querer me ver outra vez. Loucura minha, é claro. Ela nunca iria dar bola para um cara como eu. Ao mesmo tempo, senti um certo alívio, pois nunca fico muito à vontade ao receber favores de outras pessoas. Também me sentia mal ao pensar que a doutora Alice pudesse ter algum sentimento de pena. O que eu sentia a respeito de mim mesmo já era o suficiente.

A dona Márcia começou explicando por que ela tinha reunido todos ali. A intenção era que todos fizessem o mesmo treinamento, independente de idade ou mesmo da experiência anterior.

Ganhamos um bloco de anotações e uma caneta para escrevermos tudo o que iríamos aprender. Já era o segundo bloco que eu ganhava, acho que foi daí que peguei essa mania de escrever. A dona Márcia nos orientou a anotar tudo, para depois reler o que havíamos aprendido e tirar quaisquer dúvidas que pudessem surgir.

Ela contou sua própria história, seus planos. Eu me espantei um pouco. Finalmente conhecia alguém que tinha coragem suficiente para contar suas ambições a outras pessoas. Fiquei impressionado com a forma com que dona Márcia falava, assim como todos à minha volta, pois havia um entusiasmo crescente na sala. Suas palavras contagiavam o ambiente.

Foi aí que fui interrompido pela voz do meu pai, que surgiu repentinamente no meu pensamento:

— Milton, essa história de sonho não é para gente como nós!

Voltei à realidade, matutando: "Quando é que eu vou me libertar desta âncora que carrego? Meus pais me ensinaram coisas fundamentais, mas será que havia sido o suficiente? Por que é que eu deveria querer a mesma coisa que eles?"

Meus pensamentos foram interrompidos pela voz de dona Márcia, que pedia, naquele momento, que todos se apresentassem, um de cada vez, dizendo o nome e a idade, juntamente com algo curioso a respeito de si próprios.

Conforme as pessoas iam falando e a minha vez chegava, fui ficando nervoso. Descobri que havia candidatos à vaga mais velhos do que eu, e também muitos que já tinham trabalhado como garçom. Comecei a achar que não tinha nada a oferecer, apenas a minha vontade. Escolhi agarrar aquela chance única. Enchi-me de coragem, disse meu nome, minha idade e o fato, sem dúvida curioso para os presentes, de que não havia qualquer experiência, como garçom ou em qualquer outra atividade, já que só tinha feito uns bicos na minha cidade.

— No entanto, se conquistar este emprego, darei tudo de mim — completei.

Acho que a dona Márcia percebeu meu constrangimento. No final das apresentações, ela se pôs a explicar a importância do treinamento. Seu desejo era de que todos os funcionários tivessem o mesmo jeito de servir e atender os clientes, pois o que sua empresa tinha mesmo para oferecer era gente — profissionais que iriam levar o nome da empresa para frente.

A primeira coisa que ela nos ensinou foi que o nome que levamos no peito é o nosso próprio nome. Só depois vem o nome da empresa, que pode variar e, por isso, era preciso zelar primeiro pelo nosso próprio nome, fazendo sempre a coisa certa ao entrar e, principalmente, ao sair de um cliente. Nessas situações, deveríamos sempre sair pela mesma porta que entramos, a porta da frente. E ela acrescentou:

— Desde o dia que comecei esse negócio, decidi que tudo o que fizesse, que todas as decisões, das mais simples às mais difíceis, seriam tomadas tendo por base os valores em que acredito. Assim, sempre saberei se cada ação é positiva, se está alinhada ao que prego. Quero poder falar sobre minhas decisões na mesa do jantar com minha filha, sem ter vergonha ou ficar tentada a omitir algum fato.

Aquelas palavras ficaram gravadas na minha cabeça. Ficaram para sempre dentro de mim.

No período da tarde, entendemos melhor o que era a empresa, sua história, missão, visão e código de conduta. A Serviços Difusão nasceu para oferecer mão de obra terceirizada a grandes empresas, incluindo serviços de garçom, copeira e ajudante geral. O objetivo era oferecer um atendimento exemplar, atendendo a todos com respeito, independent do cargo, por meio de profissionais bem treinados e muito educados.

A empresa ainda estava no começo. Conforme dona Márcia contou, ela ainda não tinha tantas coisas concretas para oferecer, mas tinha uma vontade real de ter uma empresa que se diferenciasse da concorrência.

– Quem está disposto terá um trabalho com carteira assinada e aprendizado – disse em tom enfático. Ela tinha acabado de fechar contrato com uma grande empresa e precisava mais do que profissionais, precisava de pessoas.

Acreditei nas boas intenções de dona Márcia, além do mais, não tinha nada a perder. Desde que cheguei a São Paulo, aquela era a primeira oportunidade concreta que eu conseguira. Na minha visão, dona Márcia estava me oferecendo mais que um emprego.

Seu modo de ser e de se relacionar encantou a todos já no primeiro dia de treinamento. Ela nos manteve atentos e envolvidos com suas histórias, mesmo quando contou a tragédia que ocorrera com seu marido e seu filho, anos atrás. Enquanto falava, ficou firme como uma rocha, emocionada, mas com total controle sobre suas emoções.

Ela, o marido, o filho e a filha moravam em Brasília. O marido foi transferido para São Paulo e a família toda estava de mudança para a cidade. Dona Márcia e a filha vieram de avião, enquanto o marido e o filho viriam de carro. Porém, no caminho, bateram em um ônibus. Ambos morreram na hora. Uma grande tragédia.

Repentinamente, ela se viu sozinha em outra cidade, com a filha caçula, que iria começar a estudar para entrar na faculdade. O filho, um pouco mais velho, havia morrido com apenas 20 anos. "Caramba, com a minha idade!", pensei. "Eu também quase morri aos 20 anos em um acidente de ônibus, que coisa maluca."

Após o acidente, ela decidiu investir no futuro apesar do terrível revés, pois não adiantava chorar pelo resto da vida. Foi quando teve a ideia de montar a Serviços Difusão. Além de ter um negócio próprio, que ajudaria a pagar os estudos da filha – Alice já tinha decidido ser médica – o novo projeto também ofereceria a dona Márcia a oportunidade de poder trabalhar com o que mais gostava: gente. Ela tinha estudado pedagogia e psicologia, mas nunca tinha exercido essas profissões. Em outras palavras, a Serviços Difusão era mais que uma empresa. Era um sentido para a própria existência da dona Márcia.

Ela também contou sobre as dificuldades que tinha passado para iniciar a empresa. Por causa do preconceito de ser mulher e, ainda mais, por não ter experiência profissional. Ela enfrentou muita discriminação ao se tornar empresária, pois o trabalho feminino tende a não ser muito valorizado.

Minha família logo veio à mente: meu pai proibira minha mãe de trabalhar. Minhas avós também nunca tinham trabalhado fora. Mesmo com o mundo em constante evolução, aquela forma de pensar ainda parecia ser comum, e olha que já estávamos entrando na era da informática, em pleno fim do século XX.

O lastimável é que, na minha cidade, estas questões não eram discutidas o suficiente. Pelo que ouvi da dona Márcia, a mesma coisa acontecia na cidade grande. Fiquei pensando como a minha própria mãe organizava as coisas em casa. Ora, se uma mulher consegue decidir como dividir a última bala entre o filho de sete anos e o de quatro, possivelmente ela conseguiria negociar qualquer outra coisa.

Desconhecia as empresas de modo geral e também outros empresários pessoalmente, mas me parecia que dona Márcia tinha um estilo totalmente diferente. Parecia que conseguia equilibrar seus interesses e, assim, era feliz, o que alimentava a sua coragem. Ela nos contou ainda:

– Infelizmente, ao contrário dos homens, as mulheres sempre são julgadas pela aparência, mas eu nunca me vesti como a maioria das donas de casa ou mulheres da sociedade, com roupas formais. Gosto de cores alegres, seguindo o meu modo de ser e de viver.

"Quando fui ao banco para solicitar um empréstimo para montar meu escritório, fui acompanhada da minha filha, que vestia uma calça jeans desbotada e uma camiseta dos Rolling Stones. Saí sem uma moeda. – Continuou. –

Dois dias depois, voltei ao banco com meu cunhado, que era cliente de lá. Eu me vesti, então, de maneira mais formal, mas não me preocupei em esconder esta mecha do meu cabelo – ela dizia isso enquanto apontava para uma faixa larga, de fios quase brancos, na parte frontal da cabeça. – Consegui o empréstimo e aqui estou eu. Agora o resto vocês já podem até adivinhar. Felizmente, a empresa está crescendo e estamos precisando de mais pessoas.

"Hoje eu me vestiria diferente na hora de pedir um empréstimo, mas me recuso a tirar a mecha do meu cabelo, mesmo sabendo que às vezes a mecha choca as pessoas. Eu gosto dela e não aceito que alguém possa ser rotulado apenas por expressar sua identidade. Esse é um dos problemas da nossa sociedade, da crueldade humana, querer padronizar as pessoas. O diferente, aquele que não segue o estereótipo descrito por quem está no poder, tende a ser rejeitado e discriminado.

"Apesar disso, aprendi que em algumas situações é preciso cuidar da aparência, sim. Não posso brigar com o sistema inteiro. No fim das contas, o visual dos funcionários é importante para nossos clientes."

Aquele dia cheio de novidades se encerrou com esse papo sobre identidade. Ainda teríamos mais dois dias de treinamento prático, com instruções sobre regras de conduta e, ao final, ficaríamos sabendo quem iria permanecer, ou seja, conseguir o emprego.

Nos dias que passei em treinamento, fiz amizade com um cara legal, o Jair. Ele era um pouco mais velho do que eu, com alguma experiência na área. Durante o treinamento, ele me deu várias dicas importantes, que me ajudaram bastante. O Jair até começou a me chamar de "seu Milton", em uma de suas brincadeiras. Ele disse que o "seu" me ajudaria a passar um ar de mais sério, pois as pessoas esperam que um garçom tenha no mínimo meia-idade. Ele me disse que cabelos brancos, por exemplo, agregariam valor à minha imagem, mas que, infelizmente, eu não tinha idade para isso.

Por um lado, achei divertido, mas fiquei pensando que experiência e maturidade deveriam estar também associadas às coisas que vivenciamos. Pois é, acho que, no fim, acabei não gostando muito dessa história de "seu Milton"... E quanto menos eu gostava do apelido de "seu Milton", mais eles me chamavam assim, até que pegou.

Eu conversava com todo mundo, até mesmo com um cara todo arrogante que tinha lá, que reclamava da sala, do barulho, da comida, enfim, de tudo. Ele não perdia a chance de dizer que achava que estava perdendo tempo. Eu pensava: "Se a coisa era tão ruim, por que ainda ficava ali tumultuando? Melhor seria se fosse embora".

O Jair morava em uma pensão só para homens. Ele me deu o endereço e o telefone. Quem sabe seria uma boa opção para mim.

Ao final do treinamento, dona Márcia também me chamou de "seu Milton". Fiquei apreensivo, lutando com um nó na barriga, minhas mãos suavam, meu coração começou a bater depressa. Eu precisava ser escolhido, seria difícil continuar em São Paulo muitos dias a mais, a grana para o ônibus ia logo acabar.

Quando entrei na sala da dona Márcia, a coisa piorou, o nó no meu estômago aumentou e não desatava, muitos pensamentos tentavam me dominar. Eram aquelas vozes que minha vó chamava de Sinistra e Diritto. Essas vozes conversavam comigo, uma do meu lado direito, o Diritto, e outra do meu lado esquerdo, a Sinistra. Uma batalha entre os dois lados foi travada.

Sinistra: – Não vai dar certo.

Diritto: – Confie.

Sinistra: – Isso não é pra você.

Diritto: – Acredite.

Sinistra: – Não vai dar certo.

Diritto: – Vá em frente, o não você já tem.

Sentei-me em frente à dona Márcia. Ela me olhou séria e perguntou:

– Está mesmo disposto a trabalhar como garçom para esta empresa?

– Sim, estou.

– Você não tem nenhuma experiência anterior como garçom. Diga-me, por que devo lhe dar este emprego?

Enchi-me de coragem, respirei fundo e disse:

– Porque eu serei o seu melhor funcionário. Quando eu cheguei aqui, eu queria somente um emprego. Ao ouvir a senhora falar, descobri que posso ter mais que um emprego, posso dar um rumo diferente para minha vida, o rumo que venho querendo. Estou muito contente em ter passado esses dias aqui. Na verdade, foram os melhores momentos desde que cheguei a São Paulo. Esta cidade está tentando me devorar, mas ela não vai me vencer.

"Nossa, que audácia a minha", pensei. A dona Márcia olhou-me bem nos olhos e afirmou sorrindo:

– Então, Milton, você terá essa oportunidade. Precisa primeiro ficar mais tempo aqui no escritório, aprendendo mais e, quando estiver pronto, irá para algum cliente nosso. Enquanto isso, se aceitar, vou lhe pagar um salário menor, com contrato de experiência e, quando se tornar um garçom, irá ganhar o salário integral – disse. – Se preferir pensar, pode me ligar amanhã ao final do dia – acrescentou.

– Eu aceito as suas condições, acho justo.

Ela apertou minha mão, entregou-me um papel com uma lista de documentos e pediu que os entregasse na segunda-feira.

– Seja bem-vindo, Milton!

– Obrigado, será um prazer aprender ainda mais com a senhora.

– E o que você já aprendeu?

– Primeiro, vou grudar no meu bloquinho. Anotei muitas das palavras que foram ditas aqui nesses três dias, vi o quanto elas são úteis. Hoje, sinto um pouco mais de orgulho de me chamar Milton Leone.

– Você já sabia disso, só não tinha consciência. A minha filha me falou muito de como você se comportou no hospital nos dias que esteve internado. Sabe, Milton, o meu filho, que faleceu no acidente, tinha a sua idade...

Foi aí que notei uma tristeza suave, mas persistente, tomar conta do olhar de dona Márcia. Pude perceber a dor que ela carregava no coração, a coragem que deveria ter para combater o sentimento.

Quanto a mim, estava empregado. Mal podia acreditar que tinha agora uma colocação. A ideia de voltar para a casa dos meus pais ficara para trás. Ufa, que alívio.

O aprendizado com a dona Márcia foi grande. Quando achava que já tinha acabado, ela me surpreendia com algo novo. Além do mais, no escritório dela havia uma sala com vários livros que a gente podia ler. Tinha livro de tudo que é título. Eu li bastante e ainda podia tirar dúvidas ou conversar com a dona Márcia que, vez ou outra, me via lendo no horário do almoço e perguntava sobre minhas leituras. Ela ouvia paciente e curiosa e, o mais interessante, é que boa parte daqueles livros ela já tinha lido ou, ao menos, folheado. Até que, enfim, uma fase calma. Ao mesmo tempo, pensava em quanto tempo a calmaria iria durar. De qualquer forma, para encerrar a semana com chave de ouro, decidi cumprir minha promessa e visitar o seu Pereira.

No fim de semana seguinte, eu iria me mudar da casa da minha tia. As coisas estavam dando certo, eu acabara de receber meu primeiro salário. Liguei na pensão que o Jair tinha indicado e consegui uma vaga, mal conseguia esperar o sábado chegar.

Quando estava pronto para ir embora do trabalho naquele dia, a Aline, recepcionista da Serviços Difusão me disse para ir falar com a dona Márcia.

Fui para a sala dela animado, era uma quinta-feira, só faltava um dia para minha mudança. Minha liberdade iria ser de verdade a partir daquele final de semana. Iria poder deixar a luz do quarto acesa para ler sem atrapalhar ninguém. Não teria que avisar aonde ia, não precisaria chegar em casa antes das 22 horas. As regras na casa da minha tia eram duras, mas sempre serei grato a ela por ter me acolhido em sua residência simples e apertada, além de ter me visitado no hospital com seu delicioso bolo de chocolate. O mesmo digo em relação ao seu Pereira. Ela o acolheu como se fosse alguém da nossa família. A casa dela podia ser pequena, mas o coração, esse era enorme.

Dona Márcia estava ao telefone quando entrei na sala. Quando me viu, fez um sinal com a mão para que eu me sentasse. Ela estava agitada, mas logo que desligou, ou melhor, logo que bateu o telefone, puxou a blusa para baixo e a ajeitou no corpo, como se estivesse se recompondo. Foi, então, logo me dizendo:

— Milton, preciso que amanhã você chegue meia hora mais cedo, pois precisamos ter uma conversa. Tudo bem? – perguntou.

— Sim, dona Márcia. Há algo que eu possa resolver hoje para a senhora?

— Não, obrigada, nos falamos amanhã, logo na primeira hora – respondeu, completando com um "boa noite" seco, como quem não quer mesmo se alongar.

O JEITO DE ACREDITAR DA DONA MÁRCIA

MISSÃO / PROPÓSITO

CONFIANÇA

NO FIM DA AVENIDA EXISTE UMA CHANCE, UMA SORTE, UMA NOVA SAÍDA. QUAL É A MORAL, QUAL VAI SER O FINAL DESTA HISTÓRIA

PROTAGONISMO

ÉTICA
+
VALORES MORAIS
+
PALAVRA

CAPÍTULO 2
O JEITO GANHA-GANHA DO SENHOR MAURO

Ansiedade

Ela foi bastante direta e, com toda a educação que lhe era característica, fez com que eu entendesse que era hora de bater em retirada, sem ter de me pedir de uma forma mais explícita. O que ela poderia querer de mim no dia seguinte? Por que deveria chegar mais cedo? Será que tinha feito algo errado? Mas o que poderia ser? Eu que achava que tudo estava indo tão bem... Logo agora que iria começar a procurar um canto só meu.

Caminhei para a plataforma de ônibus, sentia como se eu fosse um ponto de interrogação andando pela rua. Essa sensação permaneceu comigo até chegar em casa. Não quis nem jantar e mal consegui dormir. Rolei na cama e, nos muitos momentos de vigília, olhava no relógio. A certa altura, não pude mais ficar deitado, pois o ponto de interrogação que se instalou em mim resolveu se levantar e seguir logo cedo para o trabalho. A espera pelo dia seguinte havia sido uma longa agonia.

Cheguei uma hora mais cedo e fiquei no portão, esperando até que surgisse alguém para abri-lo.

Eram 7h45 quando dona Márcia chegou à empresa e, ao me avistar, abriu um largo sorriso. Disse "bom dia" e me estendeu as chaves, pedindo educadamente para que eu abrisse o portão.

Mesmo com essa recepção alegre da dona Márcia, eu ainda estava bastante tenso. Entramos, ela pediu que eu esperasse alguns minutos na recepção, até que organizasse algumas coisas antes de me chamar. Aqueles minutos de tensão foram o bastante para que a Sinistra esboçasse uma reação, ameaçando começar a falar comigo. Naquele instante, a dona Márcia me chamou.

Minha apreensão estava tão estampada no rosto que a primeira reação dela foi a de pedir desculpas pelo tom áspero usado no dia anterior. Ela disse que não tinha tido a intenção de me deixar preocupado, mas sabia que, na prática, era isso o que tinha feito.

— Gostaria de ter falado com você ontem mesmo, mas, poucos minutos antes de você aparecer, atendi uma ligação nada agradável. Foi uma conversa que estragou meu dia, me tirou do sério.

"Ufa, não era nada comigo, que alívio", pensei. Relaxei a postura, meu corpo praticamente desabou na cadeira em que estava sentado, como se as palavras dela tivessem tirado uns cem quilos dos meus ombros.

— Tudo bem, dona Márcia – foi só o que eu consegui dizer.

— Milton, é o seguinte, na minha avaliação você se desenvolveu muito bem neste primeiro mês que passou aqui. Você é um jovem esforçado, de bem com a vida, aberto a aprender e muito responsável, o que, sob o meu ponto de vista, é um ótimo começo. Reconheço o seu mérito – disse ela.

— Você aproveitou nosso treinamento e aprendeu como se deve trabalhar. Mais do que isso: agora já conhece o nosso jeito de ser. Espero que o meu sonho de ter uma empresa diferente e sólida, com as melhores pessoas e serviços para os clientes, também se torne o seu sonho – concluiu, olhando bem para o meu rosto.

— Puxa, dona Márcia, nem sei o que dizer – falei com voz tímida, mais baixa que a minha intenção original. – Mas o fato é que eu só posso agradecer pela senhora ter me dado esta oportunidade de trabalhar. Eu não teria feito nada diferente.

— Milton, o que a gente conquista ninguém tira da gente. Você conseguiu este emprego e também o respeito das pessoas. Bom, eu o chamei porque quero lhe dar os parabéns. Você está pronto para sua primeira experiência fora daqui. Surgiu uma oportunidade na empresa de um cliente que está precisando de um garçom. Por isso, quero lhe fazer este convite, para que você vá trabalhar lá. É o call center de uma grande empresa multinacional, a BuyCard.

Só consegui ouvir direito até a parte do garçom. Fiquei tão animado que não consegui tirar o largo sorriso carimbado no meu rosto. A dona Márcia continuou:

– Se você aceitar, precisa começar lá na segunda-feira. A partir de então, seu salário será pelo valor integral que vamos lhe registrar. A única coisa que preciso agora é de sua resposta. Na sequência, dependendo dela, avisaremos o cliente da nossa decisão de o indicar, e também passaremos todos os seus dados, para que você possa se apresentar lá.

– Claro que aceito, dona Márcia, aliás, nem acredito que isso tenha acontecido comigo em tão pouco tempo. Confesso que nem sei como agradecer. A senhora não irá se arrepender, lhe asseguro – disse taxativo.

– Tenho certeza disso, Milton. Vamos, me dê um abraço, não precisa ficar com vergonha.

Eu não fiquei mesmo, estava tão entusiasmado e eufórico que a abracei como se ela fosse uma velha amiga. Tive de me controlar. Afinal, minha vontade era de gritar bem alto, de levantar a dona Márcia, de rodopiar com ela pela sala. Mas caí em mim bem rápido, calculando que tudo isso poderia assustá-la.

Quando senti meus pés novamente no chão, ela pegou um saco plástico no armário e me entregou. Havia uma roupa dentro, era o meu uniforme de garçom. Ela também me entregou uma caixa pequena, pedindo para que eu a abrisse:

– Esta é a sua primeira gravata-borboleta, espero que ela marque o início de uma nova fase e que você possa se orgulhar de usá-la.

Saí da sala feliz da vida e dei de cara com a Aline, que foi logo me perguntando:

– E aí, Milton? Recebeu a sua primeira gravata-borboleta?

– Recebi a gravata e já começo no emprego na segunda-feira – respondi.

– Parabéns, vai dar tudo certo. A dona Márcia entende de gente – disse ela em tom esfuziante.

A Aline era um misto de recepcionista e secretária. Fiquei pensando que ela deveria saber mesmo o que estava falando, pois percebi que dona Márcia confiava bastante nela. Fiquei ainda mais certo disso ao constatar que a *big boss* já havia comentado com ela o fato de que iria me entregar a gravata-borboleta.

A Aline continuou a conversa, me contando que dona Márcia costuma entregar uma gravata-borboleta a todos os garçons que estão para iniciar o trabalho no primeiro cliente. O mesmo acontece com as copeiras, que recebem um avental, com e as recepcionistas, que ganham blocos de anotações. Ela continuou:

– Eu mesma guardo meu primeiro bloco até hoje, com minhas primeiras anotações. Tem muita coisa legal anotada lá, que ainda leio. Aprendi muito com ela nos dias que iniciei aqui na empresa. Tudo isso faz parte do jeito da dona Márcia.

O primeiro dia

Não consegui dormir na noite anterior ao meu primeiro dia de trabalho. Não só pela ansiedade, mas por um entusiasmo antecipado. Eu queria que tudo fosse perfeito no meu primeiro dia, desejava que tudo corresse bem, que o moleque que habitava minha cabeça ficasse adormecido, hibernando mesmo. Eu precisava transmitir a seriedade que esperavam de um garçom. Além do mais, a dona Márcia estava se arriscando comigo, pelo menos era o que eu achava.

Acordei bem cedo, antes mesmo de o relógio tocar. Ainda estava escuro.

Tomei uma ducha e fui galopando para o ponto de ônibus. A única coisa que conseguia ouvir era o barulho dos carros já se movimentando nas ruas. Eu não sabia ao certo quanto tempo iria levar para chegar ao trabalho, mas resolvi que não ia ficar pensando em nada, não queria nem mesmo ler algo para não me distrair e perder o ponto.

Tudo era novo para mim, afinal aquela era a minha primeira empresa. Iria trabalhar em um call center recém-inaugurado. Não tinha ideia de como poderia ser um lugar assim. Na verdade, havia visto muito pouco da vida. Essa era uma das grandes questões que me perturbaram durante o tempo em que eu cursei o colegial, alguns anos antes. Por que estava estudando aquele monte de coisas?

Durante a adolescência, dependendo do nível social, somos expostos a um leque pequeno de opções na escola. Na verdade, ninguém nem falava sobre profissões naquela época. Meu maior contato com uma empresa foi por intermédio do meu pai, quando ele contava casos que aconteciam na fábrica em que trabalhava.

Depois de umas três horas viajando pela cidade, lutando com meus pensamentos para que eles ficassem bem quietinhos, finalmente cheguei. O lugar era novo que só, tudo zero bala mesmo. O prédio tinha dois andares e, logo na entrada, dei de cara com uma mulherada chegando. Não acreditava.

Pensava com meus botões: "Isso aqui vai ser bom mesmo". O segurança da recepção ligou para o senhor Ronaldo, que era a pessoa para quem deveria me apresentar. Tudo o que aquelas mulheres tinham de encantadoras, o senhor Ronaldo tinha de enfezado. Aparentava um ar bravo e sisudo, de poucas e curtas palavras. Era um cara meio baixinho, que andava com um leve gingado para os lados, uma baita figura, que até se tornava engraçada. Quando ele se aproximou de mim, ficou olhando meio de lado, como quem pensava: "Esse moleque aí vai ser o nosso garçom?"

– Seu Milton? – Perguntou.

Estendi a mão e nos cumprimentamos. Não é que ele me chamou de seu Milton? Pensei que se aquela forma de tratamento tinha mesmo pegado, seria melhor eu me acostumar.

O senhor Ronaldo indicou o lugar onde eu deveria me trocar. Na sequência, me mostrou as instalações, meu posto de trabalho e também começou a me introduzir às pessoas.

Ele mostrou o restaurante e a cozinha, claro. O lugar era mais parecido com uma grande lanchonete, pelo menos tinha esse astral, até porque, naquela época, eles não serviam refeições.

Depois, voltamos para perto da recepção. Seguindo em frente, ficava a porta do salão principal do call center. Fomos em direção à porta e, enquanto andávamos, sentia um nó na barriga. O que será que me esperaria quando atravessasse aquela porta? Pensei que, a partir daquele momento, seria tudo comigo, não tinha mais a dona Márcia dando suas orientações, como nos dias do treinamento. Não posso transferir a responsabilidade para outra pessoa.

Atravessamos a porta

Quando entramos, dei de cara com um grande salão, com várias pessoas. Fiquei impressionado com o tamanho e também com o número de pessoas sentadas em mesas individuais, que mais pareciam cabines de telefone sem teto. Todos tinham um fone de ouvido na cabeça e, para falarem, um cabinho que ia até a boca. Do meu lado direito, havia algumas mesas grandes, bem maiores que as demais. As mesas eram todas alinhadas entre si e atrás delas havia grandes janelas de vidro, que iam do meio da parede até bem perto do teto. Pelo vidro, a gente via que o lugar era imenso.

O senhor Ronaldo foi me apresentando às pessoas. Notei que as mulheres sentadas ali eram um pouco mais velhas do que aquelas que vira chegando momentos antes. Duas delas deviam ter uns 30 e poucos anos. Havia outra, baixinha, de cabelo na altura dos ombros, bem arrumadinho. Ela devia ter perto dos 45 anos. E vi também um homem sentado, não eram apenas mulheres.

Finalmente, o senhor Ronaldo me mostrou o lugar dele. Ele ficava mais ao fundo. Ao seu lado, já na direção da sala do diretor, havia uma garota sentada, que deveria ter uns 23 ou 24 anos. Ela ficava de frente para a parede e sua mesa era diferente das outras. Fiquei tentando entender o porquê. Ocorreu-me que ela não deveria ser a chefe. Quando chegamos perto, ela me olhou e abriu um sorriso.

O diretor, que estava de porta aberta, falava ao telefone, sentado com o corpo inclinado para trás, como se estivesse brincando com a cadeira. Ele dava altas gargalhadas, sem medo nenhum de rir alto. Ficamos na porta esperando até que desligasse o telefone. Ele, então, levantou-se, veio em nossa direção e nos cumprimentou sorrindo. Fui apresentado como sendo o novo garçom. Ele me estendeu a mão, perguntou meu nome e disse que eu era muito bem-vindo. Assim começou meu primeiro dia como efetivo no trabalho. Eu iria servir, na maioria das vezes, o senhor Mauro, o diretor, sua equipe e as visitas da diretoria.

Fiquei meio perdido por alguns dias, mas o senhor Mauro tinha um jeito simples e rotineiro de fazer as coisas, o que facilitou muito meu aprendizado. Rapidinho, já entendia como as coisas funcionavam.

Aprendi que toda quinta-feira era a reunião da diretoria. Ela começava às 8 horas em ponto. Eu deveria servir café e água logo no começo e, mais tarde, deveria recolher as xícaras e copos sujos. Lá pelas 10h30, eu voltaria novamente com café e pães de queijo.

Aliás, aquela turma adorava pão de queijo. Era como se aquele petisco tão simples e comum fosse parte importante das decisões e das conversas. Eu ficava atento a tudo, aquele jeito alegre e o modo como conversavam me fascinava.

O senhor Mauro mantinha sua risada alta e contagiante. Às vezes, só de ouvi-lo rir, eu tinha vontade de cair na risada também. Mesmo quando eu nem sabia do que eles estavam falando. Eu sabia, no entanto, que eu não fazia parte daquilo, então engolia a risada e dava apenas um sorrisinho leve. Precisava ser profissional, antes de tudo.

Tinha muita coisa que eles falavam que eu não entendia. Apareciam algumas palavras e termos estranhos, cujo sentido eu não capturava. Por exemplo? "Nível de serviço". Eu pensava: "Será que eles estão falando do meu serviço?" Mas logo a prosa ficava mais fácil de compreender e eles voltavam a falar de uma forma que eu entendia.

O senhor Mauro e a equipe eram todos muito educados, mas ninguém parava de falar quando eu entrava na sala. Era como se eu não existisse. Minha presença não intimidava e, com o tempo, fui percebendo que a presença de um garçom, na grande maioria das vezes, não inspirava qualquer cuidado maior quanto aos assuntos abordados.

Uma vez, quando entrei na sala do diretor, percebi que todos estavam muitos felizes, abraçavam-se como pessoas que gostavam de verdade umas das outras. Nesse dia, o que eu ouvi do senhor Mauro foi algo assim:

— Estamos aqui para comemorar a promoção da Maria Clara e da Mônica, de gerentes para superintendentes.

Elas tinham começado com ele durante a construção e a estruturação do call center. Uma era mais nova na empresa e a outra, já veterana. Ele continuou:

— Sempre que possível e, na hora certa, promoverei cada um de vocês. Hoje nós vamos comemorar.

Nessa hora, eu pensava no que seria necessário para ser promovido e o que, de fato, significava aquilo. Seria mais dinheiro? Mais trabalho? Mais respeito?

Saquei meu bloquinho e anotei algumas palavras que me pareceram importantes: simplicidade e alegria. Aquilo me contagiou. Pareceu-me que era o que realmente importava para o senhor Mauro.

As duas mulheres estavam muito felizes. Não entendia direito o que significavam essas promoções, afinal elas já eram gerentes e me pareciam importantes dentro do contexto da empresa. Entretanto, o que me impressionou não foi propriamente a alegria das duas, que estavam sendo promovidas. Acho que essa reação era a esperada. O que me chamou mesmo a atenção era o fato das outras pessoas parecerem estar também felizes por elas, mostravam uma alegria genuína e verdadeira. Era possível sentir no ar.

Mais tarde, quando voltei para recolher as xícaras, tinha de passar pela mesa das gerentes, pois era o único caminho possível para chegar à sala do senhor Mauro. Notei que elas estavam em clima de comemoração e, ainda, embriagadas de satisfação pelo que se passara no interior da sala do diretor. Eu ouvi Maria Clara falar para Mônica:

– O chefe é o máximo! – Ambas sorriram e Maria Clara acrescentou:

– Ele tem uma capacidade de envolver a gente que é muito especial.

Ficou claro que cada um deles torcia pelo sucesso do outro. Era visível o esforço das pessoas em fazer com que tudo desse certo, especialmente o esforço do senhor Mauro, que era quem ditava o andamento e ritmo da equipe. Ele era a alma simbólica daquele lugar cheio de energia.

O interessante é que raramente eu via a porta da sala dele fechada. Se queria falar algo privado, usava a sala de reunião. A porta da sala dele estava sempre aberta. Aos poucos, prestei atenção e fui entendendo o porquê. A porta aberta era um convite implícito para as pessoas entrarem. Todos os funcionários do call center podiam ir conversar com ele. Dizia que achava um pouco ruim haver uma sala especial para a diretoria, que o colocava em um lugar diferente do das pessoas que realmente faziam aquele negócio acontecer. Entretanto, ao mesmo tempo, havia o problema do barulho. Percebi que os funcionários do call center não podiam conviver no mesmo ambiente da turma da diretoria. As risadas e a conversa alta poderiam atrapalhar a concentração dos funcionários, ou mesmo, a confiança dos clientes do outro lado das linhas.

Não era incomum o fato de as pessoas "do atendimento" irem à sala do senhor Mauro. Vi tal movimento crescer no tempo em que estive lá. Reparei que mais e mais pessoas criavam coragem e entravam na sala do diretor, especialmente depois de verem tantas outras entrarem. Provavelmente porque ele recebia qualquer pessoa com prazer. Quando alguém o visitava, fosse quem fosse, ele parava o que estava fazendo e dava atenção ao visitante. Essa era, aliás, uma das tarefas nas quais ele investia mais tempo: ouvir e falar com as pessoas. Lá tudo era comentado.

Da minha parte, adorava conversar com todos. Fiz algumas boas amizades por lá. A gente ia caminhando até o metrô e sempre tínhamos a oportunidade de conversar no trajeto diário. Havia uma moça bem falante, a Bia. Vez por outra, nosso horário coincidia. Em uma dessas oportunidades, ela estava toda animada, pois tinha participado de uma reunião com o senhor Mauro. Imagina o quanto aquela mulher falava... Bia me contou que o diretor chamou alguns dos supervisores para falar sobre a importância do trabalho deles na linha de frente, com os atendentes. Nesse bate-papo, muitos perguntaram o que ele tinha feito para ter uma equipe tão unida, pois eles queriam aprender com ele.

– E sabe o que ele disse, Milton? Disse que ele gostava de gente, que tinha decidido dedicar-se muito cedo a aprender mais sobre as pessoas, para ser um bom líder. Era exatamente aquilo que ele vinha fazendo desde o começo de sua carreira – disse.

– Só isso?

– Só. É pouco, mas profundo. Poucas palavras que significam muita ação. Na verdade, parecia que o senhor Mauro não queria falar muito sobre ele, mas sim ouvir a gente, e nós ficamos cheias, como balões, privilegiadas com a conversa. Vou contar pra todo mundo na minha casa.

Além das conversas com a Bia, cada vez mais frequentes, eu conversava também com outras pessoas. Comecei a ver que não era tão ruim ser um garçom jovem.

Nos corredores e na lanchonete, eu ouvia muita coisa e, aos poucos, o senhor Ronaldo foi deixando de lado a sua desconfiança a meu respeito e foi ficando mais amistoso. O jeito sério dele era só fachada, porque o cara era muito gente boa. Ele ficava bravo apenas quando alguma coisa quebrava ou dava errado na estrutura do prédio.

Comecei a entender tudo o que rolava ali. O jeitão com que o senhor Mauro tomava decisões, fazia suas escolhas e como ele tratava as pessoas em geral, do faxineiro ao cliente que ligava, era sempre com muita educação. O diretor tratava todo mundo bem, com respeito e com sua costumeira alegria. Havia sete pessoas que trabalhavam diretamente com ele, que cuidavam do gerenciamento de todo o negócio: dois homens e cinco mulheres. Era muito escancarado o carinho que tinha por essas pessoas; muitas vezes ele era o pai, o chefe, o professor, o psicólogo e o amigo – ou tudo isso junto. Ele tinha uma maneira engraçada de conversar com cada um. Parecia que estava ali mais para servir aquelas pessoas do que para comandar. Comandar... Essa era a imagem que eu trazia na cabeça, baseada nas histórias que meu pai contava da fábrica;

o chefe mandava, os empregados faziam. Ali não, o senhor Mauro dava tudo de si para aquele lugar, ou melhor, para aquelas pessoas e, assim, elas também davam tudo de si, melhorando os resultados da empresa.

Era muito fácil de gostar do jeitão do senhor Mauro, pois ele falava o que pensava, falava alto e fazia grande parte das atividades corriqueiras do dia a dia da mesma forma, no mesmo horário. Como, por exemplo, ele sempre chegava cedo no call center e apontava todos os lápis com um apontador muito diferente e transado. Ele colocava o lápis e não precisava fazer nenhum esforço, o apontador girava sozinho. Ele fazia isso todos os dias. Depois, lia várias mensagens em um monitor. Essa foi uma das coisas que demorei muito para entender, o que será que havia naquele monitor?

Eu só descobri o que era aquilo no dia em que ele chamou a Cláudia, a moça que sentava quase em frente à sua sala. Ele a chamava de Claudinha, e foi logo dizendo o quanto ele estava surpreso com as mensagens do *Fala Aí* que, aliás, vinham aumentando. Reconheceu que ela estava certa quando afirmou que, à medida que as pessoas fossem se dando conta de que ele realmente respondia a todas as mensagens, a coisa ia crescer. Ela acrescentou:

– Chefe, como você sempre diz: "Calma, Claudinha, as coisas precisam de tempo para ficarem boas".

Em geral, as pessoas da equipe do senhor Mauro o chamavam de chefe, não de uma forma dura ou submissa, mas de forma carinhosa.

Mais tarde, fui ler no jornalzinho interno que o *Fala Aí*, com o slogan *Aqui você é quem dá o recado!*, era o nome de um canal de comunicação que a Cláudia havia criado para resolver um problema apontado em uma pesquisa com os funcionários. De acordo com a pesquisa, os funcionários se sentiam muito distantes da diretoria. Agora, era o próprio senhor Mauro que respondia às questões, mesmo que fosse somente para agradecer as mensagens.

O jornalzinho interno era a minha fonte de informações. Tudo que acontecia no call center estava lá. Informações sobre os números do atendimento, os clientes, os funcionários e as novidades.

A criação do *Fala Aí* foi uma forma de manter o senhor Mauro mais próximo dos clientes e do pessoal do atendimento, era uma maneira de saber o que rolava no ambiente de trabalho, especialmente nos horários em que ele não conseguia falar com todos. O negócio funcionava 24 horas por dia, de domingo a domingo.

Eu vi como ele tratava o *Fala Aí* com seriedade, pois um dia presenciei parte de uma conversa na reunião da diretoria, em que ele mencionou um problema com os banheiros femininos, lugar que ele nunca entrava. Ao terminar de expor a questão, pediu para o Ronaldo checar e encontrar uma solução – o Ronaldo era responsável pela parte administrativa e financeira, uma pessoa que o senhor Mauro confiava sem questionamentos. O diretor sabia reconhecer as pessoas, ele via o que elas tinham de melhor e, mesmo o Ronaldo não falando muito, o senhor Mauro conseguia entender quem ele era, o que ele poderia fazer. O Ronaldo era um funcionário muito dedicado, leal e também muito simples e humilde, nascido no interior. Às vezes, ele me dizia que era mais fácil lidar com bicho do que com gente – e que o senhor Mauro tinha muita paciência com as pessoas, diferentemente dele. O que não era verdade. O Ronaldo gostava de fazer o tipo sisudo, mas ele também falava com todo mundo.

Fiquei pensando por que um assunto como o problema do banheiro era tratado com tanta seriedade. Logo percebi que o diretor queria tudo o de melhor lá. Ele também queria que as pessoas gostassem tanto, mas tanto do trabalho, que quisessem fazê-lo ainda melhor.

Por mais que o senhor Mauro recebesse todos em sua sala, ele não ficava muito lá, já que andava bastante pela empresa. Falava com as pessoas quando circulava e, de vez em quando, saía falando alto da sua sala. Não que ele estivesse bravo. Ao contrário, quando ele estava empolgado com alguma coisa, geralmente ia na mesa da Maria Clara. Ela era responsável por acompanhar os números, por colocar os produtos na tela dos atendentes, e também por manter os telefones operando. Ela era uma mulher bonita, loira, alta, alegre e elegante. Depois descobri que ela era engenheira. Eu nem imaginava, aliás, que mulheres bonitas pudessem ser engenheiras e me peguei questionando meu próprio pensamento, que absurdo eu pensar isto. Uma mulher e um homem podem ser muitas coisas e talvez esteja justamente aí a riqueza das pessoas. Um dia, vi a Maria Clara chorando na sala do diretor. Achei que era algum problema na família. Dias depois, fiquei sabendo pela dona Angélica, secretária da diretoria, que a Maria Clara estava chorando era de raiva, pois um tubo, vejam só, um tubo por onde passavam as ligações, não estava dando conta do recado e, por isso, muitos clientes estavam sem atendimento.

Saquei meu bloquinho e anotei a seguinte lição: nem sempre o que a gente está vendo é a verdade. Tinha uma parte da história que eu não conhecia e, por isso, minha conclusão foi precipitada ao achar que o motivo do choro da Maria Clara era coisa de mulher.

O desfecho da história foi que o senhor Mauro mandou ampliar o tamanho do tubo, comprando mais daquelas engenhocas, já que a atual espessura prejudicava o atendimento.

Todos já tinham incorporado a importância que o senhor Mauro dava para o cliente. Essa era uma das grandes capacidades do nosso diretor: fazer com que as pessoas acreditassem nas mesmas coisas que ele, não de forma cega ou submissa, mas vislumbrando alternativas e estratégias que ele tinha visto primeiro. Assim, a turma colocava toda a sua energia para realizar e acontecer.

Fazendo diferente

No começo do negócio, eles ainda falavam de *atendimento*, depois a coisa virou *relacionamento*. Entendi melhor quando ouvi a história da Bia.

Um dia, um cliente ligou porque ele teve um problema com o cartão na estrada. Estava vindo para São Paulo pela Rodovia dos Trabalhadores e parou num posto de gasolina para sacar dinheiro. Só que a máquina engoliu o cartão. Aí o cliente resolveu ligar para o call center, dizendo o que havia ocorrido. Ele estava muito bravo porque não tinha dinheiro para pagar o pedágio. A Bia era a funcionária que estava falando com o tal cliente. Ela pensou que deveria fazer algo a mais por ele – e fez. Ela pediu para o cliente esperar na linha, ligou para sua supervisora e disse:

– Tem um cliente na linha que está muito bravo. Acho que precisamos fazer algo especial por ele, algo que não consta no procedimento padrão.

Ela contou a história. A supervisora ligou para a coordenadora, que ligou para a Mônica, que era a gerente e, enfim, o senhor Mauro autorizou que um motorista de táxi fosse levar R$ 50,00 para o cliente na estrada.

O cliente não acreditou. Depois, fomos descobrir que a mulher dele também tinha o mesmo cartão, o pai também. O melhor era que aquele cliente era um jornalista, destes bastante críticos, que sempre escrevem sobre a qualidade dos serviços no Brasil.

Ele fez questão de escrever uma matéria para o jornal onde trabalhava, um dos maiores, mostrando o quanto o atendimento da Bia fora importante, resolvendo seu problema de forma rápida e eficaz.

Eu presenciei essa turma fazer uma porção de coisas diferentes, como dessa vez. E o senhor Mauro sempre dizia:

– Para a gente ser diferente, precisamos fazer coisas diferentes.

E eles faziam diferente mesmo. Uns meses antes, uma matéria havia sido publicada no jornalzinho dizendo que eles tinham movimentado, no call center, um valor que representava 12% do PIB de Santa Catarina. Eles tinham falado com tanta gente, que era como se a população de Campinas inteira tivesse ligado mais de três vezes. As vendas de cartões novos superaram 15 mil unidades, sendo que a equipe, naquele ano, já tinha realizado 2.100 horas de treinamento. Essa era uma das atividades em que o senhor Mauro investia mais recursos financeiros, no treinamento e desenvolvimento das pessoas.

Eu ficava me perguntando por que eles tinham esses números tão altos. Será que era porque as pessoas gostavam de trabalhar lá? Os números pareciam ser bons, eu não entendia muito: 92% dos funcionários sentiam orgulho de trabalhar no call center. 90% estavam satisfeitos com os canais de comunicação e 88% dos funcionários estavam satisfeitos com suas atividades. Além do mais, 96% deles reconheciam que as ações eram realmente orientadas à satisfação do cliente. Quase 100% de reconhecimento!

O senhor Mauro tinha uma prioridade: as pessoas!

Nem tudo é um mar de rosas

A reunião de terça-feira parecia com uma fábrica de ideias para a resolução de problemas. Muitas medidas que entravam em vigor eram fruto de uma conversa que se iniciava na sala de reunião. Comecei a me ligar nessas dinâmicas, juntando partes das histórias, lendo outras partes no jornalzinho, outras nos murais e, claro, falando com as pessoas.

Com o tempo, fui descobrindo que, na empresa, as pessoas não falavam somente com o cliente, elas falavam entre elas – e também discutiam. Achei que a coisa ia ficar feia na primeira discussão que presenciei. Nunca tinha visto ninguém brigar, mas, naquele dia, havia muita discórdia. A Cláudia, a mais nova da turma, falava sem parar e a Mônica, uma das mais veteranas, relutava em aceitar o que a Cláudia estava propondo. Senti que o clima ia esquentar. Parecia que as pessoas estavam se dividindo em dois times, que estavam competindo. A Cláudia estava visivelmente transtornada, parecia indignada pelas pessoas não estarem entendendo a ideia que apresentava. Ela falava como se o que tentasse mostrar fosse óbvio. Percebi o senhor Mauro observando. Depois que todo mundo falou, ele suspirou e tentou acalmar a turma, dizendo:

— Vocês estão parecendo um pinto no lixo — sorriu.

Não entendia exatamente o que ele queria dizer, mas me veio à cabeça um pintinho se agitando de um lado para o outro, tentando voar para sair de uma lata de lixo. Nessa hora, tive de sair da sala. Fiquei meio inconformado, já que queria ver o que ia acontecer e, principalmente, como o senhor Mauro ia fazer para acalmar os ânimos e resolver aquela situação.

Quando voltei para levar o pão de queijo, o clima estava mais calmo, ainda que estranho. Só ouvi o senhor Mauro pedindo para a Claudinha — como ele carinhosamente a chamava — preparar um material com informações detalhadas de como seria a proposta, com imagens para ajudar as pessoas a entenderem melhor a ideia e, assim, o assunto se encerrou. A Cláudia iria fazer a apresentação aos colegas dentro de uma semana.

Fiquei pensando por que ele tinha feito aquilo. Será que era só para encerrar o assunto e não deixar ninguém triste? Ou evitar uma discussão? A dona Angélica comentou que, depois da reunião, a Cláudia sentou-se na mesa do Alexandre para conversar e chorou. O Alexandre reconhecia que, naquele dia, tinham pegado pesado com a Cláudia, que eles tinham "batido" nela, mas que ela tinha aguentado bem. A intenção não era essa, claro, mas ela tinha formulado ideias muito difíceis para que todos pudessem acompanhar. Além do mais, o que ela queria fazer, de certa forma, mexia com os gerentes. Suas propostas eram diferentes demais e avançadas — e a resistência veio justamente daí, já que tudo o que é novo geralmente nos assusta, pois não sabemos exatamente como lidar com as novidades, não sabemos o que elas exigirão de nós.

Uns três meses depois, percebi que o senhor Mauro tinha feito aquele pedido para a Cláudia com o intuito de encerrar o assunto e acabar com o desconforto daquele dia. O diretor tinha entendido a proposta e tinha gostado, mas sabia que era importante a aprovação de todos, ou, ao menos, que todos apoiassem a execução daquela ideia. No dia em que ela apresentou o projeto, com mais detalhes, ele disse:

— Tem orçamento? Você sabe o que está fazendo? Então, toca o sarrafo! — Era uma forma engraçada e costumeira de ele incentivar ações inovadoras. Era sua forma de apoiar e de mostrar sua confiança.

Nenhum mal dura para sempre

Eu só fui entender de fato o que era a ideia da Cláudia quando me pediram para ficar um dia inteiro dentro de uma sala, assistindo a um filme. Na véspera da exibição do filme, antes de ir embora, vi a Cláudia trabalhando. Com a animação de costume, ela disse que eu podia entrar porque ela estava testando tudo; do som à luz, tudo aquilo era sincronizado. Ela se preocupava com cada detalhe da execução e me encarava com um sorriso meio tenso:

— Sabe, Milton, cuidar dos detalhes é muito importante, amanhã tudo tem de estar maravilhoso, tudo deve sair perfeito. Eu quero que os funcionários se emocionem e sintam que realmente são importantes neste negócio porque, afinal, eles são mesmo.

Dei um sorriso e perguntei se ela precisava de algo, pois eram nítidas a ansiedade e a preocupação em seu rosto. A agitação quase tomava conta de todo o seu corpo. A Claudinha, no entanto, disse que estava tudo bem. E acrescentou:

— Eu trabalhei muito para este dia. Amanhã nós vamos mudar a forma como os funcionários aqui se relacionam com o emprego.

Ela trabalhou muito mesmo. No período que antecedeu a apresentação, ela passou a chegar mais cedo. Quando eu chegava cedinho, ela já estava lá. Vi também as filmagens e, algumas vezes, presenciei trechos de discussão entre a Cláudia e o senhor Mauro, e também entre ela e a Maria Clara. Depois vieram as câmeras. Eu nunca tinha visto essas câmeras grandes, como as que são usadas na produção de filmes. Foi muito legal acompanhar essa parte, mesmo que de longe. O que dava para perceber era o total envolvimento da Cláudia, parecia que ela estava cuidando de um filho.

O universo conspira

Foi montado um telão, colocaram as caixas de som e muitas cadeiras, a sala ficou com cara de cinema. Todos os funcionários deveriam assistir ao filme, pois ele havia sido realizado especialmente para eles. Naquele dia também rolou algo que ninguém imaginava. O presidente da empresa resolveu fazer uma visitinha sem avisar, já que um compromisso anterior tinha sido desmarcado. Foi uma agitação enorme, alguém propôs que um dos horários de apresentação do filme fosse cancelado, para que eles pudessem receber o presidente. Sugeriram fazer uma apresentação com números e informações no lugar do filme, mas o senhor Mauro foi logo dizendo:

— Não vamos modificar nada. O filme que fizemos mostra muito mais sobre o nosso trabalho do que qualquer apresentação.

Acho que foi a melhor decisão, pois todos sabiam que o senhor Mauro não gostava de apresentações formais. Ele era um homem muito prático e sabia valorizar uma boa ideia. O que era um tanto contraditório diante do perfil dele... Ouvi a Maria Clara dizendo que, quando começou a trabalhar com o diretor, achava que ele era um cara que gostava de processos, mais para o tradicional, que seguiria na mesma linha que os concorrentes. Porém, o senhor Mauro surpreendeu a todos, ele sabia reconhecer boas ideias e tinha o dom de selecionar pessoas "de primeira" para a sua equipe. Amante do futebol, torcedor fanático do Santos, ele dizia que time de primeira gosta de jogar com gente de primeira.

Ao chegar, o presidente sentou-se na primeira fileira, bem no meio. As luzes se apagaram e a sala ficou completamente escura. Uma música energizante começou a tocar e uma frase em letras brancas invadiu a tela. A atenção de todos estava lá. Naquele momento ainda havia uma certa tensão no ar, pois o presidente estava sendo recebido de um jeito totalmente diferente. As letras brancas diziam:

PARA O CALL CENTER, AS PESSOAS VÊM EM PRIMEIRO LUGAR.

Quando o filme começou, comecei a entender finalmente o que a Cláudia, aquela menina apenas um pouco mais velha do que eu, estava defendendo com tanta garra naquela reunião. Olhei para o presidente pelo clarão do filme e vi sua boca gesticulando um "P-E-R-F-E-I-T-O".

Depois da frase inicial, o próprio senhor Mauro apareceu no filme, dizendo:

— Eu estou aqui para prestar uma homenagem a cada um de vocês, em reconhecimento à importância do seu trabalho. Afinal, vocês são o principal elo entre o cliente e a nossa empresa. Sua atenção, seu carinho e, claro, o seu profissionalismo, fazem a diferença. O filme a seguir marca o início de uma nova etapa, uma etapa que privilegia todos os talentos de nossa equipe. Este filme foi feito para vocês.

Conforme o filme ia passando, eu via as pessoas da diretoria, especialmente o senhor Mauro, relaxando.

Eu me empolguei com o que estava vendo e ouvindo. Era simples, uma voz feminina ia falando enquanto as imagens apareciam. O filme se baseava em um depoimento livre de uma funcionária. Ela estava no local de trabalho, cercada pelos colegas, e mostrava algumas fotos da sua vida, fazendo comentários.

As fotos retratavam o universo pessoal e também profissional da funcionária. Seu depoimento procurava atender aos valores fundamentais da empresa, sua filosofia. Como personagem central do filme, ela demonstrava integridade, verdade e orgulho para com o trabalho que realizava.

A fala parecia mesmo livre, como se ela estivesse dizendo aquilo para alguém por quem nutria simpatia, emocionando os espectadores. Esse lado emocional era tocante para quem estava assistindo. Fazia com que as pessoas se identificassem com a narrativa. Aquela poderia ser a vida de qualquer um de nós.

A moça começou apresentando fotos da família e, depois, falou sobre o lugar onde trabalhava, que era o call center. Vi na tela muitas das pessoas que trabalhavam na empresa. Entendi de vez o que faziam; eram pessoas conversando e ajudando outras, os clientes, que ligavam por muitos motivos, enfim, pessoas se relacionando com pessoas.

O filme mostrava a importância das pessoas e o que elas faziam pelo cliente. Um lado que, até então, muita gente não conseguia enxergar.

Quando o filme acabou, o público permaneceu sentado. O senhor Mauro apresentou o presidente, que por sua vez disse:

— Você está mesmo fazendo um trabalho fascinante, com pessoas incríveis – disse olhando para todos. – Eu não imaginava ver o que vi aqui e gostei muito, vocês estão de parabéns.

O presidente levantou-se e disse, voltando-se para o diretor:

— Enquanto isso, você vai me contando melhor sobre como as coisas estão.

Então o senhor Mauro disse com seu jeito alegre e um tanto humilde:

— O universo conspira! A única coisa que eu tenho feito aqui é reunir pessoas "de primeira" para trabalharem juntas, o resto são elas que fazem.

Ambos saíram acompanhados da equipe do senhor Mauro, com exceção da Cláudia que ficou lá para ver as próximas sessões. Ela queria presenciar o impacto daquele filme nas pessoas, acho que ela precisava ter certeza de que a mensagem iria influenciar todos de alguma forma.

Fiquei pensando no que o senhor Mauro tinha dito sobre juntar pessoas "de primeira". O fato é que cada pessoa da equipe era bem diferente uma da outra. Como é que essas pessoas conseguiam se dar tão bem vivendo em grupo? A Maria Clara era engenheira elétrica, firme com os fatos e doce com as palavras. Ela tinha pinta de executiva. Entendia de projetos, de tecnologia, de produtos e tinha uma mente exata, como a de um engenheiro, mas com o coração doce de uma mulher e a mente aberta. Ela apoiava as sugestões diferentes da Cláudia. A Mônica me parecia ser a funcionária mais antiga da empresa, embora eu ainda tivesse dúvida sobre quem era o mais antigo: a Mônica, o Ronaldo ou a Ivete.

A Mônica era responsável pela área de atendimento e conhecia muito bem a arte de atender o cliente e resolver problemas. Já a Elisângela era o oposto da Mônica em tudo. A equipe da Mônica recebia as ligações e a equipe da Elisângela fazia as ligações, ela era responsável por vender.

Lembro-me de uma vez em que o senhor Mauro estava contando como a contratação da Elisângela ocorrera. Na fase das entrevistas, ela era a profissional mais qualificada tecnicamente para a função. Ela tinha um conjunto de características de comportamento que se encaixava com os da empresa.

O senhor Mauro achava importante ter na equipe pessoas não só com o lado técnico, mas principalmente com o comportamento alinhado ao que a empresa desejava, além de outros pontos específicos para determinadas funções, como alto-astral na hora de comandar uma equipe de vendas. Só tinha um problema. Ela não falava inglês e, na última entrevista, quando o chefe do senhor Mauro entrevistou Elisângela, ele disse que ela não serviria para o cargo por isso. O senhor Mauro foi falar com o chefe imediatamente:

— Ela vai vender cartão de crédito ou curso de inglês? – Argumentou. No fim, saiu da sala do chefe com a assinatura de aprovação para contratar a moça.

O senhor Mauro estava certo, ela era muito boa com a equipe de vendas, colocava as pessoas num ritmo alto de produção e deu muito certo naquela função.

Já a Ivete era uma mulher alegre e humana, tudo nela transparecia o seu contentamento, sua humanidade e bondade. Muitas vezes ela até parecia uma mãezona – e como não ser uma mãe, gerenciando tanta gente? Sua área fazia atendimento especial a clientes especiais, os mais ricos.

Para dar uma apimentada no time, ainda havia o Alexandre, um cara muito bacana e muito estressado, mas não com as pessoas, e sim quando alguma coisa falhava no sistema. Aí ele virava uma onça, agitava o negócio e as reuniões com sua fala forte e até mesmo brava.

Para diferenciar, a Cláudia era uma pessoa criativa, arrojada e que planejava muito bem. Ela sempre apresentava soluções para problemas que pareciam impossíveis. As pessoas às vezes demoravam para entendê-la, mas depois tudo dava sempre certo.

Observando o trabalho da Cláudia, percebi que pessoas criativas não ficam sentadas no sofá o dia inteiro esperando uma luz divina aparecer com uma ideia. Também percebi mais tarde que ela era muito disciplinada, automotivada e que trabalhava longas horas para desenvolver novas ideias. Pensar à frente, sempre com um olhar crítico para os detalhes, foi o que a levou a executar algumas iniciativas excelentes.

Foi com essa equipe e com a liderança do senhor Mauro que o call center se tornou uma referência. Vi uma estante de madeira, que ficava na recepção, se enchendo, pouco a pouco, de troféus. Eles estavam ganhando muitos prêmios.

Teve um prêmio que me chamou muito a atenção.

Para a inscrição no Prêmio de Melhor Administração de Call Center, a equipe do Mauro resolveu apoiar a ideia da Cláudia, a de escrever o *case* do call center, pois eles já tinham excelentes histórias para contar, os resultados do negócio vinham se superando desde a inauguração da operação. O *case* deveria mostrar justamente tudo isso, os dados, os fatos, a história.

A briga para ficar entre os três finalistas era de gente grande. Eles estavam concorrendo com empresas de marcas fortes, que tinham no comando gente muito experiente e veterana naquele segmento, diferente do senhor Mauro, que só estava trabalhando na área de call center há três anos.

Reparei que nem o senhor Mauro acreditava muito naquilo. Ele, aliás, era uma pessoa simples, que nunca gostou de grandes aparições. Como a premiação também destacava o papel do líder, ele se sentia um pouco desconfortável com a situação.

Apesar de tudo, eles acabaram vencendo todos os desafios e ganharam o primeiro lugar no país, com a liderança do senhor Mauro. Por causa do prêmio, ele iria representar o Brasil em uma convenção mundial em Nova York, nos Estados Unidos, junto com os melhores líderes de call center do mundo.

Certo dia, quando as pessoas souberam do resultado do prêmio, elas pareciam alucinadas de tanta alegria. A Cláudia ligou para a Mila – funcionária da equipe dela – que foi avisando as pessoas. Ela tinha sido do atendimento e conhecia muita gente, tanto em São Paulo como em Campinas, onde ficava a outra unidade. A partir daí, eu vi acontecer uma movimentação danada, gente para lá e para cá. Porém, quando deu meu horário, fui embora.

Na manhã seguinte, nem acreditava no que estava vendo, em como as pessoas, tanto de São Paulo como de Campinas, tinham se movimentado para homenagear o senhor Mauro.

Tinham colocado um tapete de papel com mensagens de agradecimento, de orgulho, de alegria e de amor da entrada do call center à porta da sala da diretoria. Os funcionários estavam festejando muito e queriam compartilhar a alegria com o diretor. Quando ele chegou, as pessoas estavam postadas ao longo do tapete de mensagens, aplaudindo. Foi um dia de muita festa, inesquecível.

O senhor Mauro transbordava de satisfação, parecia mesmo que um ídolo do rock estava chegando, não o chefe de uma empresa. Não era um chefe comum, porém. Ele foi até sua sala e a turma foi atrás. Fui logo em seguida, para servir o café.

Quando entrei na sala, todos estavam comemorando. Eram muitos risos e abraços.

Logo depois que saí de lá, o senhor Mauro saiu também. Para surpresa de todos, ele foi andar pelo call center, por todas as áreas, e cumprimentou todos que estavam trabalhando, um por um, inclusive os funcionários da recepção. Saudou o guarda, o pessoal da lanchonete, absolutamente todos, sem exceção. Ia andando sorrindo, apertando a mão das pessoas e dizendo:

– Este prêmio é nosso. Sem vocês aqui, nada seria possível. – E continuava caminhando e dizendo a mesma coisa para cada pessoa que cruzava. Como se isso não bastasse, no meio do dia, ele foi embora, não para casa, mas para a estrada. Foi até Campinas fazer a mesma coisa, cumprimentar e agradecer as pessoas.

Naquele dia, tudo ficou muito claro para mim. Entendi por que as pessoas falavam tão bem do diretor e como ele conseguia o apoio incondicional delas. Entendi que um aspecto que levou o call center a ganhar esse prêmio importante foi a capacidade do senhor Mauro de ousar, de acompanhar todas as áreas da gestão e de envolver, desenvolver e dar espaço para as pessoas da sua equipe. Ele foi responsável por uma transformação.

Fui percebendo e aprendendo que *as pessoas fazem toda a diferença*. Dona Márcia parecia acreditar naquilo também, mas meu envolvimento com ela não era grande. Eu ficava mesmo era no call center.

Uma coisa que me impressionou quando fui trabalhar com dona Márcia foi o fato de eu ter ficado tanto tempo em treinamento. Achei estranho na época, mas ao trabalhar no call center, servindo o senhor Mauro, notei a mesma coisa. Antes de começar a atender os clientes, as pessoas ficavam quarenta e cinco dias em treinamento – e sempre havia continuidade.

As coisas foram fazendo mais sentido para mim, cada vez mais. Entendia agora o significado de algo que sempre ouvia o senhor Mauro dizer nas reuniões:

– Tecnologia e prédio bonito todas as grandes empresas podem ter, mas o que faz a diferença mesmo em uma empresa são as pessoas e a forma como elas agem. O comportamento dos funcionários precisa ser alinhado com a estratégia e com a imagem que a empresa quer passar para o mercado.

Os bons resultados atravessaram fronteiras

Aumentava o número de visitantes da matriz. Os chefões mesmo, que moravam fora do Brasil, estavam vindo conferir pessoalmente as notícias e parece que gostaram do que viram. Servi os gringos em duas épocas diferentes.

Uma vez, vi o presidente mundial visitando o senhor Mauro. Só soube quem ele era depois dessa visita. Antes, pensei que fosse só mais um gringo comum. Naquela reunião, eu não me diverti muito servindo porque não entendia nada de inglês. Só soube que um daqueles homens era o presidente mundial quando me contaram depois.

O gringo queria entender o que é que o senhor Mauro fazia para as coisas darem tão certo em um lugar tão difícil como normalmente é um call center, onde as pessoas trabalham de forma dispersa, em turnos de finais de semana, nas madrugadas e com salários considerados baixos.

Tornei-me um cara bem informado aos olhos de todos, acho que fui pegando gosto por entender e saber sobre o negócio todo. O jornalzinho interno era recheado de notícias da empresa e também havia informações espalhadas nos murais e nas divisórias de acrílico que ficavam entre um atendente e outro. Todo mundo tinha acesso às informações da empresa, inclusive um cara como eu, que nem era funcionário próprio.

Uma das coisas que o senhor Mauro não escondia eram informações. Aliás, todo mundo se sentia parte integral daquele lugar, todos torciam para tudo dar certo. Era como se a gente também fosse um pouco dono da empresa.

As pessoas podiam até discutir entre elas, umas pensarem diferente das outras. Era justamente aí que elas aprendiam, encontravam as melhores soluções para o cliente, cresciam e ficavam mais unidas.

Celebração

Cada conquista era celebrada com a equipe. O senhor Mauro fazia questão de manter o clima de alto-astral. Sempre dizia que podemos escolher a forma como vivemos e trabalhamos – e ele escolhia sempre viver e trabalhar com alegria.

Todo mês tinha algum agito diferente acontecendo, havia dia para tudo. Eles inventavam as coisas mais variadas. Tinha o Dia do Alto-Astral, tinha o Arraiá do Call Center, o Dia do Cliente e por aí vai. Um dos eventos que considerei marcante foi o aniversário do call center.

Agosto, o mês da inauguração do call center, era comemorado com uma festa em São Paulo e outra em Campinas. O senhor Mauro e sua equipe participavam de ambas as festas. Sempre vinha gente da matriz nacional, que ficava na Avenida Brigadeiro Faria Lima, na zona oeste de São Paulo, para prestigiar o trabalho que faziam. As pessoas gostavam de estar lá. Era um clima que contagiava qualquer um.

Teve um ano em que a equipe do senhor Mauro resolveu homenageá-lo mais uma vez. Fizeram uma edição especial do jornal interno com uma matéria de capa que dizia: "Ao chefe, com carinho, simplesmente o nosso obrigado!"

O jornal foi distribuído no dia da comemoração do aniversário do call center. Foi uma baita surpresa para o senhor Mauro quando teve sua rotina matinal interrompida ao ler o jornal que estava em cima da mesa.

Eu cheguei bem naquela hora e vi o quanto ele se emocionou.

Como pode? Um executivo tão importante ficar assim, emocionado? Era o que vinha na minha cabeça enquanto servia o café. O senhor Mauro demorou uns minutos para perceber que eu estava ali. Eu também não sabia exatamente o que ele estava lendo, só percebi que era o jornalzinho interno. Fiquei muito curioso para saber o que poderia ser tão impactante.

Quando ele percebeu que eu estava ali, olhou para mim e disse:

– Sabe, seu Milton, você não tem cara de senhor, é novo ainda.

"Na vida, vale a pena a gente se arriscar e fazer o que sonhamos. Errar é uma certeza, só precisamos calcular o tamanho do erro. Foi assim que sempre pensei. Talvez eu tenha errado menos e tenha tido mais acertos. Sou um cara de muita sorte por ter a equipe que tenho. Agradeço a você também!

"Percebo que muitas vezes você quer até entrar na conversa, vejo seus olhos de um lado para o outro, mesmo quando tenta disfarçar. Por favor, não fique com vergonha, não é uma crítica, ao contrário. Tudo o que a gente conquista na vida ninguém tira da gente e, se você puder, conquiste seus sonhos, vale a pena.

"Veja só, um cara na minha idade sendo mais uma vez surpreendido pela admiração das pessoas, exatamente por fazer somente aquilo que acredito."

Eu disse obrigado pelas críticas construtivas. Com receio, acrescentei:

– O senhor merece! Vejo que todos aqui realmente admiram muito o senhor. É um privilégio poder servi-lo. Com licença.

Levei um exemplar do jornal comigo, queria ler tudo de novo e com calma no ônibus. Fiquei imaginando que, caso um dia eu fosse o chefe de alguém, iria querer ler homenagens como esta:

> *Após uma vida de atividade profissional, chego à conclusão que muitos profissionais estão na minha lista de "ótimos". Conheci muita gente competente, gente que procurei me espelhar. Mas existem alguns que se superam, aqueles que, além da admiração, merecem o nosso respeito. O profissional que merece esse respeito é aquele que nos mínimos detalhes do dia a dia mostra que, além de ser um grande profissional, é um grande ser humano, por meio da atitude, do sorriso aberto e verdadeiro, do jeito simples e muito profundo de se expressar e, principalmente, no brilho no olhar, nas horas boas e más. Então, Mauro, para você todo o meu respeito, você merece...*
>
> *O Mauro é claramente acolhedor, uma pessoa de visão de futuro. Basta ouvi-lo um pouco. Ele aponta o erro, mas ajuda a encontrar a solução. Está onde está porque consegue enxergar além dos números e da tecnologia. Ele vê também a necessidade das pessoas, dos funcionários e dos clientes.*

Também me lembrei das palavras do senhor Pereira, quando ele me fez pensar sobre meu futuro, quando estivesse com 70 anos, e o que as pessoas falariam de mim.

Que coisa incrível de ver, um cara tão importante e tão admirado, tão querido por todos e, ao mesmo tempo, tão simples. Até eu tinha vontade de fazer um elogio bacana como esses para ele, dizer as coisas legais que eu ouvia as pessoas comentando nos corredores sobre o trabalho que ele desempenhava. Mas não, quando tive a oportunidade, fiquei com o cérebro vazio, só disse o óbvio, nada de especial, mesmo ele sendo um cara tão próximo. Eu ainda estava muito preso a meus medos, especialmente o temor de perder o emprego, de passar por alguma necessidade e de ter de voltar com a cabeça baixa para a casa dos meus pais.

E se o senhor Mauro ou o Ronaldo falassem alguma coisa para a dona Márcia? Que eu não sabia o meu lugar? Ou que eu não era uma pessoa de confiança? Remoía esses temores dentro de mim.

Esses pensamentos me perseguiam, ao mesmo tempo em que achava o máximo tudo o que eu via naquele lugar. As situações que eu vi acontecer, a forma como as coisas se passavam no call center, tudo era bastante marcante, embora também tivesse novas dúvidas.

Será que a vida estava me pregando uma peça? Será que o senhor Mauro era a regra ou a exceção? Eu pensava que tinha tão pouca experiência, que não conhecia ninguém em São Paulo e que, desde que chegara na cidade, pessoas boas tinham aparecido na minha vida. E eu não sabia dizer o porquê.

Eu sou um cara comum, normal mesmo. Às vezes meio abusado, isso é verdade. Se não achasse que não era, não estaria aqui. Também sou meio inquieto com a vida, tenho meus sonhos, mas eles só teriam alguma chance de acontecer se eu tivesse nascido em outra realidade – ou numa família que tivesse condições de me ajudar a estudar, a dar certo na vida. E falar outra língua, então? Com a experiência das visitas dos gringos, eu vi que não sou nada demais mesmo e tenho muito ainda o que aprender. Eu já passei dos 20 anos, não estou na faculdade, não estou estudando nada, não falo inglês e sou apenas um garçom que serve café e água em reuniões para um monte de gente muito mais inteligente e vivida do que eu.

O que esta minha vida pode virar? Talvez meu pai tivesse razão quando disse um dia que eu devo ficar feliz por ter um bom emprego, que eu preciso me aquietar e casar. Casar... Ah! Só se fosse com a doutora Alice. Que mulher sensacional aquela!

Quase me animei com essa ideia maluca, mas a realidade me chamou de volta ao plano terrestre. Uma doutora nunca iria dar bola para um cara como eu. Não tenho nada a oferecer a ela.

Fui para casa pensando nisso e, quando fui me deitar, resolvi que o que eu não podia era ficar parado. Tinha de começar a fazer algo a respeito, comecei a pensar mais seriamente na possibilidade de estudar. Uma coisa importante a fazer seria falar com a dona Márcia, ver se ela poderia me transferir para uma empresa que ficasse em um lugar mais central. O local onde ficava o call center era longe para burro, eu gastava muito tempo de um ônibus para outro. Decisão difícil, sair de uma empresa tão legal e ir para outra que só Deus sabe o que eu iria encontrar. Dormi com isso na cabeça.

O JEITO GANHA-GANHA DO SR. MAURO

SIMPLICIDADE + ALEGRIA + PRATICIDADE = ALTO-ASTRAL
AUTONOMIA + TRANSPARÊNCIA + PERSPECTIVA = ENGAJAMENTO

- RESPEITO
- ABERTURA
- CONFIANÇA
- DIÁLOGO

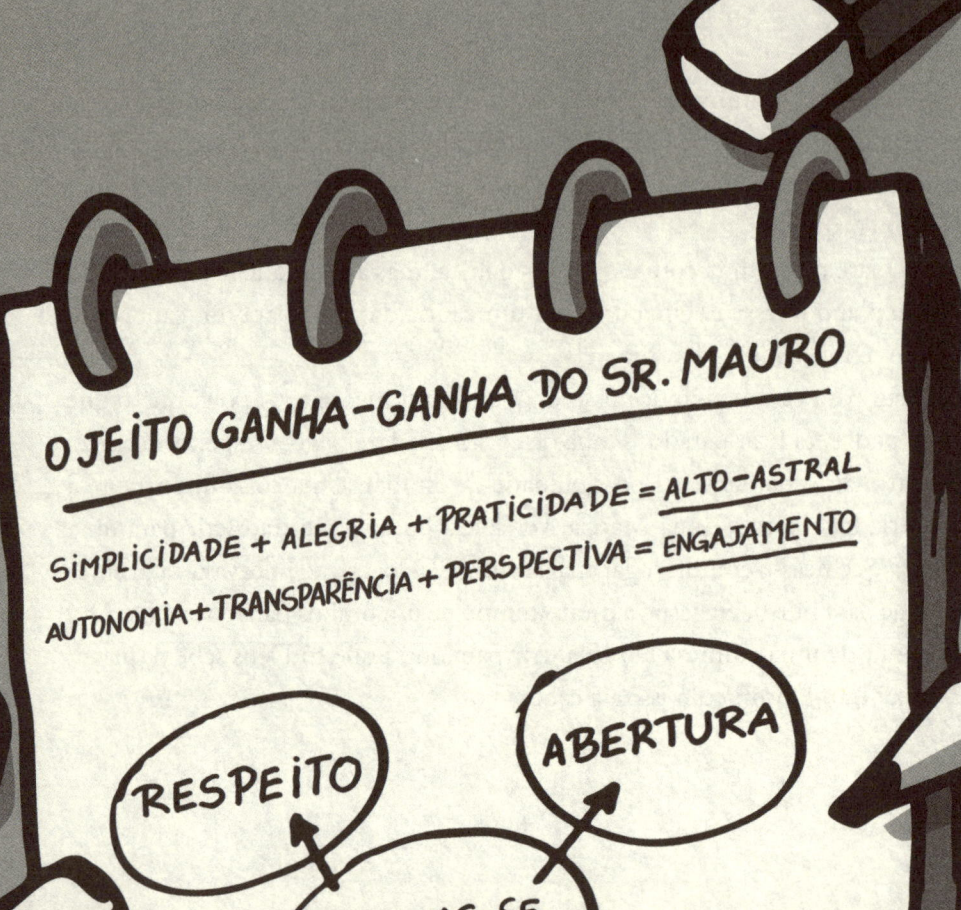

PESSOAS SE RELACIONANDO COM PESSOAS

"NINGUÉM É BOM EM TUDO, PRECISAMOS APROVEITAR O MELHOR DAS PESSOAS"

CAPÍTULO 3

O JEITO DE FAZER DO SENHOR ANTÔNIO

Discurso e prática

Depois de quase dois anos no call center, acabei sendo transferido para outra empresa, a Companhia Americana de Construção Civil e Estradas de Rodagem. Estava animado, pois, com a mudança, eu passaria a ganhar uma hora a mais no meu dia. Geralmente, eu tomava seis conduções e, naquele momento, seriam apenas quatro.

No prédio da nova empresa, havia um restaurante separado para motoristas, seguranças, recepcionistas e garçons, como eu, o que não era necessariamente ruim, mas achei diferente. Na empresa anterior todo mundo almoçava e fazia o lanche junto, no mesmo local.

Entrosei-me em poucos dias, conversando bastante com os colegas. A prosa era interessante, acho que ter um restaurante separado acabou ajudando. Conversávamos sobre como éramos tratados nas empresas, gente como nós. Alguns executivos eram bem bacanas e, às vezes, nos surpreendiam com suas atitudes.

Um dos novos colegas, o Zé, contou que trabalhou em um grande banco por cerca de dez anos, sempre servindo o filho do dono, o senhor Gabriel. Em todos esses anos ele nunca foi chamado pelo nome. O filho do dono sempre o chamava de "garçom". Completava com um "traga meu café". Pronunciava as palavras sempre em tom sério, imperativo, algumas vezes era até mal-educado.

Eu ouvia curioso, afinal, a essa altura, tinha uns dois anos de profissão e ainda muito o que aprender. Nada melhor do que ouvir histórias de pessoas que tinham vivido experiências diferentes. Nessas horas lembrava da minha mãe me dizendo: "Milton, conhecimento não ocupa espaço na cabeça, sempre cabe um pouco mais!"

O Zé nos dizia o quanto aquilo fazia mal para ele, como se sentia insignificante. Mas também dizia que entendia a situação, que não deveria ficar chateado, pois ele era mesmo um garçom e, afinal de contas, pessoas importantes eram assim mesmo. Eu pensava comigo: "Será mesmo que é por aí?"

Mesmo não concordando com a forma com que o Zé pensava, essas situações me deixavam indignado, pois todos, independentemente de raça, nível de escolaridade, religião ou deficiência, merecem respeito e serem chamados pelo nome.

Às vezes, quando o Zé contava essas histórias tristes, surgiam até lágrimas em seus olhos. Eu pensava que não ia nunca permitir que alguém me tratasse com desprezo. Tenho um nome e me orgulho dele. Também sinto satisfação com o que faço. Meu trabalho é honesto, não vou deixar ninguém me humilhar por causa da minha condição social. Só não sabia muito bem o que faria se me deparasse com um chefe como o tal do senhor Gabriel.

Enquanto ouvia as histórias dessa fase difícil da vida do Zé, eu me lembrava, mais uma vez, da minha mãe me dizendo: "Miltinho, Deus lhe deu dois ouvidos e uma boca, ouça mais e fale menos. Você tem muito o que aprender para ser alguém na vida".

Ser alguém. Um pensamento que sempre esteve presente na minha cabeça e no meu coração. Eu já sou alguém, mas em quem eu verdadeiramente quero me transformar? Quem vai me ensinar? O que eu posso fazer da minha vida para melhorar?

As dúvidas que tinha a respeito do meu futuro eram conflitantes. Eu queria fazer coisas, sonhava com uma vida diferente, um pouco mais de conforto, conhecer outros lugares. Também pensava em estudar, mas o que poderia fazer?

Lembro que um dia, enquanto imaginava meu futuro, meu pensamento foi interrompido pela fala do seu Manoel, motorista do presidente. Cara experiente aquele. Todo mundo o respeitava no nosso grupo de funcionários porque ele já estava na empresa havia muito tempo, tinha vivido várias experiências e conseguido criar e dar estudo aos seus três filhos. Um estava formado e trabalhava na área administrativa de uma empresa nacional; o outro cursava faculdade de engenharia. A caçula, a "menininha", conforme ele costumava se referir a ela, não sabia ainda o que iria fazer da vida. O orgulho do seu Manoel eram os filhos, especialmente o que estava formado. O rapaz trabalhava e era noivo, um motivo de grande satisfação para ele, sem dúvida.

O seu Manoel me dizia que o senhor Antônio, o presidente da empresa, o tratava com respeito, que ele era um executivo educado, muito estudado, e que já tinha viajado o mundo inteiro. Nasceu em família abastada, com dinheiro, mas nunca foi arrogante, sempre soube respeitar as pessoas.

Eu também estava com muita vontade de estudar, de começar a fazer faculdade. Até porque eu não podia decepcionar a dona Márcia. Era novo naquela profissão, mas, mesmo assim, ela tinha me enviado para aquela empresa, logo para servir o presidente!

Sempre quis fazer faculdade, mas não acreditava que conseguiria. Um lado meu achava que eu deveria aceitar a situação e agradecer por ter um bom emprego, mas o outro lado queria mais da vida. Queria fazer algo maior, poder contribuir de alguma forma. A realidade, no entanto, era dura. Achava que não ia conseguir passar no vestibular.

Durante meu período na escola, fui um aluno médio. Estudei em colégio do estado, com muitas greves de professores e pouco estímulo. Tirava nota para passar de ano. As notas altas não me entusiasmavam muito. Cresci acreditando que só quem fosse muito inteligente poderia tirar as melhores notas. Claro, eu achava que não era o meu caso. Ao mesmo tempo, não via sentido em muitas coisas que aprendia, sempre pensava se usaria as informações que era obrigado a decorar. Exceto pelas matérias que me desafiavam a pensar, por incrível que pareça. Na terceira série, por exemplo, venci um concurso de escrita criativa com uma de minhas redações. O tema era livre e decidi escrever sobre meus heróis dos gibis.

Pensava, olhando para trás, em como poderia um menino de nove anos ter rasgado seus sonhos e suas ideias? Que tipo de processo eu havia experimentado para deixar de sonhar? Como as pressões da vida poderiam exercer tal influência? Ficava pensando nessas coisas, ouvindo histórias de outros quase-heróis. Ao menos o senhor Antônio parecia um herói para o seu Manoel, pela forma com que ele se referia a ele.

Precisava recuperar o prazer pelas pequenas coisas boas da vida. Pensei na doutora Alice e no prazer que sentia ao cuidar de seus pacientes – até mesmo quando estava limpando uma ferida, algo que uma enfermeira poderia fazer. Acho que, para a doutora Alice, uma ferida representava algo maior que um machucado, representava a possibilidade de cura. Também pensei no senhor Mauro e em sua alegria, quase podia ouvir seu riso escancarado.

Sabia que não poderia entrar numa faculdade pública, pois elas não eram feitas para pessoas como eu. O que de certa forma é meio contraditório. Os alunos que estudam a vida inteira em colégio público não são preparados para as faculdades do governo, já que possuem um processo seletivo de entrada muito rigoroso. Como pode?

Tive alguns professores bons e outros ruins. A gente aprendia, mas não era suficiente para disputar uma vaga na faculdade. Afinal, nem inglês falava. Por outro lado, a cidade de São Paulo oferece muitas opções, de preço e de qualidade. O valor que teria de desembolsar seria um fator importante para que eu conseguisse estudar e me formar. Um diploma era importante, mas também existiam muitas formas de se aprender – e eu já havia aprendido um bocado no call center, com o senhor Mauro, com a dona Maria Clara... E naquele momento estava ali, tendo novas lições.

Na contramão

Voltando agora ao seu Manoel, ele me contou, todo animado, algo que ocorreu havia alguns anos, quando estava levando o presidente para um compromisso. Naquela época, ele não conhecia bem o senhor Antônio. Não como ele o conhece hoje. Estava meio atrasado, o trânsito estava ruim e eles iriam da Avenida Paulista para o bairro do Ipiranga. Na avenida Vergueiro, eles ainda encontraram um acidente, para piorar a situação. O seu Manoel ficou agitado, pensando em como iria fazer para cumprir sua obrigação, ou seja, levar o senhor Antônio e chegar no horário em todos os compromissos agendados. Conforme o tempo ia passando, o nervosismo ia aumentando. Então, ele fez a burrada de entrar numa contramão. Burrada que o ajudou a conhecer mais o patrão.

O senhor Antônio perguntou por que havia feito aquela contravenção. Ele respondeu, com a voz meio baixa, que tinha entrado ali para cortar caminho e levar o senhor Antônio ao compromisso, para que chegasse no horário. Afinal, aquela era a orientação que tinha recebido logo no primeiro dia de trabalho: procurar o caminho mais rápido, os melhores atalhos, cumprindo o seu dever.

Entretanto, para a sua surpresa, o senhor Antônio disse que andar na contramão era pior que chegar atrasado ao compromisso. Na sequência, pediu para que ele voltasse à rota em que estavam, respeitando as leis do trânsito. O seu Manoel, ainda preocupado com o horário, tentou lhe dizer que, se continuassem no caminho em que estavam, eles iriam chegar uns 30 minutos atrasados. O silêncio que pairou no ar foi de apenas alguns segundos, mas pareceu uma eternidade. Seu Manoel já esperava por uma bronca ou alguma grosseria, mas criou coragem e olhou pelo retrovisor, na esperança de conseguir alguma pista do que iria acontecer. Seu olhar cruzou com o do senhor Antônio, que esboçou um leve sorriso e acenou com a cabeça. Bastou aquela troca de olhares para ele entender a mensagem implícita: "Entendo sua preocupação e até agradeço o senso de responsabilidade, mas siga as minhas orientações".

O seu Manoel contou o caso com um orgulho enorme, com muito entusiasmo. Ele dizia que o senhor Antônio era um homem que fazia o que dizia, mesmo quando ninguém, ou quase ninguém, estava o observando. Acredito que aquilo era força de caráter, eu entendia exatamente o que ele estava falando. Meus pais sempre falaram muito para mim na minha infância e adolescência sobre fatos semelhantes, situações em que precisamos mostrar quem somos de verdade. Eles sempre deram muitos exemplos para que eu e meus irmãos pudéssemos seguir.

Quando o seu Manoel acabou de contar a história, eu permaneci pensativo por alguns instantes, tentando entender o melhor possível o que significava aquele exemplo. As pessoas mais antigas que eu na empresa, que estavam conosco ouvindo a história, disseram que o senhor Antônio era assim mesmo.

Apesar de ainda estar um pouco receoso, era bastante animador ouvir histórias positivas a respeito do meu novo patrão. A minha responsabilidade de servir o senhor Antônio na presidência era grande.

Pensei que deveria ouvir bastante e prestar muita atenção em tudo, para não errar, para fazer o melhor que pudesse. Meu objetivo era ser o melhor garçom da empresa. Ouvir ainda era uma coisa difícil para mim, pois, quando me empolgo, minha tendência é ficar falante, especialmente quando leio ou ouço algo que me fascina. Minha vontade é sempre a de conversar, o que é um desafio na profissão de garçom. As pessoas não esperam que a gente fale ou ofereça qualquer tipo de contribuição que fuja do padrão convencional da função.

"O cara"

Não importa o que você decidiu fazer da vida, o que importa é você ser bom o suficiente para as pessoas gostarem do seu serviço. Era o que a dona Márcia sempre dizia a seus funcionários. Dessa forma, trabalho nunca faltaria, não importa onde você estivesse.

O fato do senhor Antônio não falar muito chamava minha atenção. Ele era direto, o que era um pouco diferente do que imaginava para um presidente. Será que eu havia confundido o presidente de uma empresa com um político?

Percebi claramente que havia uma certa timidez no comportamento do senhor Antônio, o que ficou evidente na primeira reunião de resultados que participei. A reunião ocorria mensalmente e todos os executivos da empresa compareciam. Era sempre na terceira segunda-feira de cada mês. Ele falava por detrás de um púlpito. Em uma das reuniões, fiquei num canto do auditório, um lugar espaçoso, que acomodava cerca de duzentas pessoas. Para a minha surpresa, vi que, atrás do púlpito, as pernas do senhor Antônio estavam trêmulas. Sorri por dentro, não de deboche, jamais, mas porque eu realmente fiquei muito surpreso. Até perdi a atenção por alguns momentos, pois me perguntava como aquele homem tão importante, inteligente e culto, com várias vivências pelo mundo, o chefe de todos aqueles engravatados, podia bambear as pernas na hora de falar em público? Ele era presidente de um fundo de investimentos internacional que administrava empreendimentos e rodovias, coisa grande mesmo!

A minha sorte era que meu trabalho naquelas reuniões era simples. Tinha de repor os copos de água do púlpito e substituir as garrafas de café que ficavam na mesa do coffee-break, no canto da sala, perto do grande palco. Se tivesse que ficar servindo as pessoas, como de costume, eu teria perdido a concentração. Mais do que isso: poderia até cometer algum desastre, como derrubar café em alguém ou coisa assim. Perder-me em meus pensamentos, perder o foco no que estava acontecendo ao meu redor, era um hábito muito característico meu. Não sei bem o porquê, se era bom ou ruim, mas acontecia com frequência.

Quando me dei conta, percebi que tinha perdido a sintonia com o ambiente. Já eram 17h15 e notei que tinha ficado uns dez minutos viajando. A reunião começava pontualmente às 17 horas. Assim que as portas eram fechadas, durante os primeiros cinco minutos, ocorriam as apresentações. As pessoas iam se ajeitando nas cadeiras e, aí sim, começava. O senhor Antônio conduzia a reunião inteirinha. Em primeiro lugar, apresentava a agenda da reunião e, depois, começava a pauta principal.

Demonstrações dos resultados das empresas concorrentes, reações e estratégias dos executivos, vice-presidentes, diretores e gerentes, além do próprio senhor Antônio, eram assuntos recorrentes. Também comparavam o que faziam de melhor ou pior em relação à concorrência. No final, o senhor Antônio falava um pouco do futuro, do que viria pela frente. Abria espaço para as pessoas fazerem perguntas e encerrava o papo com alto-astral, às vezes até com um desenho ou uma charge que fizesse referência aos planos futuros. Um dos desenhos que ficaram marcados em minha memória era o de um barco cheio de pessoas. Uma única pessoa ficava num lado do barco, as demais, no outro extremo, e diziam: "Ainda bem que o furo não é do nosso lado". A ironia era que todos iriam afundar.

A reunião acabava sempre às 18 horas.

Uma coisa que nunca entendi bem era por que os vice-presidentes se sentavam sempre na primeira fileira do auditório. Eles sempre estavam lá, quase sempre nos mesmos lugares. Vi muitas e muitas reuniões iguais a essa no período em que trabalhei naquela empresa.

Depois da reunião, era servido um coquetel ao lado do auditório, que não durava muito. Nessas ocasiões, o senhor Antônio ficava no máximo uns vinte minutos. Quando ele saía, eu ia atrás dele. Até parecia um segurança, mas era o garçom e, como de costume, tinha de servir o seu café com leite. Ele respondia aos seus e-mails. Sempre tomava sua bebida em uma xícara grande. Mais café do que leite até o meio-dia e, depois, o inverso: mais leite do que café, após o almoço.

Em uma das reuniões, o senhor Antônio estava bem sério, falava firme. Nem bravo nem rude, mas sério. Bem diferente da forma como costumava se apresentar, ao menos nas reuniões que eu já tinha participado.

Acho que, como eu, as pessoas ali também notaram algo diferente. Provavelmente não foi difícil para eles perceberem a diferença, se até eu notei... Especialmente quando o nosso presidente desligou o projetor e foi dizendo que, alguns dias antes, um executivo de uma empresa concorrente, amigo dele, tinha ligado para dizer que todo o conteúdo da última reunião mensal de resultados estava na mão dele. As pessoas se mexeram na cadeira, um leve zum-zum ecoou pelo auditório. O senhor Antônio esperou pelo silêncio, apontou para os vice-presidentes nas primeiras fileiras do auditório e disse:

– Ouvi os conselhos dos meus vice-presidentes. Também ouvi o diretor jurídico, que aconselha restringir o acesso ao conteúdo das reuniões mensais.

O senhor Antônio ouviu a todos. Refletia se deveria mudar sua prática, não colocando mais o conteúdo da reunião na intranet da empresa. Veio, então, uma pausa, um silêncio ansioso. Todos aguardavam sua decisão. Disse que os ideais em que acreditava tinham ajudado na hora de decidir o melhor caminho.

O senhor Antônio costumava dizer que o maior ativo da organização eram os clientes. Porém, de uns tempos para cá, ele tinha mudado: estava certo de que o maior ativo de uma organização era, na verdade, os funcionários, que a base de suas crenças era a confiança, que a maioria não poderia ser "culpada" pelos erros de um ou de poucos. Foi uma surpresa quando ele finalmente declarou sua decisão. Alguns ficaram perplexos, outros entusiasmados. Parecia que ninguém esperava aquela decisão. Pelo que disseram depois, o presidente parecia estar inclinado a fazer o que seus assessores diretos tinham aconselhado.

A decisão foi a seguinte: *nada mudaria*. O conteúdo da reunião continuaria disponível na intranet, para que todos os 27 mil funcionários da empresa, do norte ao sul do país, independente da sua função, tivessem acesso às últimas informações. Sem cortes ou versão resumida. Continuou explicando os seus porquês. Ele disse que, se parasse de compartilhar o conteúdo da reunião com as pessoas que trabalhavam na empresa, ele estaria fazendo exatamente o contrário do que vinha pregando e trabalhando há tanto tempo para mudar. Sua decisão final era a de continuar a confiar nas pessoas!

Encerrou pedindo que cada gestor ali presente conversasse com suas equipes, pedindo mais responsabilidade com o uso das informações da empresa. Enfatizou que eles deveriam conhecer melhor as pessoas, explicar os porquês das decisões, buscando a adesão de todos, pois eles estavam construindo uma empresa com valores e cultura alinhados às suas estratégias. Mais do que isso, explicou que cada decisão tomada pela liderança poderia fortalecer ou enfraquecer o que já havia sido conquistado com clientes, funcionários, acionistas e a sociedade em geral. Concluiu dizendo:

– A apresentação de hoje estará na intranet amanhã a partir das 8 horas.

Ele realmente era "o cara". Era assim que as pessoas de todos os degraus da hierarquia se referiam a ele.

Por algum tempo, ainda foram ouvidos comentários sobre o episódio. Diziam que o senhor Antônio tinha dado um exemplo e tanto. Além do ocorrido em si, eu também fiquei com a lembrança das pernas tremendo. Não parecia que aquele homem cheio de coragem, que falava com tanta firmeza, também era dono daquelas pernas que se agitavam como vara verde. Na verdade, eu já sabia naquela ocasião que o tremor não ocorrera em função da situação, mas porque ele era tímido, muito tímido, e só as pessoas mais próximas sabiam disso.

Os dias se passaram, meu trabalho estava indo bem, gostava dos meus colegas e fiz ótimos amigos, alguns para a vida inteira. O seu Manoel foi muito bom para mim, acho que ele me via como um quarto filho. Eu ia bastante à casa dele aos domingos, era uma festa. Ele e a esposa reuniam toda a família e com o Jorge, filho mais velho do seu Manoel, aprendi a jogar truco. Também passei pela coisa mais valiosa que podia me acontecer naquele momento. Ele me incentivou a estudar, contando como tinha feito para passar na faculdade. Disse que eu deveria tentar obter um crédito estudantil. Os critérios de seleção dos candidatos, definidos pelo Ministério da Educação (MEC) são impessoais, transparentes e levam em consideração o perfil socioeconômico dos candidatos. Se eu conseguisse ser aprovado no programa, iria ter condições financeiras de cursar uma faculdade.

A ideia da faculdade foi crescendo dentro de mim. Todo domingo, quando ia para a casa do seu Manoel, o Jorge me perguntava:

— E aí, Milton, decidiu estudar?

Para alimentar esse desejo, comecei a pesquisar. Teria de escolher qual faculdade cursaria, qual o curso? Não tinha muitas referências, também precisava fazer meu desejo caber em minha realidade financeira, na minha idade.

Problemas!

O trabalho com o senhor Antônio era muito bom, a empresa era um lugar com muita gente inteligente – pelo menos os funcionários pareciam ser inteligentes.

Um dia, entretanto, presenciei uma cena envolvendo um dos gerentes, o Dagoberto, que me deixou sem saber o que fazer.

O mundo não é perfeito, mas eu achava que lá naquela empresa – vendo tão de perto como o senhor Antônio agia, como tratava as pessoas – não haveria injustiças, nem pessoas maldosas. Que desilusão! O que eu vi não saiu da minha cabeça. Até porque o Dagoberto não deixou. Ele tentou me sacanear e me amedrontar por muito tempo.

Estava trabalhando em outro andar, cobrindo a folga de um colega que era garçom da área comercial. Sem querer, vi uma situação horrível, especialmente do ponto de vista do respeito ao outro. O Dagoberto era meio que um faz-tudo para o diretor. Ele estava metido em muitos assuntos. Um cara de uns trinta e poucos anos, alto, mas nada atlético. Um cara de fala mansa, aparentemente calmo, que andava bastante pelos corredores da empresa. Achava que era parte da função dele transitar bastante, mas hoje penso diferente. Já tinha visto ele em uma reunião. Parecia um cara bom, mas, na verdade, acho que ele era mais um grande encantador de serpentes.

Eu vi e ouvi o Dagoberto humilhando uma moça, funcionária da sua equipe. Não soube o começo da história, nem o final, por mais que eu tivesse vontade de ficar ouvindo, sei que não era o correto a se fazer. Mas a cena que vi foi o suficiente para entender que, por mais besteira que a Denise possa ter feito, nada justificaria o que ele fez, fazer com que ela ajoelhasse e pedisse desculpas. Ela se ajoelhou, toda sem jeito e humilhada. Santo Deus! Essas coisas acontecem em uma empresa! Poderia ser uma brincadeira, o que não era o caso, com certeza. Brincadeiras como aquela não deveriam existir, de qualquer forma.

Quando eu entrei na sala de reunião para recolher as xícaras, os dois ficaram parados me olhando. Ela fez uma cara de desespero e o Dagoberto estava com uma expressão de quem queria me matar. Foi logo dizendo:

— Seu Milton, o que o senhor está vendo não é o que parece, mas se alguém souber disso, vou arrumar uma forma de acertarmos as contas, entendeu?

Recolhi as xícaras, totalmente atordoado, chocado mesmo. Aquela cena da Denise ajoelhada aos pés dele, em uma sala fechada, permaneceu na minha mente. Eu queria contar para alguém, para a dona Márcia ou para o seu Manoel, para tentar entender o que aquilo podia significar, mas, naquele momento, resolvi que era melhor ficar em silêncio e pensar, tentando entender melhor. Ponderei que o melhor que poderia fazer era tentar descansar, deixar o travesseiro acalmar minhas dúvidas, pois, no dia seguinte, tudo começaria de novo – e eu queria estar disposto. Quem sabe conseguiria me distrair assistindo a um jogo de futebol. Afinal, um pouco de diversão não faria mal a ninguém.

Fui embora pensativo, estava esquisito. Se estivesse no lugar dela, o que eu teria feito? Será que teria alguma diferença entre ser garçom ou diretor, em uma situação dessas? Sempre sonhei com um mundo diferente, de mais solidariedade, de mais amor entre as pessoas, mais respeito pelo próximo. O que estava acontecendo? O que pode justificar toda essa raiva, essas brigas que nos afastam uns dos outros?

Minha opinião

Uma das coisas que mais gostava de fazer é participar de workshops, reuniões que geralmente duram o dia todo, nas quais as pessoas discutem e aprendem muitas coisas. Eu trabalhava prestando o máximo de atenção, tomava até xarope de guaraná pela manhã, para ver se eu conseguia aumentar minha atenção, pois precisava dela duplamente: para fazer bem meu trabalho e também para tentar aprender algo de novo. Sempre que possível, puxava meu bloco de anotações e escrevia as coisas que me chamavam mais atenção, o nome dos livros que apareciam na parede, muitas vezes projetados com alguma frase legal, que me inspirava ou tocava meu coração.

Passava muito tempo na sala nesses tipos de reunião, especialmente na hora de servir o almoço ou o lanche executivo. Eu gostava de estar lá, pois sabia que poderia aprender mais e mais.

Em uma dessas reuniões, as pessoas estavam discutindo um modelo, tinha um homem com um coração desenhado e várias palavras em volta. Naquele dia, mais uma vez, me surpreendi muito com o senhor Antônio. A sobremesa era um petit gâteau com calda de manga, uma mistura de doce e azedo, o doce relaxante do chocolate com o azedinho da manga, que servia para "acordar". Assim que o senhor Antônio comeu a primeira colherada, me disse:

— Seu Milton, eu adoraria comer essa delícia até o final, mas o que eu quero neste momento é irrelevante, já que estou de dieta. O que eu preciso é de uma fatia de abacaxi, por favor.

Quando servi a fatia de abacaxi, ele me olhou e perguntou, apontando para o desenho rascunhado nos papéis dos flip charts:

— O que você sente vendo este desenho?

Acho que fiquei meio vermelho na hora, pois só senti o calor em meu rosto, uma vontade louca de me livrar do paletó e da gravata-borboleta, mas eu tenho juízo e, de fato, adoro a minha gravata, me sinto bem com ela. Era a primeira vez que alguém importante pedia a minha opinião e, por uma fração de segundo, pensei que não poderia dizer bobagem. O senhor Antônio percebeu minha aflição e acrescentou:

— Me diga com suas palavras, sem preocupação, o que você está vendo. O que estamos criando aqui não é para os homens sentados em volta desta mesa, mas para todos. Quero fazer algo simples, qualquer pessoa deve entender o que desejamos fazer.

Respirei fundo e fui tagarelando, sem fazer nenhuma pausa, algo mais ou menos assim:

— Isso parece diferente, nunca imaginei que uma empresa fosse colocar no papel algo assim, eu esperaria gráficos e cifrões, mas vejo uma pessoa. Como as que trabalham aqui. São umas diferentes das outras. Como se diz no Alcorão, se Deus nos quisesse iguais, teria feito todos iguais.

O senhor Antônio me disse para ir em frente:

— Continue, estou gostando da sua explicação.
— Bom, aqui nesta empresa, tem gente de todo jeito, de todo lugar, não conheço todos os funcionários, aliás, a maioria que conheço são pessoas parecidas com vocês, de terno e gravata, mulheres bem-vestidas que vejo nos corredores, mas já vi umas fotos na exposição, na entrada do prédio, de pessoas trabalhando em obras, outras conversando com os clientes, outras no pedágio. Elas me parecem todas diferentes. Mas uma coisa elas têm em comum: um coração. E, muito provavelmente, todos esses corações pulsam por alguma coisa.

"Nossa!", pensei. Quando acabei meu discurso, imaginei que seria demitido. Definitivamente. De onde saíram aquelas palavras, de onde veio a coragem de dizê-las? Onde foi mesmo que eu li aquilo? Eu não sabia, mas não dava mais para cancelar o que havia dito, pois as palavras, depois de ditas, voam pelos ares, rodopiam com o vento, às vezes formam redemoinhos e levam tudo o que está em volta, fazendo estragos. Outras vezes, elas embalam canções e outras vezes ainda, caminham com o vento e vão parar em um lugar distante, não sabemos onde.

O senhor Antônio disse:
— Obrigado por suas palavras. Vejo que vamos terminar o dia mais cedo, pois já encontramos o caminho. O nosso modelo de atuação terá no centro a pessoa: o funcionário é uma pessoa, o cliente é uma pessoa, o fornecedor é uma pessoa, sempre há uma pessoa. São essas pessoas que se relacionam, fazendo negócios, construindo nossas obras. Se essas pessoas não souberem a importância de cada tijolo, de como colocá-lo, a obra pode desmoronar com o vento.

Colocando em prática

Aí o senhor Antônio disse que gostaria de saber a opinião das outras pessoas presentes. Todo mundo concordou com a minha fala, com o desfecho que o senhor Antônio tinha dado. Uns se mostraram mais entusiasmados que outros. Alguns recuaram com suas cadeiras, dando sorrisos sem graça. O senhor Antônio deixou todos falarem, expressarem seus pontos de vista, fazerem pequenos ajustes, porém a ideia da campanha estava formada e decidida. Tive certeza disso alguns meses depois, ao ver quadros com aquele desenho sendo pendurados pela empresa inteira. Vibrei muito, senti até uma pontinha de orgulho. Por incrível que pudesse parecer, de alguma forma, eu tinha participado daquilo. Eu, um simples garçom, quem diria...

Aquele modo de fazer as coisas era mesmo o jeito do senhor Antônio. Era assim que ele liderava aquela empresa. Sabe o que ele conseguiu assim? Se ele me ouviu, um simples garçom terceirizado, é porque ouvia realmente a todos. Ele se envolvia na maneira de ser dos funcionários, a forma como eles exercem suas funções, independentemente de onde estivessem ou qual cargo ocupassem.

O senhor Antônio não tinha noção do que ele tinha provocado em mim quando pediu minha opinião, quando me ouviu. Uma verdadeira revolução havia acontecido. Os quadros que vi espalhados pela empresa depois, me deram ainda mais certeza de que precisava partir para a ação. Comecei a pensar que talvez eu tivesse algum valor maior, que os estudos poderiam me ajudar. Tomei coragem e fiz minha inscrição para o vestibular.

Vestibular

Decidi prestar vestibular para o curso de Administração. Quando chegava do trabalho, ficava de duas a três horas estudando todos os dias as matérias. Depois, o sono me tomava e eu tinha de dormir. Lutava ao máximo para ficar acordado e aproveitar todo o tempo disponível para me preparar para a prova, que aconteceu meses depois.

No dia em que o resultado seria publicado, fiquei morrendo de medo de ver se havia passado. Não estava preparado para lidar com a frustração. Acho que fiquei muito mais nervoso do que no dia do exame propriamente dito. Eu simplesmente chutei o resultado em várias questões da prova, porque muitas matérias eu nem aprendi, como geometria.

Fui por eliminação em várias questões, mas me senti bem à vontade com o papel e a caneta na hora de fazer a redação. Escrevi com tranquilidade. Havia três temas para escolher. O título que eu escolhi foi: "A educação no Brasil para a população de baixa renda".

Escrevi tanto que minha mão até doeu. Sabia que redação era a melhor oportunidade, pois eu não sabia quase nada de física e geometria. Aliás, não havia estudado geometria e trigonometria. Foi tudo chute mesmo.

Enrolei muito para olhar o resultado. Quando me enchi de coragem e resolvi enfrentar a realidade, veio a surpresa. Eu tinha sido aprovado para o curso de Administração, viva! O menino que habita dentro de mim pulou de alegria, fiquei tão feliz que não consegui me conter. Procurei o orelhão mais próximo e liguei para o seu Manoel para agradecer pelo incentivo e depois liguei para os meus pais para contar a novidade. Eu nem tinha dito a eles que iria prestar vestibular, pois achava que não ia passar. Não queria deixá-los frustrados caso não fosse aprovado. Mas não foi assim!

Minha mãe só chorava de alegria. Já meu pai perguntava como é que eu iria pagar a mensalidade, mais as contas para me manter em São Paulo. Caramba, um momento tão feliz, de vitória para mim, e ele me jogava um balde de água fria.

Meu pai era um pouco pessimista – ou será que realista? Ele disse que faculdade em São Paulo não era para gente pobre e, por isso, eu devia era mesmo juntar dinheiro para comprar uma casa própria. Fiquei muito bravo, e desliguei o telefone sem me despedir direito. Estava a ponto de explodir. O fato é que, com aquela preocupação, meu pai me colocou de volta em contato com a realidade. Nem consegui curtir direito a alegria de ter passado no vestibular. Era verdade aquilo: eu não tinha dinheiro para pagar a matrícula. O jeito era tentar uma bolsa de estudos, mas e se eu não conseguisse? O crédito estudantil parecia algo difícil. Qual outra opção eu teria? Fui logo prestar vestibular em uma boa faculdade para melhorar minhas oportunidades, sem me preocupar muito com as contas. Foi muita ingenuidade a minha. Senti como se estivesse debaixo da terra, em um misto de indignação, braveza com a reação do meu pai – e também por ele não conseguir me ajudar financeiramente. Tínhamos uma incompatibilidade de gênios, eu e meu pai. No fundo, ele me deu coragem para sair de casa, mesmo contra a vontade da minha mãe, que tentou fazer de tudo para eu ficar morando com eles.

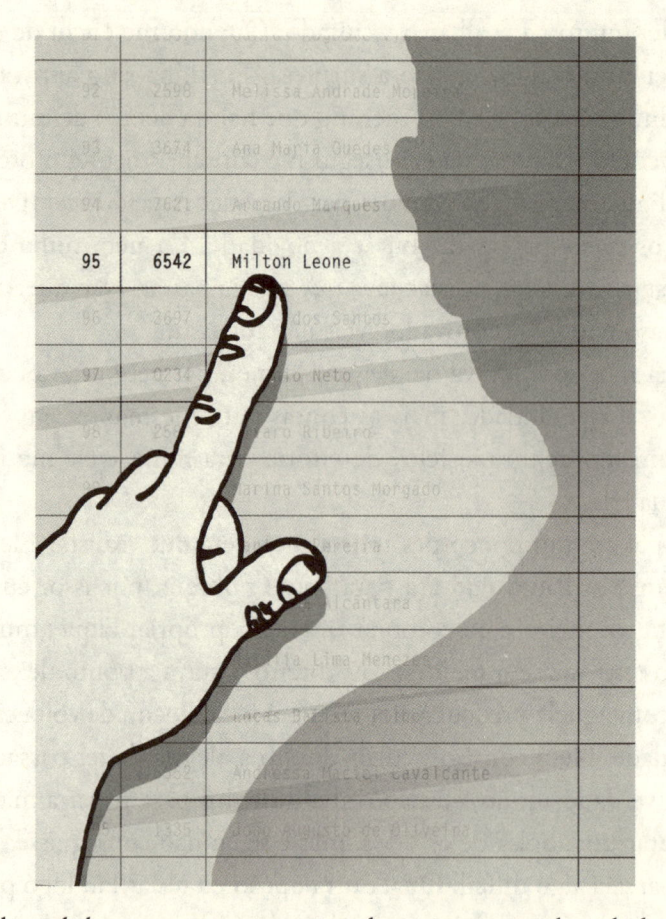

Tinha valido a pena ter me arriscado a viver naquela cidade tão grande, maior do que eu mesmo imaginava, desde o dia em que vi uma imagem na televisão quando minha mãe assistia à novela. Foi a imagem de um carro preto esportivo, passando pela Avenida Paulista, que havia motivado tudo aquilo. A câmera mostrava a imagem de um jeito que ampliava ainda mais a avenida, os prédios ficavam ainda mais altos. Eu olhei a cena e pensei, um dia eu quero estar lá. E lá estava eu.

Treinamento

Com o passar do tempo, o senhor Antônio se tornou um presidente muito querido, as pessoas tinham prazer em ouvi-lo e segui-lo. Para ajudar a perder a timidez, ele resolveu começar a dar aulas. Sabia que a melhor forma seria praticar, praticar e praticar. Ele dava aulas de administração num curso de pós-graduação. Desde o dia da sua primeira aula, todas as segundas-feiras, ele me pedia que lhe servisse café com leite às 17h45, no final da sua última reunião. Diferentemente dos outros dias, a xícara deveria conter mais café e menos leite.

Enquanto tomava café, ele falava olhando para um espelho que havia colocado em sua sala. Nós já tínhamos uma relação de confiança. Eu podia entrar na sala dele mesmo em momentos em que o clima estava tenso. Muitas vezes, era eu quem ele chamava na hora de levar documentos assinados a outros executivos.

Como eu era meio abusado, de vez em quando me arriscava a dizer uma ou outra coisa para o senhor Antônio, especialmente sobre algo que estava estudando. Queria causar boa impressão, queria mostrar a ele que um garçom também sabia conversar.

Depois de algumas semanas, tomei a liberdade de perguntar por que ele falava com espelho. Nessa hora subiu um calor em mim e pensei que tinha avançado o sinal. Entretanto, mais uma vez, aquele homem demonstrou muita educação e simplicidade. Ele me disse que conversava com o espelho porque estava aprendendo. Fiquei meio confuso, mas acabamos conversando por uns dez minutos, o que era uma eternidade quando se tratava do senhor Antônio, pois ele era extremamente ocupado, bastante assediado e recebia até mesmo políticos e artistas famosos. Ele me encorajou com sua história. Disse que sempre foi taxado como diferente em sua infância e adolescência, pois sempre gostou de se preparar para tudo que tivesse de fazer, assim como agora, dedicando-se de verdade, tentando melhorar sua performance nas aulas. Enquanto seus primos viajavam e se divertiam, ele estudava, lia e refletia sobre a vida. Tinha até recebido o apelido de nerd. Hoje ele é o presidente de uma empresa, pai e professor.

Muita gente achava que o senhor Antônio teve uma rápida ascensão profissional porque tinha estudado em boas escolas, viajado bastante. Mas ele me disse que sua ascensão profissional se devia ao fato de ele fazer o que gosta – e por ser feliz assim. Ele tinha uma causa em sua vida, uma meta! Nossa, eu nem acreditava no que estava ouvindo. Por isso é que ele estava treinando na frente do espelho: porque ele tinha decidido que era preciso fazer aquilo para se tornar um grande orador. Ele impôs este desafio a si mesmo, o de ser professor, treinando técnicas para reter a atenção do público com eficiência.

Achei incrível ver aquele homem tão importante dando aulas apenas para aprender, para melhorar. Imaginava como aquela atividade era desafiadora para ele. Dar aula, praticar, preparar material e conciliar tudo com a agenda de presidente de uma multinacional, com o fato de ser pai de quatro filhos! Sem dúvida, aquele homem era um grande exemplo para mim. Ele me provou que todas as pessoas do mundo, por mais estudo que tenham, fossem quem fossem, precisavam ter a humildade de saber que a vida é um grande aprendizado – e que movimento representa crescimento.

Vejam só o contrassenso: um dia o presidente pede minha opinião sobre a estratégia de comunicação da empresa com os funcionários e, em outro, um jovem gerente ordena que eu fique em silêncio, praticamente me ameaçando. Sim, em meio a todo aquele sentimento de euforia, meu pensamento ainda era transportado para a cena da Denise, de joelhos. Aquela imagem, muito forte, me assombrava.

Também fiquei pensando naquela moça, como ela se permitiu passar por uma coisa daquelas? Medo de perder o emprego? Por ser mulher?

Tenho meus medos também, mas aquilo já era demais. Minha mãe sempre me dizia que todos merecem respeito, que ninguém poderia nos tirar a dignidade, por mais simples que nossa família pudesse ser. Meus pais sempre foram muito honestos, sempre me ensinaram que ninguém nunca teria o direito de me humilhar. E o senhor Antônio confirmava isto.

O JEITO DE FAZER DO SR. ANTÔNIO

DISCURSO
- RESPEITO!
- VALORES MORAIS
- CRENÇA
- CARÁTER
- ESFORÇO
- COMUNICAÇÃO

DITO

PRÁTICA
- RESPEITO
- (VALORES MORAIS)
- CRENÇA
- CARÁTER
- * ESFORÇO
- COMUNICAÇÃO

FEITO ✓

> "SER LÍDER É UMA ESCOLHA, SE VOCÊ FALA QUE É LÍDER, TEM QUE SER DE VERDADE"
> — CARLA WEISZ

CAPÍTULO 4

O JEITO DE ENSINAR DO PROFESSOR EDSON

O primeiro dia

O ônibus estava lotado e acabei chegando todo esbaforido e amarrotado no primeiro dia de aula. Eu me enrolei para sair do trabalho porque fiquei conversando com um colega e, como sempre, peguei o maior engarrafamento. O trânsito em São Paulo é horrível de manhã, logo cedo, bem como no final da tarde, o que atrapalha ainda mais quando se está atrasado.

Fiquei meio perdido ao procurar a sala de aula. Eu me sentia um estranho ali, não conhecia ninguém. Vi alguns alunos conversando entre si e pensava que, provavelmente, eles tinham feito o colegial ou o cursinho juntos, por isso já se conheciam. Como eu tinha vindo do interior, não conhecia ninguém.

Havia também um pouco de bagunça, uns alunos pintando os outros, parecia até que a maioria se divertia. Acho que aquilo era o tal do trote, que ocorre com quem ingressa na faculdade no primeiro ano. Os alunos mais antigos dão um trote nos mais novos. É uma farra, uma forma de comemorar. Até aí, achei engraçado. Só não achei divertido todo mundo ter que passar por aquilo, mesmo não querendo. Parecia até mesmo meio humilhante.

Quando encontrei a minha sala, algumas pessoas já estavam presentes. Havia um ar de desorganização, cara de sala de aula. As cadeiras eram de madeira, com suporte para escrever. Um grande quadro verde na frente, duas janelas grandes ao fundo e dois ventiladores no teto que não davam conta de aliviar o calor. Entrei meio receoso e me sentei mais ou menos no meio da sala. Resolvi que iria ficar bem quieto, pensando que, talvez assim, as pessoas não iriam me notar. Foi a forma que encontrei para tentar não passar pelo trote. E se eles sujassem minha roupa? Ou a estragassem? Eu não iria conseguir limpar a tinta, também não queria perder as poucas roupas novas que tinha comprado. Coisa de marinheiro de primeira viagem. Deveria ter me preparado melhor, mas não, quis logo pôr uma roupa legal.

O sinal para o início da aula tocou às 19h30. Entrou na sala um cara que se apresentou como o coordenador do curso, chamava-se Jorge. Ele era mais velho, dava para perceber pelas rugas no rosto e pelas fortes marcas de expressão. Era uma figura engraçada, dava para perceber que ele pintava o cabelo, o que chamou não só a minha atenção, mas a dos outros também.

Ele parecia gente boa, tranquilo. Ao começar a falar, deu boas-vindas a todos nós alunos, ou melhor, calouros. Apresentou as matérias daquele ano. Nós teríamos análise de custo, contabilidade gerencial, administração financeira, métodos quantitativos, fundamentos de marketing... Enquanto ele ia explicando, eu pensava: "Caramba, Milton, o que você veio fazer aqui? Além de não ter grana pra pagar a faculdade, você não vai dar conta de aprender todas essas coisas, pula fora, ainda dá tempo..." E meu devaneio desesperado foi interrompido.

Deparei-me com ele dizendo que a direção havia alterado uma matéria da grade curricular. Naquele ano, o curso de Administração teria também comunicação. Eles tinham percebido a importância da matéria depois da introdução de comportamento organizacional. A experiência mostra que comunicação é um fator importante para a administração de uma empresa. Senti um rápido alívio, comunicação era um nome familiar, mesmo não sabendo que também era uma ciência.

Sentia-me entrando em outro mundo, por mais que já tivesse frequentado salas de aula. Tudo era novo, o lugar era enorme, acho que havia cadeiras para umas cem pessoas. De qualquer forma, havia no máximo cinquenta alunos na minha sala.

A primeira aula acabou mais cedo, no intervalo, às 20h45. Fiquei bem quieto na minha, demorei para sair da sala, não queria passar pelo trote. Além de não querer estragar minha roupa. Se algo acontecesse, sabia que iria demorar muito para poder comprar outra, tinha medo de me meter em confusão. Nessas horas parecia que meu pai estava na minha frente, falando:

– Miltinho, fique longe de confusão, se alguém te provocar, saia de perto, porque se você revidar, você fica igual a quem te provocou. – Ele sempre falava isso quando eu brigava com meu irmão mais velho.

Só que geralmente era eu quem provocava o meu irmão, ele era mais forte e eu sempre levava a pior. Quando meu pai chegava do trabalho e sabia que a gente tinha brigado, ele não queria nem saber quem tinha começado a briga. Dizia:

– Se um provocou e o outro revidou, os dois vão para o castigo! Podiam ter evitado, mas escolheram brigar. – Meu pai era um homem duro, mas muito sábio com a nossa educação.

Uma turma até tentou me tirar da sala, dizendo que ia ser divertido. Meio sem graça, com medo, disse que não queria participar – acrescentei bem baixinho que preferia não me envolver. Depois daquilo, pensei que iam me achar um babaca, que provavelmente tinha perdido uma boa oportunidade de começar a fazer novos amigos. E perdi mesmo, demorou um tempão para eu ter amigos na faculdade.

No ônibus, indo para casa, lembro que fui pensando sobre aquele dia. Por mais que me lembrasse das palavras do meu pai falando do preço da mensalidade, eu estava feliz. Tinha conseguido entrar na faculdade, uma felicidade que ninguém iria tirar de mim.

Tentei de todas as maneiras não pensar no dinheiro, mas aquela preocupação me dominava. Quando estava chegando em casa, parei um ponto antes para ligar de um orelhão para os meus pais, queria contar para eles sobre o meu primeiro dia na faculdade. Cara, eu estava na faculdade! Cantava sozinho, andando pela rua:

Você é a ovelha negra da família/ agora é hora de você assumir/ e sumir,/ baby, baby...

Era o que era, a ovelha negra da família, era assim que me sentia, o desgarrado. Não por ser um cara ruim, mas porque queria uma vida diferente.

Sempre tive um lado meio questionador, discutia com meu pai de igual para igual, nunca tive a intenção de ser rebelde, só queria entender o porquê de algumas coisas. Sempre pensei que deveria haver uma outra forma de viver – além da que eu tinha conhecido. Por que uns têm tanto e outros, tão pouco? Por que eu tinha que aprender tantas matérias na escola, matérias que pareciam ajudar pouco no dia a dia, na vida? Deveríamos aprender mais sobre como controlar o dinheiro na escola, sobre as muitas profissões, sobre como lidar com a vida. Pelo nome das matérias citadas pelo coordenador hoje, parece que boa parte do que aprendi não servirá para muita coisa.

Aquela gravação chata dizia: "Chamada a cobrar, após o sinal diga o seu nome e a cidade de onde está falando". Quando meu pai atendeu ao telefone, notei que ele estava dormindo, sua voz era de sono e de preocupação. Nunca tinha ligado tão tarde, acho que a primeira coisa que ele pensou foi "algo ruim aconteceu", pois já foi logo perguntando se eu estava bem.

Respondi que sim, para ficar tranquilo. Só queria que ele e minha mãe soubessem que eu estava feliz, contar sobre meu primeiro dia de aula. Aproveitei e disse que um dia eles teriam muito orgulho de mim.

Ele me desejou muita felicidade. Surpreendi-me com aquele gesto de carinho – não era muito a cara dele. Sentia-me sozinho, queria a confusão da minha casa, ouvir o meu pai resmungando, reclamando dos preços, contando do trabalho na fábrica, além do carinho e da comida da minha mãe. Ao mesmo tempo, estava feliz em falar com meu pai, senti um aperto no peito, um medo e uma grande dúvida, será que eu deveria voltar para casa? Esquecer tudo, os sonhos, os meus pensamentos, construir a vida no interior, perto da minha família, arrumar uma namorada e pensar em casar? Embora casar nunca tenha feito parte dos meus planos, esse sonho era o dos meus pais. Meu pai sempre pensou que, se arrumasse uma boa moça, eu iria sossegar.

Desliguei o telefone e fui para a pensão, caminhando devagar pela rua silenciosa e quase deserta. Esqueci do perigo da cidade. Não tinha nenhum medo de assalto – e olha que isso é uma das coisas que a gente mais vê nas capas dos jornais, a violência na cidade de São Paulo. Quando cheguei em casa, ou melhor, na pensão, tomei um copo de leite e comi umas bolachas salgadas. Não havia jantado e nem tinha dinheiro para o lanche, pois tinha juntado todas as moedas para fazer a matrícula. Também não tinha muita fome. A alegria do primeiro dia de aula me deixou eufórico e sem apetite.

De volta à realidade

Dei um pulo da cama no meio da noite. Tive um pesadelo, minha barriga roncava de fome. Minha alimentação tinha sido precária, aquelas bolachas "acalmam as lombrigas" só na hora que você as come. Já havia tido aquele pesadelo, sempre me recordo da mesma cena. Corria, mas não conseguia sair do lugar. Estava no escuro e a única coisa que via era eu mesmo. De repente, caía em um buraco sem fim.

Demorei para pegar no sono de novo. A sensação que tive é de que mal tinha fechado os olhos e já estava na hora de acordar. Ainda não tinha amanhecido direito, saí da cama em um sobressalto, tomei uma ducha, coloquei minha calça jeans velha e uma camiseta. Apanhei meu bloco de anotações e a caneta, coloquei tudo no bolso e saí em disparada. Fiz um *pit stop* na padaria, tomei um café com leite e comi dois pães com manteiga, praticamente engolindo. Tinha acordado varado de fome e também estava com muita pressa. Gostava de chegar um pouco antes do meu horário no trabalho para conversar e me atualizar da agenda do dia. Depois de colocar o uniforme, eu fazia o café e já ficava a postos, esperando para saber se deveria servir o café do senhor Antônio em sua sala ou em alguma sala de reunião. Eu gostava de saber o que deveria fazer, não gostava de esperar.

Encontrei logo o seu Manoel, que me deu um abraço e bagunçou meu cabelo, sacudindo a mão na minha cabeça. Ele sempre fazia isso para mexer comigo, era um gesto de carinho, como o de um pai. No domingo seguinte, iria haver um churrasco em sua casa e poderíamos aproveitar para comemorar o meu início na faculdade. Estava feliz por ter conhecido tanta gente boa no trabalho, como o senhor Manoel e sua família. O que eu queria mesmo, entretanto, era visitar meus pais. Só que estava sem grana. Já era quase final do mês e eu ainda não tinha recebido.

Sexta-feira foi a aula mais legal de todas. Às 19h30 entrou na sala um cara baixinho, magro e que apesar do cabelo grisalho, devia ter uns 45 anos. Tinha uma animação e tanto. Ficou andando de um lado para o outro até que todo mundo ficou em silêncio. Finalmente, disse boa-noite. Era o professor Edson, que dava aula de comunicação. Seriam duas aulas seguidas, das 19h30 até o intervalo, às 21 horas. No começo, achei o cara meio estranho, pois era diferente dos outros professores, que deram aula a semana inteira. Sua felicidade saía pelos poros, falava com muito entusiasmo. Só conseguia prestar atenção em seu jeito. Ele me deixou um pouco tonto no começo. Só consegui ouvir direito o que ele dizia quando, de repente, para surpresa de todos, sentou-se em uma cadeira no meio da sala. Todos conseguiam vê-lo ali. Começou então a contar sobre sua vida. A esposa era um pouco mais velha, também era professora, mas em uma universidade federal. Não tinha filhos. Disse, ainda, que amava lecionar, ensinar. E foi explicando:

— Ser professor, pra mim, significa contribuir com a sociedade. Meu objetivo é que vocês, jovens, entendam a importância da comunicação no mundo atual. Mais que ensinar técnicas, desejo despertar a autoconfiança em cada um. Confiança em si mesmo é importante na hora de vencer desafios pessoais. Assim, estarão mais preparados para outros desafios que irão surgir na faculdade, na carreira e na própria vida.

Admirava o jeito de como ele encavara as aulas. Também admirava sua proposta como professor. Ficava cada vez mais empolgado. Tive uma boa impressão logo nos primeiros minutos, sensação que só foi aumentando.

Muitas das coisas que sempre questionei sobre a forma de ensinar pareciam ter um caminho diferente com este professor. Ele apresentava para a gente um mundo de possibilidades.

Antes de encerrar a aula, perguntou:

— Gostaria de saber, todos aqui já se conhecem?

Alguns, como eu, mexeram a cabeça negativamente, e ele sugeriu que cada um falasse o nome, uma coisa engraçada a respeito de si mesmo e a profissão.

Quando chegou minha vez, devo ter ficado roxo. Vermelho é pouco. As primeiras palavras não saíam de jeito nenhum. Eu pensava, "caramba, Milton, abra a boca, cara. Coragem, vai!"

Meus olhos iam de um lado para o outro, quanto mais eu demorava para falar, mais nervoso ficava. Quem não estava prestando atenção em mim começou a prestar. Todos aqueles rostos me olhando fizeram-me sentir uma contorção no estômago. Eu queria desaparecer dali, queria que um raio caísse na minha cabeça. Mas nada aconteceu, claro, então desatei a falar. Quando fico muito nervoso, com vergonha de dar minha opinião ou falar de mim, eu desato a falar sem respirar. Acho que é a única forma de soltar a língua. Assim, num impulso, de repente, a língua se desenrola tanto que quase não volta mais para boca. Eu não queria me apresentar, não tinha muito o que dizer, mas precisava.

– Oi, eu sou o Milton. A coisa mais engraçada que aconteceu comigo foi que um anjo cuidou de mim. Pouco tempo depois de ter chegado em São Paulo, sofri um acidente e uma médica me tratou por duas semanas. Eu me tornei garçom graças a ela, então é isso o que eu faço durante o dia. – Depois, não sentei na cadeira, derreti nela.

Ufa, eu tinha conseguido falar. Sempre fui um cara meio tímido. Quando conto isso, as pessoas nem acreditam porque eu converso bastante, com vários tipos de gente. Não ligo muito se a pessoa é rica ou pobre, mas quando alguém pede para eu falar sobre mim, sobre o que penso, eu me retraio. Acho que é uma mistura de timidez e medo. Outra dificuldade que tenho é que, nessas horas, não consigo organizar meus pensamentos, alinhá-los com o que sai da minha boca. Fiquei pensando se o professor Edson falava daquele jeito tão descontraído, tão à vontade, desde criança ou será que tinha aprendido com o tempo? Será que eu poderia aprender também?

Ganhar intimidade com quem está me ouvindo? Bom, talvez eu pudesse treinar igual ao senhor Antônio, com um espelho. No entanto, sem um sobrenome importante, sem um cargo ou uma história de sucesso, tudo fica mais difícil. No espelho, sou eu comigo mesmo. O senhor Antônio consegue se expressar porque ele é um homem importante, viajado, que estudou em boas escolas, com muitas histórias para contar. Bem diferente de mim, que só conheço três cidades, a cidade onde nasci e cresci, a praia que visitava de vez em quando, Caraguatatuba, e São Paulo.

O que eu ia contar para as pessoas? Dos meus sonhos? Primeiro, podiam me achar meio boiola. Eita preconceito ridículo que as pessoas têm. Essa mania de querer que todos sejam iguais me tira do sério. De certa forma, também entendo. Se meu próprio pai vivia dizendo para eu parar de sonhar, que sentimento demais não é coisa de homem, também era difícil falar de sonhos.

Não conseguia organizar meus sonhos direito para poder contá-los então peguei a mania de escrever. Até o dia em que meu pai pegou umas coisas que eu tinha escrito e brigou muito comigo, dizendo que eu estava perdendo tempo, que deveria aceitar a vida que tinha. Fiquei lívido, era uma invasão. Aí eu travei por um tempo e parei de escrever.

Finalmente, depois que comecei a morar sozinho em São Paulo, voltei a escrever.

Outra coisa que nunca entendi bem é por que as pessoas, pais em especial, adoram dar conselhos, dizer como devemos ou não fazer as coisas, sempre baseados em suas próprias vidas. Deve ser uma forma de nostalgia.

No sábado seguinte, acordei um pouco mais tarde do que de costume. Abri a janela do quarto e me deparei com um dia lindo de sol. Ainda era verão. Resolvi voltar para a cama e rever todas as minhas anotações da semana. Fiquei um tempão pensando na cena ridícula da minha voz paralisada quando o professor Edson pediu para eu falar.

Quando resolvi tirar o corpo da cama, já era quase horário do almoço. Tomei um gole de café preto e voltei para o meu pequeno quarto. Apesar de muito pequeno, o dormitório era meu espaço e eu gostava dele. Era a primeira vez na minha vida que eu tinha um quarto só meu. Sábado também era o dia em que arrumava minhas coisas, dava um jeito naquele lugar. Não que fosse a coisa que mais gostasse de fazer, mas era o que eu precisava fazer. Limpava do meu jeito e, naquele dia, até dei uma caprichada. Estava empolgado com a faculdade e a perspectiva de uma vida diferente. Ainda bem que minha mãe sempre ensinou a gente a cuidar das nossas próprias coisas. Lá em casa, todo mundo tinha uma responsabilidade, todos tinham que ajudar.

Quando acabei a arrumação, fui fazer um destes macarrões instantâneos. Eu não gostava muito, mas era o mais fácil e barato de preparar – e também dava para matar a fome. Nessa época, quando comecei a me interessar por fazer comida, fiz muitas dessas massas... De vez em quando eu incrementava um pouco para ficar diferente. Às vezes saía tudo uma porcaria, mas, na maioria das vezes, dava certo. Naquele dia, peguei uns tomates, cebola, uns temperos e fiz um molho gostoso para comer com o macarrão.

Na pensão da dona Lala, a gente podia cozinhar, mas era preciso arrumar a bagunça depois, lavar a louça, deixar tudo limpo. A cozinha tinha dois fogões, três geladeiras e duas pias. Era o jeito que ela encontrou de colocar um pouco de ordem na pensão feita para estudantes e jovens trabalhadores. Os quartos eram bem pequenos, com uma cama e um pequeno armário. Alguns quartos não tinham janela. Na ponta de cada corredor, ficavam os banheiros. Também havia uma sala com uma TV comunitária que pegava muito mal. Vez ou outra colocávamos palha de aço na antena para melhorar a sintonia. Como lá era uma pensão masculina, dava para assistir muitos jogos. Era um casarão de três andares, com doze quartos e, por sorte, o meu quarto tinha janela.

Depois de arrumar toda a bagunça que fiz na cozinha, voltei para meu quarto. Sábado era um dia meio sem graça, mas, por outro lado, sobrava bastante tempo para ler. Peguei uma revista, mas não consegui me concentrar devido à preocupação com a mensalidade. Não queria ficar totalmente sem dinheiro. Comecei a pensar onde eu gastava o meu salário, pensar se poderia cortar algo dos meus gastos e aí entrei em contato com a minha realidade novamente. Não tinha luxos, ia ao cinema muito de vez em quando, comprava umas revistas, saía também só de vez em quando. A roupa que eu comprava era barata, do Brás, um bairro em São Paulo famoso pelas roupas de preço baixo. Vinha gente de todo o Brasil comprar roupas lá. Outro dia tinha conseguido encontrar uma blusa de lã bem legal por R$ 5,00. Pagava a pensão, comprava remédios quando era necessário, a comida para o jantar e, ainda, uma vez por mês, eu ia para casa dos meus pais. O dinheiro não ia dar para tudo isso definitivamente. E os livros? Como é que eu iria comprar? Tinha mais essa agora: os livros da faculdade.

Quando me dei conta, já estava escuro. De noite, eu comi um misto-quente na padaria e peguei no sono muito cedo.

Na casa do seu Manoel, a coisa era diferente. Tinha muita alegria por lá, todos ajudavam a dona Ana, esposa do seu Manoel, nos preparativos. Cheguei bem cedo e levei um saco de pão. Gastei meus últimos trocados. Todos me receberam na maior festa, um carinho grande comigo, mas em geral era assim que eles recebiam a todos. Como o seu Manoel dizia: a casa é simples, mas sempre cabe mais um.

Acabei exagerando um pouco na cerveja, fiquei péssimo e morrendo de vergonha da dona Ana, que cuidou de mim. Quando fiquei bom, já eram quase nove horas da noite, fui para casa ainda me sentindo meio estranho, o estômago revirado e um gosto horrível de cabo de guarda-chuva na boca. A cabeça zunia, não podia me mexer muito rápido, acho que era até capaz de cair. Eles não queriam me deixar ir embora, mas eu gostava do meu quarto, queria estar lá.

Cheguei em casa quase às onze horas e fui direto para a cama. "Que horror beber umas a mais, especialmente na casa do seu Manoel", pensei. Mas também, quem é que nunca passou por isso? Fiquei encanado, pensando que o seu Manoel e a dona Ana talvez nunca mais me convidassem, mas, na verdade, eu estava comemorando. Esperava que entendessem. Entrar na faculdade foi a coisa mais legal que tinha acontecido, mas esse pensamento triste, de perder a amizade daquela família, só saiu da minha cabeça quando encontrei o seu Manoel no dia seguinte no trabalho. Ele me recebeu daquele jeito costumeiro, com um abraço torto e bagunçando meu cabelo. Percebi então que estava tudo bem.

Eu ainda estava surpreso comigo. De onde veio a coragem de prestar vestibular?

Meu pai vivia me aconselhando, "junte dinheiro para comprar uma casa". Ele dizia que se um homem tivesse onde morar, ganhar dinheiro para comer era muito mais fácil. Não queria desvalorizar o seu pensamento, mas dane-se! Aquela não era a minha forma de ver a vida. Eu adoro aquele menino que um dia ganhou um concurso de redação. Sem ele, eu não estaria aqui, enfrentando novos desafios. Sem aquele menino sonhador, eu ainda estaria na casa dos meus pais. Sem ele ao meu lado, provavelmente eu não teria sobrevivido ao acidente e conhecido a doutora Alice.

Parte da resposta, evidente, está no fato de que eu me sentia diferente. Simples assim. Então respirei fundo e percebi que aquela era realmente a vida que eu queria viver, aos meus vinte e poucos anos. Não iria voltar atrás, por mais que fosse difícil morar sozinho e ter que cuidar das minhas coisas. O que eu precisava fazer era pegar minhas armas internas, as ferramentas que tinha, continuar, vencer a batalha de cada dia. Se algum dia a batalha não pudesse ser vencida, eu ainda assim deveria lutar. O esforço que fazia para sobreviver naquela cidade, por mínimo que fosse, significava uma espécie de vitória. São Paulo é uma cidade muito grande, com muita gente, cada um indo para um lado diferente, correndo, indo e vindo o tempo todo, o dia todo.

As sextas-feiras

O dia mais esperado da semana para mim era a sexta-feira, não pelo iminente final de semana, mas porque era o dia em que tinha aula de comunicação com o professor Edson. Sentia que ele falava a minha língua, que ele me entendia. Meus pensamentos começavam a se organizar, a fazer algum sentido para mim. A perspectiva de estar em um ambiente animado era excitante, me trazia certa paz. Coisas incríveis estavam acontecendo desde o acidente, ou melhor, desde que decidi fazer alguma coisa diferente por mim, batalhar a vida em uma cidade grande.

Mais ou menos depois de cinco semanas de aula, o professor Edson começou a noite passando orientações para um exercício. Ele disse que nós deveríamos escrever uma carta para nós mesmos, com a data de dezembro. O detalhe é que estávamos em março. Seria o único exercício daquele dia. Continuou:

– Hoje eu estou dando nota dez para cada um de vocês! Já chegamos ao final do ano.

Achei aquilo meio confuso, diferente. Nós deveríamos escrever por que merecíamos a nota dez, descrevendo todos os obstáculos supostamente vencidos ao longo do ano.

– Valem obstáculos pessoais, profissionais e financeiros.

O professor estava interessado na visão de mundo de cada aluno. Ele nos disse que desejava que nós nos tornássemos apaixonados por nós mesmos, pela pessoa que somos, pela pessoa que iríamos nos tornar, pela pessoa que escolhemos nos tornar. Dali até o final do ano.

Teve gente que não entendeu as orientações. Aquela matéria era mesmo diferente das outras, era diferente de tudo o que eu já tinha visto na minha vida de estudante. "E se eu escrever tudo o que realmente sinto e ele zombar de mim?" Deveríamos entregar a redação para ele tirar uma cópia. Depois, ele iria nos devolver a original para guardarmos até o final do ano. Fiquei uns dez minutos imóvel. Quando finalmente decidi começar, segurei o lápis e comecei a rodá-lo de um lado para o outro. O professor sentou numa cadeira, abriu um livro e começou a ler. Parecia estar ignorando o mundo à sua volta. Com o tempo, descobri que era assim que ele gostava de nos deixar à vontade.

Depois de vencida a paralisia inicial, comecei a escrever. Chamei o menino de nove anos que habita dentro de mim e disse a ele que, se ele realmente quisesse algo do mundo, deveria aparecer e me ajudar naquela tarefa. Ele era responsável por eu estar lá naquele momento. Ele precisava me ajudar a transpor o meu medo de descrever quem sou. Eis aqui um trecho da carta que escrevi:

Caro professor Edson,
Um dia o mundo irá me conhecer. Ainda não é neste dezembro de 1995, mas, com certeza, esse ano foi muito importante para o que será a minha vida futura.
Mereci a nota dez porque venci meu medo de falar quando alguém pede minha opinião. Comecei a confiar em mim, a parar de me preocupar se alguém irá achar que o que eu disse é bobagem. Aquele fluxo de emoções, que o senhor presenciou no primeiro dia de aula, hoje, se dissolveu. Meu interior, antes

amedrontado, resolveu acordar e, hoje, consigo dominar meu medo. Ele ainda existe, mas passei a assumir o controle.
Encontrei forças para fazer minhas escolhas. Consegui pagar as mensalidades da faculdade que tanto me afligiam e aprendi muito com o senhor e seus ensinamentos. Tomei os desafios como uma lição de vida. Eu costumava ser negativo a respeito de tudo, mesmo antes de tentar. A cada desafio, costumava culpar a vida, meus pais, minha condição social e, hoje, aprendo com os desafios, eles existem em minha vida por uma razão.
Descobri que sou uma pessoa especial, que devo me orgulhar da minha história. O mesmo aconteceu com meus pensamentos. Descobri que a energia que gasto para pensar em coisas ruins é a mesma que gasto para pensar em coisas boas. Assumi que também tenho um lugar e comecei a conquistá-lo, dando os primeiros passos na direção certa.

Depois que entreguei minha carta, saí para o intervalo ainda meio incrédulo com o que eu havia escrito. Será que tudo ia dar certo?

Como pagar?

Na semana seguinte, passei a semana inteira correndo atrás de informações sobre como ganhar algum tipo de bolsa de estudos, mas não tive sucesso. Eu não era tão pobre quanto pensava e, para completar, as bolsas são para os melhores alunos, com as melhores notas do vestibular – o que definitivamente não era o meu caso. Eu tinha passado raspando no vestibular, como se uma mão invisível tivesse me colocado na lista de aprovados, e eu ainda tinha um emprego. Por mais que não ganhasse muito, eles só consideravam para bolsista quem apresentasse um atestado de pobreza.

Resolvi procurar o gerente financeiro da faculdade, explicar minha situação, sei lá, pedir ajuda e ele disse:

– Se você não tem dinheiro para pagar a faculdade, pare de estudar.

Fiquei revoltado com aquelas palavras. Senti-me humilhado e puto da vida. Afinal, formar cidadãos para o mundo deveria ser a missão de qualquer instituição de ensino, mas no caso deles a missão parecia ser somente ganhar dinheiro. Passada a raiva, fiquei desolado, caí num poço de frustração e desespero, não tinha ânimo. Era muito cedo para ver o meu desejo de me formar ser completamente destruído, assim, por uma mensalidade.

No final de semana, após a minha saga frustrada de encontrar ajuda para pagar as mensalidades, fiquei meio deprê. Não quis fazer nada. Mal me alimentei e dormi tanto que minha cabeça e minhas costas ficaram doloridas. No domingo à noite, estava com vontade de morrer. Tinha vontade de largar tudo e voltar para casa. Mas eu precisava trabalhar no dia seguinte. A dona Márcia iria na empresa onde eu estava logo cedo falar com todos os funcionários. Por mais que eu estivesse me sentindo deprimido, precisava ir trabalhar.

Cheguei cinco minutos antes de a conversa começar. A dona Márcia olhou para mim e fez uma cara de quem sabia que alguma coisa não estava legal. Entrei em silêncio, cabeça meio baixa, olhei para ela somente levantando as pálpebras e dei um sorriso muito sem graça.

Ela começou dizendo que tinha participado de uma palestra e escutado algumas ideias que a tinham feito pensar muito. Ela iria fazer alguns ajustes nos benefícios oferecidos aos funcionários. Além do mais, queria encontrar novas formas de valorizar ainda mais todos os que trabalhavam na Serviços Difusão. O que a empresa tinha de mais precioso eram as pessoas.

Dona Márcia gostaria que os funcionários dissessem a ela o que era importante para eles, o que os deixariam felizes e entusiasmados com o trabalho. Enquanto isso, eu não conseguia prestar muita atenção, me lembro dessa parte e do final, quando ela pediu para eu conversar com ela mais alguns minutos. Sem rodeios, de acordo com sua forma direta de dizer o que pensa, perguntou se eu queria conversar naquele momento. Respondi que não, e ela me pediu para ir ao seu escritório na quarta-feira de manhã logo cedo.

Cheguei bem cedo na quarta-feira e a dona Márcia já estava em sua sala. Ela costumava chegar muito cedo para atender os funcionários, antes que eles iniciem seus serviços nas empresas dos clientes da Serviços Difusão. Minha chefe sempre estava preocupada com seus funcionários.

O trabalho era algo que a deixava feliz. Mesmo trabalhando muitas horas do dia e da noite, ela estava sempre disposta, tratando cada assunto com a seriedade necessária. Se preciso fosse, ela sabia ficar muito brava. O que era interessante, já que ela era uma mulher alegre e falante, mas ao mesmo tempo conseguia ficar bem séria e brava. A tragédia de perder o filho e o marido deve ter influenciado sua personalidade, pois ela teve que começar um negócio e cuidar da filha, mesmo estando sozinha no mundo e ainda lidando com a dor da perda. Deve ser uma dor enorme perder as pessoas que a gente ama, tenho até medo de pensar nisso.

Acredito que, de certa forma, ela desenvolveu um carinho meio fraternal comigo, meio coisa de mãe, mas não daquelas que passam a mão na cabeça – aliás, este tipo de mãe eu nem conheci, a minha própria nunca me deu moleza.

Dona Márcia começou dizendo que ela e outros fornecedores foram chamados para discutir valores na empresa em que eu trabalhava prestando serviços. Ela e todos os outros fornecedores foram para a reunião ressabiados, pensando que viria logo um arrocho no contrato, mas na verdade eles queriam discutir outro tipo de valores, os valores morais, dá para acreditar?

Ela ia me contando muito empolgada que a empresa, cliente da Serviços Difusão, tinha um projeto para inserir fornecedores em seu conceito de responsabilidade social, já que, no momento, nada era feito com foco nos fornecedores. Resolveram começar com os funcionários terceirizados, que trabalhavam diariamente no prédio da matriz.

A alta direção da empresa em questão se deu conta que estavam oferecendo vacina para gripe apenas para os funcionários do prédio matriz, não ofereciam a vacina para os funcionários dos fornecedores, que trabalhavam no mesmo ambiente. Imagine só, era como se eles esperassem que o vírus fosse olhar nos crachás antes de contaminar as pessoas. Coisa de doido.

Dona Márcia seguiu dizendo que estava completamente motivada com aquela proposta e com o envolvimento do presidente, pois ele tinha conduzido a reunião. O convite dizia que estavam determinados a construir uma empresa para uma sociedade melhor – e os fornecedores eram naturalmente parte dessa sociedade. Ele queria que os fornecedores ali presentes reavaliassem suas práticas de gestão, pois a empresa iria apoiá-los naquela jornada. Afinal, uma empresa não pode ser bem-sucedida por muito tempo sem se preocupar com todos os envolvidos em suas relações.

A dona Márcia viu ali uma grande oportunidade. Primeiro para aprender e, segundo, para potencializar o seu jeito de gerir sua empresa e seus funcionários. Conforme ela ia falando, seu olhar se iluminava e eu ia me empolgando.

Como nada acontece por acaso, aquela conversa toda a tinha feito pensar, talvez ela pudesse fazer algo diferente para seus funcionários. Ela queria saber o que eu pensava. Com sua costumeira forma direta de pensar, estava fazendo uma pesquisa comigo. Ouvi esse método outro dia na aula de comportamento organizacional e já saquei logo a sua intenção.

A pesquisa ajudaria a definir as ações a serem realizadas, elegendo as mais importantes para investir. O desafio era fazer aquilo acontecer, as pessoas não gostam de responder pesquisas e tudo acabaria ficando por isso mesmo. Sabia, porém, que a dona Márcia teria disciplina e determinação suficientes para não deixar as suas ações e palavras caírem no esquecimento. Foi aí que ela me perguntou o que é que estava me afligindo.

Tomei coragem, pensando aquele ser um bom momento para exercitar todas as coisas que tinha escrito na minha carta para o professor Edson, e disse:

— A senhora sabe que eu passei no vestibular, as aulas começaram e eu estou muito feliz. Venho tentando algumas formas de conseguir uma bolsa de estudos ou crédito estudantil, mas, até agora, só recebi não como resposta. Para piorar, quando fui falar com o gerente financeiro da faculdade, ele me aconselhou a parar de estudar. Exatamente o que eu não quero. Talvez eu tenha errado em não ter escolhido um curso mais barato, mas agora já foi. Hoje, me sinto derrotado, todas as portas parecem ter se fechado para mim.

Dona Márcia disse:

— Sabe a história que acabei de lhe contar? Minhas intenções são sérias. Ainda não sei exatamente como vou fazer as mudanças ou melhorar os benefícios, mas se estudar é importante para você, acredito que seja para outras pessoas também.

Alguns minutos de silêncio se passaram. Finalmente, ela acrescentou:

— Defendo as pessoas porque acredito que algumas merecem ser salvas. Eu já conheço você o suficiente, o que determina o quanto estou disposta a fazer para o seu benefício. Se você ficar bem, vai realizar melhor seu trabalho. Paulo Freire foi um educador que acreditava nas pessoas. Ele demonstrou que, quando pessoas pobres ou analfabetas aprendem a pensar, elas acabam compreendendo as causas da pobreza. A partir daí, as pessoas podem agir com todas as suas forças para mudar o mundo – uma visão que se assemelha muito com o que acredito. Eu quero, de alguma forma, poder ajudar meus funcionários a progredirem na vida. Quero combinar com você, Milton, que nesta semana farei uma reunião interna para avaliarmos não apenas o seu caso, mas o de todos que trabalham aqui. De alguma forma, as coisas vão se encaixar e você vai estudar. Vamos voltar a nos falar em dez dias, podemos combinar assim?

Claro que eu concordei. O que mais podia dizer? Aliás, eu disse tantos obrigados que ela praticamente teve que me empurrar para fora da sua sala.

Feliz!

Cheguei ao trabalho feliz da vida, cantarolando, até meio aéreo. Naquele dia haveria uma reunião da área comercial na sala da presidência, por ser uma sala bem ampla, com equipamentos que ajudam a fazer planos e desenhos. Lá fui eu, levar para a sala as garrafas de café, de água, mais uma bandeja de bolachas e pão de queijo.

Quando entrei no local, meu olhar cruzou com o olhar do Dagoberto e fiquei gelado. Senti uma coisa estranha, lembrei no ato do que eu tinha presenciado entre ele e a Denise. Acabei até me atrapalhando um pouco.

Enquanto servia os cafés, não conseguia deixar de olhar para ele e pensar: "Você sabe que eu sei que você é um mau-caráter, uma cobra venenosa, e que fica aí bancando o bom-moço". Nossa, que pensamentos horríveis da minha parte. Com certeza eu ainda estava abalado com a cena que presenciei, daquela moça ajoelhada aos pés do Dagoberto.

Quando saí da sala, ele veio atrás, pediu licença para ir ao banheiro, e aí gelei de vez. O que será que esse cara quer? Pensei comigo mesmo, "para com isso, Milton. Ele só vai ao banheiro".

Entretanto, o que ele queria mesmo era me importunar, minha intuição estava certa. Tentei acelerar o passo, mas ele me pegou no corredor, perguntou para quantas pessoas eu tinha dito aquilo que eu imaginava ter visto, que aquela cena entre ele e a Denise era somente uma brincadeira. De novo, no mesmo dia, era impelido a expressar minha voz, a controlar meu medo.

Resolvi falar porque nada podia ser pior do que ser acuado no corredor por um merdinha que se acha o rei da cocada. Eu era apenas o garçom, mas ninguém iria me encurralar. Disse para ele que o que eu tinha visto podia até ser brincadeira, mas que tipo de brincadeira era aquela? Que obrigava uma pessoa a se ajoelhar e pedir perdão, como se ele fosse uma espécie de deus?

Ele foi logo retrucando, dizendo que eu era um garçom muito abusado e franziu o cenho. Encheu o peito, como se fosse brigar comigo, mas sua intenção foi interrompida por um grupo de pessoas rindo e vindo em nossa direção. Ufa! Finalmente, ele disse que eu devia ficar no meu lugar e saiu pisando duro.

Cheguei na cozinha e precisei tomar água com açúcar, estava tremendo, nem acreditava nas coisas que tive de ouvir. O cara teve a coragem de me ameaçar e me humilhar.

Sentia como se um parasita tivesse grudado em mim, sugado toda minha energia, o filho da mãe me fazia muito mal. Não queria arrumar confusão. Quem iria dar crédito e ouvidos a um garçom? O Dagoberto era gerente e, com certeza, seria mais ouvido do que eu. Se alguém tem que contar algo era a própria Denise. Ela que foi ferida e humilhada. Será que eu deveria ao menos conversar com ela para tentar entender?

Será que aquele almofadinha iria me importunar? Acho que ele só queria me amedrontar. O plano era tentar ficar quieto na minha, fazendo meu trabalho. Não podia correr o risco de comprometer o que tenho, de colocar a empresa da dona Márcia em situação complicada, imagina só se ela perdesse o contrato? Ela ficaria muito chateada comigo e, além do mais, estava na faculdade, que era a coisa mais importante.

Dois presentes

Por várias noites seguidas sonhei que uma cobra me pegava, se enrolava na minha perna e me sufocava. Tentava falar, mas não conseguia pronunciar nenhuma palavra. Já tinha lido que esses sonhos são, na verdade, espiritualmente promissores, o que não tornava as cobras menos reais nem menos assustadoras. Só pensava o contrário mesmo, pois me lembrava do "encantador de serpentes", que é como apelidei o Dagoberto.

No fundo, tinha receio de que ele fizesse alguma coisa comigo. Não, ele não faria nada, repetia para mim mesmo seguidamente, mas ele me dava medo.

Minha autoconfiança estava minada. Sabia que precisava afastar esses pensamentos negativos, de que as coisas não iriam dar certo. Eu não queria voltar para casa dos meus pais porque meu emprego deu errado. Até imagino meu pai dizendo: "Eu sabia que o melhor era você ter ficado aqui, lugar de onde você nunca deveria ter saído. Essas coisas de sonhar não são para gente como nós". Por mais que eu não entendesse seu ponto de vista, o que ele queria mesmo dizer era que gente simples, trabalhadora como minha família, deveria simplesmente suar a camisa para viver – que era o que eu vinha fazendo, com a diferença de estar longe dos meus pais.

Depois de algumas noites agitadas, consegui voltar a dormir de novo, especialmente depois que a dona Márcia me chamou novamente para dizer que ela iria me oferecer ajuda de custos, ou melhor, bolsa-auxílio para os funcionários com mais de dois anos de empresa, para que eles pudessem estudar, fazer algum curso. Havia algumas regras, mas não importava. Depois de se formar, o funcionário deveria ficar na empresa por mais três anos para pagar a dívida. Achei justo.

Não cabia em mim de tanta felicidade. Com a bolsa de estudos, eu ia conseguir pagar 20% da mensalidade. Agora eu só tinha 80% do problema da mensalidade para resolver. Comecei a pensar em sair da pensão. Àquela altura, era um luxo. Um cara como eu morar num quarto sozinho... Parecia demais. No entanto, aquela era uma coisa que eu estava gostando muito. Estava disposto, porém, a pensar em outras formas mais baratas de conquistar meu sonho de terminar a faculdade.

O sonho com a cobra era coisa boa mesmo, pois naquela mesma semana fiquei sabendo da possibilidade de monitoria na faculdade, uma modalidade de desconto. Poderia ter até 25% do valor da mensalidade pago, se ajudasse um professor na hora de corrigir provas, preparar aulas, avaliar os trabalhos, ou qualquer outra coisa que fosse necessária.

Mal podia esperar para a sexta-feira chegar, para falar com o professor Edson. Foi a primeira pessoa que me veio à cabeça. Além de ter gostado muito dele, acreditava ser aquela uma matéria em que eu poderia, de fato, oferecer alguma ajuda. Não consegui esperar até sexta. Descobri que ele dava aula em outra faculdade e fui até lá procurar por ele. Fiquei esperando até a aula acabar, às 22h45.

Tomei coragem e fui falar com ele, que ficou espantado de me ver lá. Fiquei feliz quando ele me reconheceu.

Estava bem nervoso, então fui tagarelando daquele jeito, com as palavras saindo em disparada da minha boca, sem pausa para respirar. Acho que aquela era uma forma de não voltar atrás. Afinal, depois de dizer muitas palavras, já foi, está feito, está dito. E eu precisava mesmo dizer, aquela seria minha última oportunidade de conseguir financiar meus estudos. Expliquei a situação e ele se sentou comigo nas escadas. Aos poucos, fui me acalmando, até ele dizer que tinha lido a minha carta e tinha gostado. Então acrescentou:

— Parabéns pela coragem de vir me procurar, vejo que algo já está acontecendo dentro de você. — Aí eu fiquei roxo de tanta vergonha, mas me mantive firme. Cara, ele tinha mesmo lido a carta e se lembrava de mim. Continuou — Lembro-me de você no primeiro dia de aula. Estava muito agitado e, depois, ficou mudo, paralisado.

Rimos um pouco. Eu, meio sem graça, mas ele parecia de fato estar se divertindo. Segurei o rosto com as mãos, pois eu estava incrédulo. Finalmente, ele disse sim. Fiquei paralisado novamente, parecia que minhas mãos tinham grudado no rosto. Não conseguia falar.

Combinamos de nos encontrar na sexta-feira, quinze minutos antes de começar a aula. Ele se levantou dizendo que precisava ir embora. Já era tarde e a faculdade iria fechar.

Fui embora atordoado, em uma semana eu praticamente tinha resolvido meus problemas com a mensalidade. Acho que a vida estava cooperando comigo. Eu tinha ganhado dois presentes. Estava tão eufórico que perdi o ponto, o que já havia acontecido noutro dia, quando dormi no ônibus de tanto cansaço. Naquele dia, porém, estava mesmo em outro mundo. Também fiquei um pouco confuso com todas as coisas boas que estavam acontecendo. Será que merecia tudo aquilo? E se eu não conseguisse tirar boas notas nas outras matérias assustadoras? Será que aquela vida era mesmo para um cara como eu?

Depois de errar o ponto, cheguei em casa muito tarde e, mesmo assim, não consegui pregar o olho pensando em tudo o que já tinha me acontecido desde que cheguei a São Paulo. Também pensei nas palavras da dona Márcia. Ela me disse que tudo o que eu estava conquistando era meu — e que ninguém tiraria aquelas conquistas de mim. Só eu mesmo. O que a gente conquista de verdade é nosso.

Outra coisa, acredito ter conquistado um caminho para, de alguma forma, atuar no caso do encantador de serpentes de um jeito menos radical. Resolvi procurar a Denise e falar sobre a cena que presenciei entre ela e o Dagoberto, ofereci meu apoio e disse que se ela precisasse, eu poderia ser testemunha. Conversei com ela com muito com respeito e cuidado, pois imaginava que ela estivesse constrangida.

Tivemos uma boa conversa e eu fiquei mais satisfeito comigo, agi conforme minha moral, sem arriscar diretamente o meu emprego.

De alguma forma, acho que minha atitude ajudou, pouco tempo depois da minha conversa com a Denise, o encantador de serpente foi embora da empresa, ela teve coragem de falar com o pessoal de recursos humanos e eles agiram.

Foi correto e um grande alívio, misturado com a sensação de "Eu fiz a minha parte".

Durante os meses seguintes, dediquei-me cada vez mais à minha rotina, ao trabalho e aos estudos. Com os descontos que consegui, juntando a bolsa-auxílio da dona Márcia mais o serviço de monitoria, conseguia um desconto de 45% no total do valor da mensalidade. O restante eu pagava.

Tentei fazer uns bicos nos finais de semana para juntar um dinheiro, mas não deu muito certo. Achei que ia morrer de cansaço, pois tinha que estudar aquelas matérias difíceis. Estava me adaptando à nova rotina e ainda tinha a monitoria que me dava bastante trabalho. O professor Edson não aliviou a minha parte. Ele me dava pesquisas para fazer nos fins de semana, pesquisas que eu deveria resumir para ele durante a semana. De fato, aquela atividade despertou ainda mais minha curiosidade, me ajudou a desenvolver um senso de organização que eu não tinha. Ajudou-me a entender um pouco melhor as pessoas, como elas eram diferentes. A cada trabalho que lia ou pesquisa que fazia, me transportava para um ser humano diferente, tentando ver com o olhar do outro, sentir com o coração do outro. Via que, mesmo sem dizer, cada um tem seus medos. Descobri, aos poucos, que a maioria dos alunos da minha classe também estava batalhando pela vida. Eu era o único garçom, mas não era pior nem melhor que ninguém.

O jeito que encontrei para pagar a faculdade e ainda conseguir economizar foi cortar algumas despesas. Escolhi cortar a diversão, o que foi muito penoso.

Os dois primeiros anos de faculdade foram os anos que mais comi macarrão instantâneo. Porém, não reclamava muito da comida, nunca fui muito glutão, embora minha família italiana adorasse comer, passando o prazer pela comida pelas gerações.

Ainda assim, lutava com alguns pensamentos sombrios vez por outra, achando que alguma coisa errada ia acontecer.

Dezembro chegou. As luzes e a decoração de Natal já tinham tomado a cidade. Naquele ano, olhei para a decoração de um jeito diferente. O bom velhinho podia não existir, embora eu tenha acreditado nele na minha infância, mas havia outras pessoas que faziam coisas boas pelas pessoas. Tinha gente ruim, como o Dagoberto, mas acho que a vida era assim mesmo. As notas finais saíram, eu tinha passado de ano. A maioria das minhas notas foram no limite. Exceto em comunicação: não tirei dez, mas tirei nove, o que era bom.

O melhor de tudo era poder olhar para mim e ver o quanto tinha progredido, que estava um pouco mais confiante com minhas conquistas, animado com o final de ano.

Resolvi andar na Avenida Paulista, onde tudo começou. Caminhava bem devagar, com o peito cheio de alegria. Aquela caminhada tinha um ar de comemoração. Pensava no senhor Antônio e na forma como ele fazia as coisas na empresa. No tempo que trabalhei com ele, nunca ouvi nada, nenhum comentário negativo. Incrível, mas verdade. Também pensava, claro, em todos os momentos, bons ou ruins. Pensava na dona Márcia, que um dia acreditou em mim, antes mesmo de eu próprio conseguir acreditar que era capaz de sobreviver na cidade de São Paulo.

A única coisa ruim que ficou marcada em mim, na minha pele e no meu espírito por muitos anos, foi o fato de o professor Edson ter sido demitido daquela faculdade. O motivo? A forma com que ele se aproximava e acreditava nos alunos. Ele acendeu uma pequena chama em meu interior, uma chama que, um dia, iria virar um fogo brilhante, capaz de aquecer outros corações. Ele era arrojado demais para o padrão da época. Nunca mais tive notícias dele, mas sempre vou tê-lo comigo em minhas boas lembranças.

Pensando no professor Edson, me deparei com a seguinte questão: Quanto tempo será que vou levar para entender a lógica do ensino, das empresas e de alguns porquês da vida?

O JEITO DE ENSINAR DO PROF. EDSON

> MILTON, DESCUBRA O MUNDO DE POSSIBILIDADES

EU POSSO!
EU QUERO!
EU CONSIGO!

"O QUE CRIAMOS MENTALMENTE IMPULSIONA NOSSO COMPORTAMENTO PARA A EXECUÇÃO. ESCREVER OS OBJETIVOS E A MISSÃO É UM MÉTODO PODEROSO"

CAPÍTULO 5

O JEITO DE CONVERSAR DO SENHOR ALEX

1997

Mais dois anos se passaram. Eu começava em uma nova empresa sem ainda entender muito a lógica do mundo dos negócios. Primeiro, o professor Edson foi demitido por fugir dos padrões, mesmo com o enorme respeito e admiração que os alunos tinham por ele, como no meu caso. Depois, o senhor Antônio deixou a presidência da Companhia Americana de Construção Civil e Estradas de Rodagem.

Com a saída do senhor Antônio, a maioria das pessoas na empresa ficou desorientada. Aquele lugar era muito bom para se trabalhar. O senhor Antônio oferecia uma visão de mundo que fazia sentido para a grande maioria dos funcionários e milhares de clientes. Ele era a pura corporificação de tudo o que dizia e pregava. Construiu uma forma de fazer negócios que era reconhecida e os resultados cresciam ano a ano.

No entanto, os acionistas decidiram trocar o presidente – e muita coisa mudou. Foi como um efeito dominó. O lugar que era feliz passou a ser triste. As pessoas de bem com a vida, talentosas, começaram a ir embora, pois não se identificavam mais com a empresa. Depois, veio a perda de clientes e a queda dos resultados.

Uma pessoa que ficaria feliz com isto e muito confortável com todas as mudanças seria o "encantador de serpentes", ou melhor, o Dagoberto. Sempre que ele me vem à mente, imagino uma serpente. Será que estou sendo muito maldoso? Não sou santo e não tenho intenção nenhuma de ser um, mas nunca vou me transformar em uma serpente.

Até os contratos com os fornecedores foram revistos. A dona Márcia não quis aceitar as novas regras. As regras exigiam uma revisão tão grande no valor do contrato que a única solução seria alterar as condições oferecidas a seus funcionários – ou contratar gente de menor valor, o que colocaria em risco a qualidade dos serviços prestados e o empenho dos funcionários.

Foi uma escolha difícil. A decisão final foi a de perder parte do contrato. Melhor isso do que alterar a forma como ela administrava a Serviços Difusão. E o senhor Antônio? Tornou-se presidente em outra grande empresa.

Fiquei me perguntando se em outro lugar, em outro momento e com outra equipe, ele teria condições de fazer do jeito que ele fez na Companhia Americana de Construção Civil. Acredito que as coisas nunca acontecem duas vezes da mesma maneira.

Parecem existir pessoas que lucram com condições desfavoráveis de trabalho, pessoas que sentem satisfação ao ver uma empresa se transformar rapidamente, como uma montanha-russa, onde os passageiros dos carrinhos ficam o tempo todo com frio na barriga, um tipo de emoção que muitas vezes paralisa.

Sei que existem empresas que vão de um país a outro, sem enfrentar restrições maiores, buscando salários menores, pessoas submissas e desesperadas. No final, tudo o que fazem é conseguir a destruição das pessoas, da cultura e dos ambientes.

Uma suspeita que a dona Márcia levantou em nossa reunião, quando nos explicou a mudança no contrato, é a busca por resultados de curto prazo. Muitos dos investidores não têm a alma nos negócios em que colocam dinheiro. Agora entendo mais, pois aprendi essas coisas na faculdade. Como é bom ter conhecimento, como é bom!

Cada país, cada empresa, passa a ser simplesmente uma fonte de renda para um grande cofre, na corrida em busca de mais lucros.

Enquanto isso, ali estava eu. Começando a trabalhar em uma consultoria internacional, que poderia bem ser apenas mais uma destas empresas, que buscam somente o lucro.

Um certo desânimo bateu em mim. Éramos poucos funcionários da Serviços Difusão na nova empresa, mas a dona Márcia disse que seria bom ir para lá, seria bom para o cliente, e eu tinha que confiar nela. É por ela que estava ali, então ia procurar fazer meu trabalho com a excelência que ela me ensinara.

Nem tudo é o que parece

Por mais que meu lado racional tenha me colocado no trabalho bem cedo, para começar o dia alinhado, uma parte de mim estava completamente sem ânimo, sem tesão mesmo.

Nunca foi tão importante lembrar dos primeiros ensinamentos da dona Márcia:

– O nome que vocês carregam na frente não irá mudar, o da empresa sim. Em qualquer cliente, sempre entre e saia pela porta da frente.

Era naquilo que deveria me apegar.

O lugar era diferente das empresas em que havia trabalhado. Uma casa grande, cheia de janelas, num terreno enorme, gramado e com um lindo jardim em volta. Naquele primeiro dia, o sol aparecera bem cedo, quente e forte, iluminando o lugar.

Sofás confortáveis estavam espalhados pela recepção, desses que dão vontade de a gente deitar e descansar. Havia também uma placa de metal enorme, talhada com uma frase que não entendia, *Auctor Opus Suum*. A única coisa que saquei, depois, é que eram as iniciais do nome da consultoria: AOS.

Também havia livros por todos os lugares. Nas estantes, uns com cara de novos e outros bem velhos, com nomes que eu nem conseguia pronunciar. Eles chamaram minha atenção, pois eram muitos mesmo. Parecia até que eu tinha entrado em uma grande biblioteca.

A dona Anita me recebeu, ela administrava a empresa. Logo ela me mostrou a cozinha e o banheiro dos funcionários, para eu me trocar. Ao entrar, saquei logo meu bloco de anotações e copiei a frase que havia em um cartaz no banheiro, dá para acreditar? Uma frase no banheiro dos funcionários:

"Seu pensamento é importante, deixe aqui a sua mensagem."

Atrás das portinhas dos vasos sanitários, tinha um giz de cera para que pudéssemos escrever. Tinham várias coisas escritas no banheiro, palavras soltas como "Valeu!" ou "Tá duro de sair daqui".

Minha vontade era de abrir as outras três portinhas e ver o que mais poderia haver escrito, mas achei que não era o momento, sabia que teria outras oportunidades.

Depois de colocar meu uniforme e minha gravata-borboleta, minha visita continuou.

O primeiro encontro com meu novo chefe foi inusitado. Fui educado desde o início, mas não trazia comigo todo o entusiasmo que tinha me acompanhado nas empresas anteriores, embora já estivesse bem impressionado com o lugar.

Assim que entrei na sala do senhor Alex, me surpreendi pela forma como estava vestido. Usava calça jeans e camisa. Todos os outros chefes que servi usavam terno e gravata.

Depois, veio a diferença da mesa, era redonda e de madeira antiga, aliás, todos os móveis que tinha visto até então tinham essa aparência, de coisa reutilizada. Na sala dele, também tinha um sofá e umas três poltronas. O mais incrível, o que mais me chocou, é que também havia um piano. Aquilo era completamente novo para mim. Até porque eu nunca tinha visto um piano de verdade, especialmente tão de perto.

Foi tudo diferente: ele me recebeu sentado no banco do piano, apertando algumas notas, uma melodia que não conhecia. Aliás, de música clássica eu conhecia pouco, ou melhor, não conhecia nada, gostava mesmo é de Rita Lee, Titãs, Barão Vermelho e Bob Dylan.

Lembro que comecei até a ficar mais animado, diferente de como eu havia chegado. O senhor Alex parecia um louco, mas um louco calmo. Como foi que ele conseguiu mudar meu estado de espírito apenas apertando algumas teclas?

Enquanto tocava, explicava que tipo de música era:

– Esta música é do meu compositor favorito, Bach. Conhece?

– Não, senhor, nunca ouvi falar.

– Aqui você vai ouvir bastante... – E continuou a tocar. Eu fiquei ali, imóvel, sem saber como reagir a tudo aquilo. Foi quando, de repente, ele começou a tocar Rita Lee. Aí eu me empolguei de vez, esquecendo todas as dúvidas que tinha. Um cara que toca música clássica, depois um rock nacional, tem que ser alguém no mínimo especial.

Ele era definitivamente diferente de todos os executivos que tinha visto até então, o que me surpreendeu muito. Eu estava esperando um cara de terno. Percebo que essa expectativa era puro preconceito da minha parte. Que risco será que a gente corre com preconceito? Quantas oportunidades na vida podemos perder com preconceito?

Como a dona Márcia me ensinou, perguntei como ele gostava de ser atendido, do que mais gostava e, claro, como ele preferia o café.

– Café amargo, sem açúcar ou adoçante, um pouco mais fraco e muito quente. Simples assim.

Anotei tudo. Assim foi o primeiro encontro com meu novo chefe. Nada convencional, pelo menos no que se refere ao que se espera.

Era engraçado, em cada nova empresa que entrava, eu tratava logo de colocar meus "óculos imaginários". Era a forma que inventara para olhar as coisas com outros olhos. Sempre usava esses "óculos" quando chegava a um novo lugar. Essa "invenção" me veio à cabeça quando conheci o "encantador de serpentes", quando trabalhava para o senhor Antônio. Foi uma forma de ver mais cor, especialmente nas coisas tristes ou desagradáveis que presenciei, não deixando que elas interferissem no meu ânimo.

Continuando, conheci o auditório, as duas salas de aula e, por fim, as salas de reunião. Eram umas cinco salas, cada uma de um tamanho. Uma era especialmente grande, com mesas redondas, sofás e uma porta de vidro, que levava a um jardim com mais bancos de madeira.

Todas as salas tinham o mesmo astral que senti quando cheguei, o sol entrava pelas grandes janelas de vidro, dando uma sensação de coisa boa.

Acho que a dona Anita percebeu minha cara de espanto. Parecia que a empresa tinha sido construída de forma a incentivar o encontro das pessoas, com uma atmosfera que deixava a gente mais feliz.

Ela foi logo me dizendo, como se estivesse lendo meus pensamentos:
– O Alex construiu a casa tentando causar uma sensação boa nas pessoas, para que todos gostem do lugar onde trabalham, para que possam fazer o melhor naquele ambiente. Ele também queria um lugar que estimulasse as pessoas a pensarem de forma diferente. Ele acabou se envolvendo em cada

parte do desenho da planta, deixando os arquitetos meio doidos. Tudo deveria transmitir a forma de ser da empresa, os valores em que ele acreditava, como integração e trabalho em conjunto. Queria, enfim, que as pessoas dialogassem sobre suas ideias e colaborassem umas com as outras.

Outro lugar que chamou muito minha atenção foi a biblioteca. Além de muitos livros, havia uma parede enorme, onde era possível escrever qualquer coisa com giz – e, ao fundo, um grande violão. Pensei comigo o quanto o senhor Alex devia gostar de música. Achei que seria importante conhecer um pouco mais sobre o assunto, sei lá, para ter algo em comum, para poder conversar com ele.

A dona Márcia nos ensinou que era importante ter alguma sintonia com os chefes das empresas em que prestávamos serviço. Não para puxar o saco, ou qualquer coisa do tipo, mas para iniciar uma boa relação. Se interessar pelas coisas com que os clientes se interessam, tentar sentir o que eles sentem, o que aumentaria as chances de prestarmos um ótimo atendimento e deixarmos uma marca positiva. Sempre lembrando do princípio que, independente de cargo, estamos lidando com pessoas – e as pessoas são de todo o tipo.

Conhecer o salão onde os funcionários trabalhavam foi outra experiência chocante. Funcionários não, consultores, como eles diziam. Chocante porque não havia nenhum padrão. Não era só o senhor Alex que era meio louco, todos os que trabalhavam ali pareciam assim, cada um à sua maneira. Loucos ou diferentes? Essa era a grande dúvida. Será que temos mais dificuldade em aceitar tudo o que é diferente?

Havia papéis pregados na parede, papéis coloridos, fotos, revistas recortadas, títulos de jornais, fotos de bandas de rock, até da Rita Lee, que foi a que eu reconheci na mesma hora, com seu cabelo vermelho e óculos azuis. Logo a minha mente foi invadida pelas letras de uma famosa canção:

E eu para não ficar por baixo/ resolvi botar as asas pra fora, porque/ quem não chora daqui, não mama dali, diz o ditado./ Quem pode, pode e deixa que os incomodados se incomodem.

Fui para casa pensando que, quando a gente menos espera, alguma coisa interessante acontece. Nunca poderia imaginar que existiria um lugar tão legal como a consultoria do senhor Alex. O que será que ele e aquelas pessoas de fato faziam? O que eles estavam criando com toda aquela musicalidade no escritório?

Bom, uma coisa eu já sabia, o que eles faziam não tinha nada a ver com música ou, pelo menos, com a produção ou venda de música. Mal percebi meu trajeto para casa.

Passei no supermercado, comprei alguns temperos, uma massa especial e meia garrafa de vinho. Eu não tinha um toca-fitas e me deu uma vontade danada de ouvir música, muita música, beber um pouco de vinho – o que eu consegui comprar – e brindar mesmo que sozinho. Tinha certeza de que coisas boas estavam para acontecer.

A causa de cada um

Aos poucos, fui conhecendo mais o senhor Alex. Na verdade, não era preciso muito esforço para conhecê-lo. Ele falava sempre o que queria e o que não queria, o que facilitava muito as coisas – não só para mim, mas para todos que trabalhavam lá.

Logo no primeiro mês, me ocorreu que poderia usar aquela empresa na hora de fazer a monografia de conclusão de curso da faculdade, meu TCC. O óbvio talvez fosse usar a Serviços Difusão, mas a distância física da empresa complicava as coisas, o que tinha se tornado um dilema para mim. Naquele momento, no entanto, depois de conhecer a consultoria, eu parecia ter encontrado um tema: administração para micro e pequenas empresas. Estava ansioso, o último ano do meu curso chegando. Último ano, incrível e quase que inacreditável para um cara simples como eu, com a minha história, com tantos dilemas para vencer, morando numa cidade grande como São Paulo.

Por outro lado, estava prestes a conquistar um diploma universitário, será que já podia começar a pensar em ter outros planos? Novos sonhos? Até um pouco mais ambiciosos?

O menino que habitava dentro de mim tornava-se um pouco mais corajoso a cada dia. Ao mesmo tempo em que tinha dúvidas sobre os próximos passos. Talvez ainda fosse cedo, talvez devesse mesmo me concentrar em terminar a faculdade. Depois de receber o diploma – ufa, um suspiro profundo toma contato com meus pulmões –, poderia economizar o dinheiro que gasto todos os meses com a faculdade. Com foco e disciplina poderia acabar com uma boa reserva.

Aquele dilema me perseguia toda vez que me via sozinho. Como naquele dia, quando estava tomando café na cozinha da empresa. Meu devaneio foi interrompido pela dona Mazé, a cozinheira. Ela fazia bolos deliciosos. Eu sempre pensava no bolo da minha tia, mas o da dona Mazé era bem melhor.

Ela me contou uma coisa muito legal, que desviou o foco do meu pensamento. Claro, se não fosse por isso, eu teria sido interrompido de qualquer maneira pelo cheiro inebriante do bolo de cenoura, que estava saindo do forno. Hoje era dia de treinamento e a comida servida nos cafés e almoços era toda feita por ela.

Ela me contou que, no final de cada ano, cada funcionário podia escolher uma causa para apoiar – e que o senhor Alex ajudava os funcionários de toda forma que ele podia.

– Sabe, Milton, nós aqui somos todos tratados com respeito, independente da função. O senhor Alex nos ensina a pensar. Eu fico na cozinha e mesmo assim me sinto tão parte deste lugar... Sei que meu trabalho está relacionado à consultoria e ele é importante. O que me faz querer melhorar todos os dias, testar novas receitas, oferecer uma alimentação que ajude as pessoas a pensarem, alimentando-as para que elas possam também alimentar suas mentes.

– É, a senhora é muito dedicada mesmo – respondi. – E já percebi que muitos outros são tão dedicados quanto a senhora.

– Não saio daqui por dinheiro algum. Aqui eu me sinto gente importante, posso fazer muito mais que cozinhar. Eu, juntamente com todos os que trabalham aqui, podemos escolher qualquer causa para apoiar em nossas comunidades. Todos nós somos incentivados pelo senhor Alex, incentivados a ajudar a comunidade onde vivemos ou qualquer outra que precise de ajuda. A gente pode escolher onde fazer a diferença.

– Nossa, dona Mazé, a senhora fala tão bonito...

– Aprendi aqui. Desde que entrei, há dez anos, o senhor Alex me incentivou a estudar. Eu terminei o segundo grau num curso noturno. Aí eu descobri que posso fazer toda a diferença. No meu caso, ajudei outras pessoas a estudar. Junto com meu grupo, formado por funcionários mais estudados do que eu, nós montamos um curso noturno e usamos a própria sala do auditório da empresa para dar aulas. Às vezes é muito simples ajudar alguém de verdade. Todos podemos fazer esse tipo de coisa. No nosso caso, é importante doar o que sabemos, o nosso tempo, as instalações da empresa e por aí vai.

Ela continuou:

— Nós já formamos duas turmas! Esse continuará sendo o projeto do meu grupo no próximo ano. No começo, convidamos o segurança, a mulher do segurança, a faxineira, as pessoas que estavam mais próximas, era um teste para ver se dava certo, e deu. Cada pessoa do grupo contribui com o que pode, eu faço bolos para acalmar o estômago e ajudo nas aulas, corrigindo trabalhos e tirando dúvidas. Nós conseguimos até certificado para as pessoas. Neste ano, nossa intenção é oferecer também um curso de informática, e eu quero ser aluna também! Nós já até batizamos o nosso grupo, somos os Aliados da Educação.

— Uau, dona Mazé, tudo isso é de verdade?

— Claro que é. Como o senhor Alex diz, se cada um cuidar do seu pedaço, ensinar o que sabe, a gente pode mudar o mundo. Educação é o início de tudo. Os políticos sozinhos não vão dar conta, mas se cada um, cada empresa, fizer a sua parte para o bem comum, a gente realmente muda o mundo, muda o nosso Brasil. E eu estou muito feliz por fazer parte disso tudo. Pelo menos nós já ajudamos a transformar o mundinho de muita gente.

A hora já tinha avançado e nem nos demos conta, logo mais os clientes iriam chegar, então fui ajudar a dona Mazé a colocar suas delícias na mesa, que ficava no jardim.

Século 21

O tempo passou voando. Mais um fim de ano se aproximava, estava quase no último ano da faculdade. Tinha resolvido andar pela Avenida Paulista, apreciando a decoração de Natal. Caminhar por ali me fazia bem, a avenida já fazia parte da minha história.

Todo mundo estava alvoroçado, a possibilidade de não passarmos do ano 2000 estava gerando muita dúvida, especulação, incerteza, agitação. Tantas previsões foram feitas naquele ano, ou melhor, tantas previsões vieram à tona naquele ano.

"O mundo vai acabar no ano 2000."

É isso o que diziam. Teve gente fazendo loucura, vendendo coisas para aproveitar a vida. Se o mundo acabasse mesmo, acho que morreria feliz, mas se eu pudesse viver um pouco mais... Ah, se eu puder viver um pouco mais!

A euforia toda em torno da incerteza dos anos 2000 poderia servir ao menos para repensarmos a nossa vida. Que oportunidades a vida estava nos oferecendo? É muito difícil pensar em mudança, fazer algo diferente, quando tudo está dando certo. Como será que pensa um cara que teve tudo certo na vida? Que teve boa educação, que ganhou muito dinheiro, tem família, sei lá, essas coisas que a maioria das pessoas desejam? Para que ter, ter e ter?

O senhor Alex acreditava que o lucro de uma empresa deveria servir para alguma coisa maior, não somente para as pessoas competirem sem propósito, sem ao menos saber o porquê e suas implicações, apenas por um punhado de dinheiro no final do mês.

Outro dia ouvi ele dizer em uma reunião que parte dos executivos e líderes que conhece estavam infelizes. No entanto, em público, ou melhor, em suas posições nas empresas, eles não conseguem expressar o que realmente pensam. Muitas empresas não abrem espaço para o profissional ser uma pessoa com sentimentos, o que é ainda pior no caso de homens, que não foram criados para ter sentimentos, não sabem como colocá-los para fora. Mães e pais sempre ensinaram aos filhos que homem que se emociona é boiola.

Olhava para as pessoas à minha volta e me espantava com tanta diferença de umas para outras, andando no mesmo espaço, cada uma indo para um lugar diferente. Imaginei quantas histórias caminhavam por ali. Eu era apenas mais um na multidão, o que trazia um certo alívio e, ao mesmo tempo, uma tristeza. Alívio porque ninguém é melhor ou pior que ninguém. Tristeza pela sensação de vazio, de uma vida sem sentido e individualista, que leva a tanta confusão no mundo. Existem outras previsões que não são animadoras sobre o futuro da humanidade, que cresce e se desenvolve destruindo a vida na Terra, tudo por conta desse tal individualismo ou do lucro. Uma certa tristeza me invade porque sou tão pequeno e não posso fazer muito. O poder de um político ou de um executivo é infinitamente maior do que o meu.

Lembrei-me da história que a dona Mazé me contou sobre o grupo Aliados da Educação, que tem o apoio do senhor Alex. Com certeza ele não é individualista, deve pensar no futuro. Talvez existam mais pessoas assim, é só procurar... Ou perguntar?

Distraí-me com duas crianças brincando com o Papai Noel, cheias de pureza e alegria, enquanto passeavam com os avós. Talvez dois filhos fosse um bom número, embora sempre tenha preferência por números ímpares, especialmente o número sete. Não existe explicação para algumas coisas banais assim da vida. O que faz uma pessoa gostar mais do ímpar do que do par?

Imagino que a gente vai sempre acreditar na versão que tem mais relação conosco. Talvez seja dessa forma que grupos se formem, algumas pessoas acreditam nas mesmas coisas que outras, se juntam, um líder aparece, uma comunidade se forma.

Uma pessoa que machuca uma perna duas vezes, no mesmo lugar, pode achar que o problema é do lugar, não da pessoa. Começa a achar que é azar, sem se dar conta de que pode mudar de caminho para evitar se machucar.

Entrei em um shopping. Precisava comprar presentes para meus pais e meus irmãos. Também queria levar uma lembrança para minha tia – e queria visitar o seu Pereira. Coitado, ele vivia sozinho, num lar para idosos e, pelo que sabia, a família dele continuava sem visitá-lo. Aquela lembrança me trouxe uma tristeza grande. Lembrava das palavras do seu Pereira quando ele me contou o quanto se arrependia por não ter estado presente na vida dos filhos. Hoje, seus filhos olham para ele como um estranho, uma história provavelmente bem diferente dos avós que acabei de ver com os netos.

Decoração de Natal é uma coisa que gosto muito. Na verdade, adoro o Natal, me lembra minha infância feliz e minha família. Não vejo a hora de chegar o dia de vê-la, ouvir as histórias de todos. A visão da mesa, na ceia natalina, me deixa animado novamente. Não vejo a hora de sentir a confusão da casa dos meus pais, a fala alta de todos à mesa, meus avós contando suas histórias de quando vieram para o Brasil. Todo ano eles contam as mesmas histórias, como se nós não as conhecêssemos. Somos em doze pessoas na família, meus pais, meus irmãos, avós paternos, minha avó materna, minha tia, meus primos, eu e mais uma pessoa humilde, que não tem o que comer, que sempre se senta à mesa conosco na noite de Natal. Minha avó sempre convida alguém da rua, sem família, para sentar-se à mesa com a gente e aí somos treze no total. Ela faz isso há anos, desde que meu avô faleceu, o que deixa todos emocionados, com mais vontade ainda de agradecer por termos uma família e comida na mesa.

Naquele ano pensei em quebrar a regra da minha avó e levar o seu Pereira para sentar à mesa com a gente. Ele não é da rua, mas não tem uma família, o que por si só deveria ser um bom argumento.

A possibilidade de levar o seu Pereira para o Natal em casa me deixou empolgado, mal podia esperar o dia seguinte chegar para ligar para casa dos meus pais e pedir para minha mãe convencer a minha avó a mudar a regra. No sábado, iria intimar o seu Pereira a viajar comigo.

Lembrei-me da doutora Alice ao ler um trecho de Erasmo de Rotterdam, escrito nas páginas do livro que estava folheando lá na consultoria, chamado *Inteligência Emocional*, que fala sobre a tensão entre razão e emoção. É inevitável lembrar do seu Pereira, do hospital e da doutora...

> *Júpiter legou muito mais paixão que razão – pode-se calcular 24 por um. Pôs duas tiranas furiosas em oposição ao solitário poder da Razão: a ira e a luxúria. Até onde a Razão prevalece contra as forças combinadas das duas, a vida do homem comum deixa bastante claro. A Razão faz a única coisa que pode e berra até ficar rouca, repetindo fórmulas de virtude, enquanto as outras duas a mandam para o diabo que a carregue, e tornam-se cada vez mais ruidosas e insultantes, até que, por fim, sua Governante se exaure, desiste e rende-se.*

Os problemas existem

Começava mais um dia tomando café na cozinha, do jeito que gostava de fazer, ouvindo as histórias da dona Mazé, enquanto ela preparava mais uma de suas delícias para receber um novo grupo de clientes da AOS Consultoria. Aliás, depois de tanto tempo na firma, eu já sabia o significado da frase latina *Auctor Opus Suum*. A tradução é "Protagonista da Sua Obra".

Recebi a lista de todos os participantes, que era a forma como as coisas deveriam ser feitas, de acordo com o senhor Alex. Todos os funcionários e prestadores de serviço deveriam conhecer ao menos os nomes das pessoas que estariam na empresa. A forma como nós tratávamos os clientes, todos os que estivessem lá, era fundamental para o senhor Alex. Era uma das suas grandes exigências. Ele investia seu tempo para ensinar a todos nós, funcionários diretos ou terceirizados como eu, a importância do cliente, de prestar um bom serviço.

A dona Mazé me disse:

— O senhor Alex tem algumas manias, como eu e você, mas é um homem bom e sabe das coisas. Tenho certeza que ele só terceiriza alguns serviços para ter o melhor, não pelo preço. Se ele contrata um segurança de uma empresa especializada em segurança é para ter o melhor segurança disponível. Ele sabe muita coisa, mas não saberia ensinar como ser um excelente segurança.

— Mas a senhora é cozinheira e não é terceirizada. E olha que a senhora é uma excelente cozinheira!

— No meu caso é diferente. Eu trabalhava na casa do senhor Alex quando ele se separou da primeira esposa, e eu vim para cá. Essa história é longa, outro dia, com tempo, eu lhe conto. O que importa neste momento é correr, pois logo a casa estará cheia.

Nossa, mais uma surpresa. Por esta eu não esperava, o senhor Alex já tinha se separado... Fiquei distraído porque o Diritto e a Sinistra queriam entrar em cena. Não tinha tempo para devaneios e também não tinha nada a ver com a vida do meu patrão. Mas bem que gostaria de saber o que foi que aconteceu, ele parecia um homem tão equilibrado...

Cada detalhe na empresa era pensado e ensinado para que o cliente percebesse a diferença entre estar lá e estar em uma empresa comum. Da mesma forma que os funcionários podiam escrever suas opiniões em quadros brancos espalhados por todas as paredes (e atrás das portas dos banheiros), os clientes também podiam fazer a mesma coisa nos espaços em que circulavam.

Toda opinião era importante. O senhor Alex dizia que existiam muitos espaços inutilizados em uma empresa, que os espaços poderiam ser úteis. Para mim aquilo era muito engraçado, demorei muito para ter coragem de escrever na porta do banheiro. Na primeira vez que o fiz, me senti estranho, como se estivesse fazendo algo errado.

Hoje haveria um daqueles workshops, mas não com o cliente, seria com a equipe do senhor Alex. Gostava muito de dias assim: via, escutava e aprendia muita coisa.

O dia foi quente, não havia ar-condicionado que esfriasse a temperatura da sala. Em vários momentos, a coisa ferveu, parecia uma panela de pressão prestes a explodir. Justo naquele dia meu bloco estava no final, precisei fazer anotações em guardanapos – não poderia perdê-los!

Vi e ouvi coisas diferentes. Tenho muito que aprender, apesar de ainda estar meio atônito com tudo que presenciei. Até gritos houve, eu nunca tinha imaginado que homens inteligentes e cheios de cultura pudessem perder a linha e o respeito, mas vi que eles, com seus diplomas, não se comportaram diferentemente de qualquer outra pessoa sem educação. Até me lembrei de um vizinho que tínhamos. Dinheiro e poder não têm nada a ver com educação, na verdade tudo girava em torno do poder, de quem pode mais.

O workshop era para resolver um problema de conflito que apareceu na equipe do senhor Alex. Era inacreditável que conflitos pudessem acontecer naquele lugar com tanta música, liberdade de expressão, conversas e inspiração.

A equipe do senhor Alex parecia não estar gostando do jeito com que uma nova funcionária queria fazer mudanças, impondo-as em vez de ouvir a opinião das pessoas, que sempre pensaram em grupo. Outra coisa que tinha ouvido nos corredores é que a nova funcionária passava muito tempo com o senhor Alex. Os mais antigos achavam que ela o estava influenciando.

Foi interessante observar a cena. Vi a Andreia, a nova funcionária, falar um monte de coisas sobre o jeito do senhor Moriati, disse que ele não dava atenção para as sugestões dela, que ele "vomitava" o que dizia – e queria que todo mundo engolisse. Dá para acreditar? Um linguajar daqueles!

Pensava comigo mesmo, aquela mulher era igual ao homem que era alvo de suas críticas. O senhor Alex deveria era dar um espelho para cada um, porque parece que eles não tinham um em casa. É tão fácil falar do outro... Difícil é enxergar a si mesmo, especialmente enxergar nossas imperfeições como seres humanos.

É, o senhor Alex ia ter muito trabalho! O que será que ele poderia fazer para resolver aquela situação?

Um bando de gente crescida se comportando como meus irmãos pequenos, ou ainda pior. Quando éramos criança brigávamos por tudo, para ver quem ia sentar ao lado do meu pai na mesa, quem ia desligar a luz na hora de dormir, quem ia comer o último pedaço do bolo, e por aí afora.

Vi que estavam agindo um igual ao outro. Eles não pareciam se dar conta, com exceção do senhor Alex, que ouviu muito, deixou todos falarem, sem censurar nada.

Ele estava sentado, muito confortável, calmo como sempre, e transbordava humanidade, verdade e interesse no olhar.

Depois que todos falaram, começaram a se acalmar, como se tivessem sentido um certo alívio. Especialmente depois que o senhor Alberto falou. Ele era o mais calado, mas balbuciou algumas palavras que chamaram atenção. Enquanto todos reclamavam uns dos outros, ele falou de seus próprios sentimentos:

— O nosso dia a dia está muito difícil, quase insuportável. Sinto que não é só eu, mas a maioria não está feliz. É só olhar para cada um. Nós nos permitimos sentir o que estamos sentindo, e são apenas coisas ruins. Trabalho aqui desde sempre. O que temos de diferente das outras consultorias é a nossa capacidade de dialogar, de ouvir de verdade uns aos outros, reconhecer erros como oportunidades. E agora estamos deixando isso se perder. É isso mesmo?

Continuou:

— Estou tentando conversar com cada um que vem falar comigo, não tem sido fácil, na verdade, me sinto impotente por não ter conseguido ajudar, o que me deixa muito frustrado...

Nossa! Um cara todo quieto como o senhor Alberto dizendo coisas do coração. Aprendi em casa que as palavras são como magia, podemos usá-las para fazer o bem ou para destruir. No caso, o senhor Alberto usou para fazer uma magia boa.

Prestava atenção como se eu fizesse parte da cena, minha cabeça se mexia, concordava, discordava conforme o que ouvia. Tinha a sensação de que a Andreia tinha enfeitiçado o senhor Alex. Como pode? Um homem como ele ter se deixado enfeitiçar...

Naquele momento, um silêncio tomou conta do ambiente. Quase não conseguia me conter, foi irritante esperar. Eu precisava sair da sala para trazer copos limpos, então foi o que fiz. Anotei algumas palavras que me marcaram ao ouvir o senhor Alberto falar e logo voltei. Queria realmente saber como o senhor Alex iria conduzir aquela situação.

Quando voltei, o senhor Alex já estava falando. Que droga, perdi o começo, pensei. Foi o preço que paguei... Ele dizia:

— A nossa filosofia de trabalho é baseada na honestidade que temos entre nós, é como alimentamos o talento criativo e curioso de cada um. Não podemos perder essas características, essa é a nossa cultura. Eu respeito a opinião, o sentimento e a visão de cada um de vocês. Vou fazer o que for necessário para recuperarmos o que tínhamos.

"Preciso de um tempo para pensar, tinha outros planos para o dia de hoje, mas pelo que ouvi, todos estão realmente magoados e incomodados. Ficar nesta sala o resto do dia não vai ajudar. Sinto apenas que vocês não conseguiram dizer exatamente o porquê de tal incômodo. Vocês disseram o que foi possível e sou grato por isso. Mas agora eu tenho um pepino na mão para resolver.

"Não acredito que existam esquemas ou manuais que ensinem como resolver questões como essa, aqui é a vida real e vou guiar a busca de uma possível solução com o que sinto aqui – e bateu a mão no coração. – Preciso encontrar uma nova forma de entender o limite dos negócios, das relações para se obter uma mudança positiva para todos nós.

"Obrigado pela coragem, pelo benefício da verdade e pela oportunidade que todos me deram de ver melhor o que eu não estava querendo enxergar."

Todos acenaram com a cabeça, concordando com o que o senhor Alex tinha acabado de dizer. Vi que alguns até se emocionaram.

Assim o workshop se encerrou. Cada um foi para o seu canto, cabisbaixo. O senhor Alex entrou em sua sala e logo começou a tocar piano.

Antes de ir embora, fui até a sala dele todo constrangido porque ele ainda tocava, era uma canção melodiosa que eu não conhecia. Mas resolvi entrar, ofereci uma água com gás e limão espremido, o dia ainda estava bem quente.

O senhor Alex mal percebeu minha presença quando entrei – de repente, um ímpeto de coragem veio até mim, aquela coisa que sinto quando tenho uma vontade enorme de dizer alguma coisa.

Diritto: – Vá em frente!

Sinistra: – Você vai se meter onde não é chamado.

Diritto: – Ele é um homem aberto e pode estar querendo conversar.

Sinistra: – Sai dessa, Milton, você não tem nada a ver com o problema dessas pessoas, você é só o garçom.

Diritto: – Se você pode escrever o que pensa na parede, também poder dizer para seu chefe. Coragem!

VÁ EM FRENTE!

ELE É UM HOMEM ABERTO E PODE ESTAR QUERENDO CONVERSAR! SE VOCÊ PODE ESCREVER O QUE PENSA NA PAREDE, TAMBÉM PODE DIZER PARA SEU CHEFE. CORAGEM!

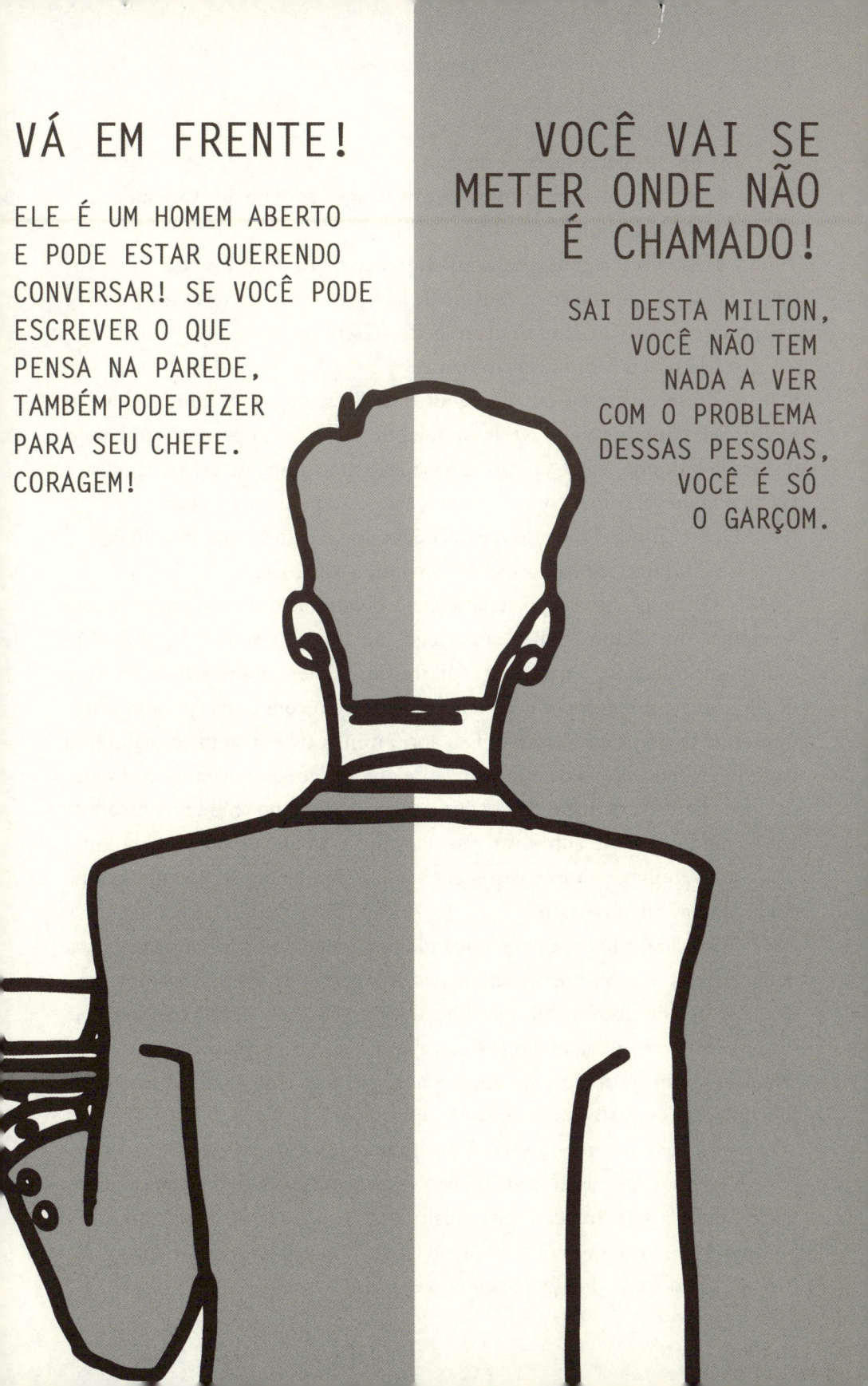

VOCÊ VAI SE METER ONDE NÃO É CHAMADO!

SAI DESTA MILTON, VOCÊ NÃO TEM NADA A VER COM O PROBLEMA DESSAS PESSOAS, VOCÊ É SÓ O GARÇOM.

Por fim, tomei coragem e disse:
— Com licença, senhor Alex, eu trouxe água com limão espremido.
— Entre, Milton.
— Posso dizer algumas palavras? Eu ouço tanto o senhor falar sobre coragem, diálogo, que meu deu vontade de falar, em vez de escrever nas paredes. Até porque o que vou dizer só diz respeito ao senhor.
— Claro, seu Milton, vá em frente.
— Eu sei que meu trabalho aqui é servir as mesas, os convidados e o senhor. Mas hoje eu quero servir, ou melhor, oferecer em palavras também o que estou sentindo, talvez eu não devesse, não nesta hora, mas se eu não disser agora, a razão vai tomar conta de mim e eu posso perder a coragem.

Quase emudeci quando me dei conta do que estava prestes a dizer.
— Continua, seu Milton, estou ouvindo – disse ele.
— Quando entrei aqui, estava meio desanimado com o trabalho, até descrente com algumas coisas, mas logo me animei novamente, pois todo mundo me trata com respeito e o senhor é um homem muito sábio, diferente de algumas pessoas que conheci, mas bem parecido com outras pessoas admiráveis que tive o prazer de servir. Isso abriu minha cabeça, aqui eu tenho lido bastante, tenho a opção de estudar na biblioteca as coisas que tenho curiosidade. Fico chateado também de ver que o clima mudou no ambiente. Eu ainda não entendo tudo de administração, termino a faculdade no próximo ano, mas presto muita atenção nas pessoas – e elas mudaram depois que a dona Andreia veio trabalhar aqui.

"Ela não é a mesma pessoa quando está longe do senhor, é uma pessoa bem diferente e acho que o senhor não iria gostar de vê-la. Mais uma vez, desculpe por me intrometer, mas imagino que talvez o senhor não soubesse disso. Escuto insatisfações das pessoas, não sei se estão certas ou erradas, não tenho intenção ou mesmo condição de julgar, mas algo afetou o astral dos funcionários, que estão mais tensos e cabisbaixos."
— Eu não sabia mesmo. Você é realmente um garçom audacioso.

O senhor Alex se levantou do banco do piano em silêncio, andou para o outro canto da sala, colocou uma música que eu já tinha ouvido algumas vezes, mas não sabia o que era. Putz, acho que extrapolei, senti um nó na minha barriga, junto com o medo de perder o emprego.

Quando a música começou a tocar, ele me disse:
— A viagem é a recompensa. Sabe que música é essa?
— Não, não sei não.
— Chama-se "Spiritus Domini", é um canto gregoriano interpretado por monges beneditinos. Escuto sempre que estou refletindo, parece que a música entra dentro de mim. Como se não fosse pouco tudo o que ouvi do meu time hoje, você vem aqui e adiciona uma dose extra de informação na minha reflexão.
— Desculpe, senhor Alex, achei que o senhor deveria saber.
— Meu comentário não é de advertência. Obrigado por sua coragem. Acho que todos se encheram de coragem para me contar verdades hoje. O senhor colocou alguma coisa no café? – E sorriu.
— Estou indo embora – disse. – O senhor precisa de mais alguma coisa?
— Não, obrigado, pode ir.
Mas, de repente, ele disse:
— Milton, só mais uma informação. Você faz faculdade de quê?
— Administração, senhor, estou indo para o último ano.
— Parabéns, você é um homem com determinação, posso ver isso claramente. Boa noite e obrigado.
E lá ficou o senhor Alex, ouvindo aquela música que o levava para outra dimensão. Nem acredito que tive toda aquela coragem de me meter num assunto tão crítico – e num dia tão quente!

Será que estava perdendo o medo de falar o que penso? Virei mesmo um intrometido? Qual a medida? Falar sem ser censurado, apenas pela verdade? Fui absolutamente honesto com o senhor Alex, tomei muito cuidado para não falar mal da dona Andreia, até porque ela deve ter suas qualidades. Disse o que via. Coisas que, no lugar em que está, ele não conseguia ver. E olha que fui discreto, podia ter falado muito mais coisas, mas como diz minha mãe, para um bom entendedor, um pingo é letra. Ele vai saber o que fazer. Tudo o que me restava era confiar que ele não dissesse nada para a dona Andreia, senão estaria frito! Achava que se aquela mulher fosse má, eu estava aprendendo a reconhecer gente assim. Aprendemos muito com pessoas como ela e o "encantador de serpentes".

Ano-Novo!

Todos continuávamos vivos, o mundo não acabara e nem iria acabar tão cedo, pelo menos se a humanidade cuidasse um pouco mais do mundo.

Janeiro começou tranquilo, férias na faculdade, o Natal em casa foi muito legal, o senhor Pereira ficou feliz e todos gostaram de ouvir suas histórias, diferentes das que meus avós contam todos os anos.

Desde o dia do workshop tudo ficou meio tenso, ainda bem que era um período em que os clientes estavam de férias, o que diminuía a tensão. A única coisa que soube era que o senhor Alex iria conversar com cada funcionário individualmente, assim que todos voltassem das férias.

Percebi que a dona Andreia tinha passado menos tempo que o de costume conversando com o senhor Alex.

Quando todos voltaram de férias, numa sexta-feira, o senhor Alex chamou a dona Andreia na sala dele logo cedo. A conversa durou cerca de uma hora. Quando terminou, ela saiu em disparada da sala e foi embora. O que será que tinha acontecido?

Vida nova

O senhor Alex chamou seu time na sala de reunião. Fiquei louco de vontade de entrar, mas tive que aguardar eles pedirem café. Que espera!

Quando finalmente fui chamado, entrei. Todos estavam leves, mais animados e o senhor Alex dizia:

– ...sempre desejei mudar o rumo das coisas no mundo dos negócios, ao menos na minha empresa, criar uma dimensão de espiritualidade para que os funcionários pudessem servir uns aos outros, o que só acontece de forma espontânea. Quero resgatar essa espontaneidade que já tivemos, com uma equipe que cria junto, que gosta de trabalhar junto e espero que, neste ano que acabou de começar, esse clima volte para a empresa. Agradeço a todos por me contarem o que sentiam, o que estavam vendo, antes que o estrago pudesse ser maior.

Quando disse isso, ele me olhou fixamente. Não sabia para onde olhar. Não queria que ele contasse para as pessoas que eu também tinha participado daquela história, não queria perder a confiança das pessoas, eu transitava por todos os lados, ouvia coisas de todos os tipos. O senhor Alex continuou:

— A Andreia é uma profissional tecnicamente competente, mas não combinou com a cultura da empresa. Vou torcer por ela, vou ajudá-la a se recolocar. Como meu trabalho é ajudar as pessoas, líderes a se desenvolverem, sinto uma responsabilidade maior em me envolver na recolocação dela. Cada empresa tem seu jeito, seu DNA, assim como cada pessoa, e ela pode perfeitamente fazer um bom trabalho em outra empresa.

Uma certa maldade veio à minha cabeça enquanto o senhor Alex falava, acho que ele deve ter ficado atraído também pela beleza dela. A danada era bonita mesmo, cheia de charme.

— Errei na contratação e peço desculpas a todos vocês pelos transtornos causados. Aprendi lições importantes. No período de férias, fiquei me perguntando em que momento tinha parado de ouvir vocês — e apontou para o time que olhava atento para ele. — Fiquei pensando sobre os sinais que não enxerguei, a ponto de deixar o relacionamento entre as pessoas ficarem abalados, o astral alterado.

Alguns abaixaram os olhos, outros a cabeça, eles estavam sentindo a verdade nas palavras do senhor Alex.

— Mais uma vez, obrigado pela coragem de todos. Lembro de uma frase de Margaret Mead, que diz o seguinte: "Jamais ponha em dúvida se um pequeno grupo de cidadãos conscientes e comprometidos pode mudar o mundo; na realidade, são eles os únicos capazes de fazer isso". Obrigado por vocês se manterem conscientes.

Todos saíram, corri para anotar aquela bela e poderosa frase. Toda essa história aqui na empresa serviu para eu pensar numa coisa boba que meu pai sempre falava, que nunca dei muita atenção: que a gente tem dois ouvidos e uma boca, portanto devemos ouvir mais e falar menos... Nunca tinha levado isso tão a sério como naquele dia.

No final do expediente, o senhor Alex me chamou em sua sala para agradecer diretamente a mim pelas coisas que eu disse sobre a dona Andreia. Disse que eu não deveria me sentir mal, que tinha feito a coisa certa! Fiquei sem saber o que dizer, não esperava aquilo, mas fiquei feliz, em paz comigo, fiz o que achava certo e pude contribuir.

Fui para casa muito satisfeito. Antes, parei num orelhão para ligar para meus pais e saber como estavam as coisas. Fui surpreendido com uma notícia que tirou meu chão.

O JEITO DE CONVERSAR DO SR. ALEX

TODA HISTÓRIA TEM TRÊS LADOS, O SEU, O MEU, E A VERDADE.

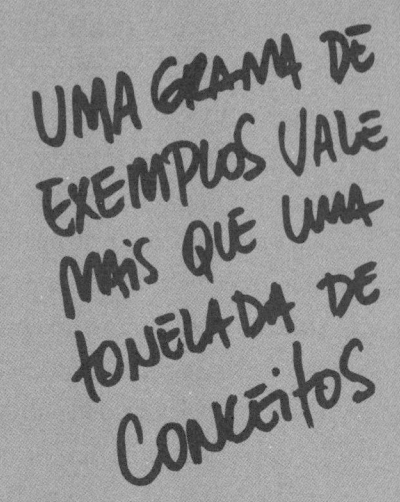

UMA GRAMA DE EXEMPLOS VALE MAIS QUE UMA TONELADA DE CONCEITOS

PARA UM BOM ENTENDEDOR, UM PINGO É LETRA.

VOCÊ TEM DOIS OUVIDOS E UMA BOCA ESCUTE MAIS E FALE MENOS.

SE NÃO QUERES QUE NINGUÉM SAIBA, NÃO O FAÇAS.

CAPÍTULO 6

O JEITO DE ENCANTAR
DA DONA BEATRIZ CAMARGO

Gangorra

Minha família recebeu a notícia de que minha mãe estava doente, muito doente. Câncer no estômago. Tinha sido descoberto recentemente e já estava num estágio muito avançado. Meu pai pediu para eu ir para casa.

Nem deixei meu pai terminar de falar, desliguei o telefone e saí correndo para a pensão. Precisava pegar algumas coisas e ir para a rodoviária. Foi a viagem mais longa da minha vida, parecia que não iria chegar nunca, mas cheguei. Mamãe não estava em casa, estava internada na Santa Casa, hospital público da cidade. Eu só poderia visitá-la no dia seguinte.

Meu pai me explicou a gravidade da situação. Pelos exames, a doença estava em um estágio bem avançado, o tratamento da quimioterapia só poderia começar após a cirurgia, uma tentativa de tirar esse bichinho ruim chamado câncer.

Todos em casa estavam muito abatidos, meu pai conversou com os filhos e explicou tudo o que o médico tinha dito sobre a doença e o tratamento. Uma casa que sempre foi tão alegre estava triste, parecia até que as plantas da minha mãe sentiam a dor que tinha se instalado em nossos corações. Eu não sabia ao certo se me doía mais a notícia da doença ou a imagem do meu pai arrasado, um homem tão firme, que tanto nos ensinou. Ele estava sem sentido, sem norte, sem conseguir raciocinar, pois seu grande amor estava entre a vida e a morte.

Vi meu pai chorar como criança, chorei junto, abracei meu velho e tive a certeza de que não voltaria para São Paulo enquanto as coisas não se acalmassem. Meu pai precisava de mim. Numa hora como essas, a união da família pode fortalecer a todos.

No dia seguinte, fui visitar minha mãe no hospital. O quarto me lembrou de quando eu estava no hospital, me recuperando do acidente. Quando a vi, foi como se uma espada tivesse atravessado meu peito, ela era outra mulher fisicamente, estava abatida. Quando nossos olhares se cruzaram, meus olhos se encheram de lágrimas, não consegui conter a emoção que se derramou sobre meu corpo. Minha mãe me olhou firme, também emocionada, e me disse:

– Querido filho, me dê sua mão e olhe bem dentro dos meus olhos. Eu tive uma vida feliz, casei com o homem que amei desde o primeiro dia e vou amar até meu último minuto. Criei você e seus irmãos tendo por base tudo o que sempre acreditei, tudo para que vocês se tornassem homens de verdade, com caráter. Quando olho para você, vejo que cumpri minha missão, você é um guerreiro corajoso, que caminhou ao encontro do que desejava, sem deixar de ser o menino sonhador que amamentei. Desde muito cedo, já havia uma estrela que brilhava em cima de você, seu pai e eu sempre vimos o seu brilho, a sua luz. Nosso medo era que a cidade grande pudesse fazer você sofrer, mas vejo que realmente fizemos bem a nossa parte e você, a sua. Eu o amo e me orgulho muito do homem que você se tornou. Agora enxugue estas lágrimas e ajude seu pai a ficar firme, pois estou bem.

Minha mãe beijou minha mão, enxugou as lágrimas que ainda escorriam dos meus olhos. Disse que estava muito cansada, mas queria ver meu pai.

A primeira cirurgia da minha mãe seria numa quarta-feira.

Segunda-feira logo cedo, eu liguei para a dona Márcia, pedindo para me ausentar do trabalho por uma semana, pois a situação era muito grave. Ela concordou, disse para eu ficar o tempo necessário e que, de qualquer forma, iria ligar para a doutora Alice para pedir ajuda. E ela ajudou mesmo, meu anjo nunca deixou de estar presente nos momentos necessários. A doutora conversou com os médicos que iriam operar minha mãe por telefone, câncer não era a especialidade dela, mas ela ajudou muito, pois sabia falar a linguagem dos médicos. Minha mãe acabou sendo muito bem tratada, dentro do possível, em um hospital público.

Enquanto aguardava o resultado da cirurgia, decidi que só voltaria para São Paulo quando sentisse que minha mãe estava melhor. Precisava estar ali junto da minha família, os estudos poderiam esperar um pouco – e se o trabalho não pudesse esperar, eu poderia arrumar outro emprego.

Minha mãe saiu da cirurgia, mas a situação era pior do que os exames mostravam, muito pior. Conversei com a dona Márcia e ela me deu uma licença não remunerada.

Foram três meses até a morte da minha amada mama.

Lembro que a solidão que eu sentia me assustava. A cada instante, me sentia cada vez mais só. Estava frio, e eu não sabia se o frio era mais forte no corpo ou em minha própria alma. O vento soprava uma canção que não conseguia decifrar. Todos estavam em volta do caixão, eu dei alguns passos para trás. Sentia muito a dor da ausência da minha mama. Pensava em toda a nossa infância e o quanto nossa família barulhenta sempre foi feliz, o quanto ela nos manteve unidos. Os minutos iam passando e a imagem doente da mamãe ia desaparecendo, dando lugar a uma mulher alegre, que sempre esteve conosco.

A imagem da doença e da dor que ela sentiu ia morrendo junto com a imagem do caixão descendo na terra.

Naquele dia o céu estava em festa, recebendo mais uma boa alma, uma boa mulher em vida.

Descobri que a gente nunca está preparado para a morte. Na volta para São Paulo, tive a certeza de que precisamos fazer de tudo pelas pessoas que amamos, pois quando a morte chega, apenas duas coisas podem sobrar: paz ou remorso. Eu me sentia em paz.

De volta a uma nova rotina

A dona Márcia me aceitou de volta na Serviços Difusão, mas eu não poderia mais voltar para a consultoria. Como lá eles recebiam muitos clientes, eles não podiam ficar sem garçom.

Foi uma pena, fiquei triste. O senhor Alex foi alguém que me ensinou muito, mas sabia que outras surpresas boas ainda estavam por vir.

Fazendo uma avaliação da minha vida até aquele momento, percebi que toda vez que algo ruim acontecia era porque coisa melhor estava por vir.

Consegui retomar a faculdade, conversei com a coordenação e eles foram compreensivos, o esforço seria meu.

Fiquei uns dois meses trabalhando internamente na Serviços Difusão – até a dona Márcia conseguir me colocar de volta em uma empresa, um lugar em que meu perfil se encaixasse perfeitamente, para deixar o cliente bem satisfeito, o que era bom para ambos.

Foi um tempo interessante. Não passava tanto tempo perto da dona Márcia desde que tinha começado no call center.

Conversamos bastante sobre a vida, sobre a empresa, sobre o futuro e os novos profissionais que ela precisava contratar.

Dentre todas as coisas que conversamos naqueles dias, ela falou muito do quanto as pessoas querem mudar os outros, mas não querem mudar a si mesmas. Disse que a nossa essência, como seres humanos, vem antes de tudo – e que precisamos acessá-la, nos encontrar com ela, dormir e acordar com essa essência para que, quando precisássemos tomar decisões, soubéssemos exatamente o que fazer.

O mundo em que vivemos e as experiências que temos fazem parte das nossas escolhas. Esse é o maior poder que cada um de nós tem, o poder de escolher. O local em que escolhemos viver, os amigos, a família, o trabalho, enfim, todo o nosso mundo precisa fazer eco na nossa essência.

A dona Márcia repetiu para mim uma frase de Theotonio Negrão, que estava pregada na parede da sala dela em um quadro recém-emoldurado:

"Não tive outro juiz em toda a minha vida, senão a minha consciência. Nunca abdiquei da minha independência profissional. Fui fiel a mim mesmo. Não me curvei aos poderosos, nem tripudiei sobre os fracos. A riqueza e o poder jamais me fascinaram: a vida é muito curta e bela demais para se desperdiçar tempo correndo atrás destes dois impostores."

Tinha sido afetado por tudo o que havia vivido naqueles últimos meses, pela avalanche de sentimentos que estava experimentando, sentimentos de dor física causada pela perda da minha amada mãe. No fundo, me sentia exausto, quase sem forças, mas sabia que não poderia parar.

De fato, aquele período em que fiquei interno na empresa foi muito bom, aliviou um pouco o peso. Na empresa, sentia-me de certa forma seguro. Embora dona Márcia nunca tenha me facilitado as coisas, ela me disse que nosso relacionamento era uma troca justa, mesmo achando que eu devia mais a ela do que ela a mim. Serei sempre grato pelo o que ela fez por mim.

Construímos um relacionamento de respeito, saudável. Na verdade, todos na empresa percebiam o esforço que ela fazia para ser correta, justa, compartilhando com a gente suas experiências, contando suas conversas de negociação com os clientes. Como ela dizia, se a gente não satisfaz a necessidade do cliente, ele simplesmente vai embora, ou melhor, troca de prestador de serviços.

Muitas vezes sinto que o relacionamento que construímos extrapola um pouco a fronteira profissional. Não foi à toa que a doutora Alice tinha se envolvido na doença da minha mama. Sei lá, talvez por eu estar há bastante tempo na Serviços Difusão, ou por ter mais ou menos a idade do filho que a dona Márcia perdeu. De uma coisa eu tinha certeza: ela era boa para muita gente, sempre buscando o melhor que as pessoas têm. Ela mostrava como podíamos melhorar o que já fazíamos bem. Era claro o prazer com que ela nos ensinava cada coisa, tudo com seu jeito de ir direto ao ponto, que apesar de parecer duro, era apenas firme.

Ficava olhando para as paredes brancas do meu quarto, na pensão, refletindo sobre as tais escolhas e tudo que minha mãe me dissera no hospital. Também pensei sobre as palavras que a dona Márcia tinha me dito. Acho que estava na hora de começar a fazer novos planos e alimentar ainda mais meus sonhos do futuro. Naquela hora, no entanto, meu corpo, minha mente e minhas emoções precisavam de um tempo, precisavam de um bom descanso.

Ao batente

Um dia, logo que cheguei na empresa me comunicaram que voltaria para minha função de garçom, e que iria trabalhar em uma empresa de eletroeletrônicos. Serviria café nos andares da diretoria, dos Recursos Humanos, do Marketing e da área comercial. Pensei, vamos nessa, Milton. Preparei meus óculos imaginários para ver todas as oportunidades que as pessoas da nova empresa iriam apresentar. Já estava com saudades de usar minha gravata-borboleta, embora certos dias não tivesse vontade nenhuma de levantar da cama.

Não tinha nenhuma noção de como o futuro seria. Sentia-me fascinado ao me dirigir para este futuro misterioso. Meu hábito de leitura só aumentava. Quando lia e estudava, sentia-me transportado para um mundo novo, que não podia ser delineado com as mãos. Depois de tudo o que tinha vivido em São Paulo, comecei a achar a imprevisibilidade extraordinária.

A cada mudança de rumo, a imprevisibilidade está agindo. A forma como lidamos com as mudanças vêm das escolhas que fazemos, às vezes com um frio na barriga.

Lembrei-me do professor Edson quando ele dizia que a educação nos ajuda a lidar com as incertezas do futuro de uma forma criativa. Ele dizia que a criatividade era tão importante quanto à alfabetização – e deveria ser tratada com a mesma importância.

Segundo Ken Robson, se não estivermos preparados para errar, nunca poderemos ser criativos. Para muitas empresas, errar é a pior coisa que pode acontecer, um reflexo do sistema educacional, em que as pessoas são educadas para serem menos criativas. Funcionários recebem de seus chefes a mensagem de que errar é proibido, o que acaba afetando a forma como as empresas operam. Quando nada dá certo, todos culpam o mercado, a inflação, o governo. Claro que esses fatores também são importantes, mas se os fatores externos fossem os únicos responsáveis pelo sucesso ou pelo fracasso de um projeto, haveria muito mais gente dando errado do que certo.

Na era da informação e da tecnologia, em que tudo acontece muito rápido, deveríamos ter princípios claros na hora de educar. Acho que as ideias do professor Edson acabaram desafiando a faculdade, o que acabou contribuindo para sua demissão. Quando você desafia alguém a pensar diferente, a romper padrões, você está na verdade criando muito mais trabalho, o trabalho de lidar com o novo. As pessoas gostam de habitar a zona de conforto. Fazer diferente dá um trabalhão...

Vejo por mim, era muito mais cômodo não ter saído de casa, a minha decisão de sair exigiu muito de mim, incluindo humildade na hora de reconhecer que precisava de ajuda, na hora de aceitá-la e no momento de aprender coisas novas, que ainda não sabia.

Aconteça o que acontecer, não podia me distanciar dessa humildade que me fez aprender tanto. Ainda hoje, tenho muita vida pela frente!

Picasso disse certa vez que todas as crianças nascem artistas, o problema está em permanecer artista quando crescemos, pois somos moldados pelos conceitos do certo e do errado, como se existissem somente dois lados, duas escolhas apenas, preto ou branco. Percebo quantas vezes pensei somente em preto ou branco, que foi a forma como aprendi a ver o mundo em casa.

Agora sei que existem muitas outras cores, incluindo vários tons de cinza.

Um furacão de mulher

A dona Beatriz Camargo estava há pouco menos de dois meses trabalhando na empresa. Estava aprendendo a conhecer dona Beatriz melhor, juntamente com os outros funcionários. Não foi uma das tarefas mais difíceis, mas foi um pouco cansativo no início. Ela era intensa, não parava, dona de uma comunicação clara, objetiva e energética, sem rodeios, especialmente para dizer o que não lhe agradava. As pessoas pareciam não estar muito acostumadas com esse jeito.

Tinha um olhar penetrante, uma energia avassaladora, um furacão de mulher. Incansável e linda a qualquer hora do dia, parecia que estava sempre pronta para qualquer batalha. Firme e muito feminina, conseguia se emocionar e ao mesmo tempo tomar decisões difíceis como executiva, proteger os seus interesses como uma leoa, uma fera, com coragem para tirar a sujeira debaixo do tapete e enfrentar a situação até o final. Foi sabendo tudo isso que servi o primeiro café para a dona Beatriz, em uma reunião em que estavam todos os gerentes de marketing e de recursos humanos.

Ela entrou na empresa para ser diretora de marketing. Mesmo sem ter poder na hierarquia, ela acabou se envolvendo na demissão da diretora de recursos humanos. A história que me contaram foi a seguinte: A dona Beatriz descobriu que a Sandra, a diretora de recursos humanos, estava sendo beneficiada em um contrato com um fornecedor habitual. As pessoas não sabiam dos detalhes, mas todos sabiam que tinha coisa errada. Como observei em minhas andanças, poucos segredos se mantêm numa empresa, a "rádio peão" é mais poderosa e rápida do que os chefes imaginam. Enfim, a dona Beatriz juntou as informações comprometedoras, ou melhor, parece que as informações praticamente caíram no colo dela e, sem medo algum, ela foi falar com o presidente. Este resolveu demitir a Sandra.

Outro fato que ajudou na decisão foi que a Patrícia, gerente e braço direito da diretora de recursos humanos, foi completamente insolente e desrespeitosa para com a Adriana, uma analista da equipe da dona Beatriz. Alguns dias antes, as duas discutiram um assunto qualquer e a Patrícia acabou encostando a mão no rosto da Adriana. Não bateu, não, só encostou, mas foi absolutamente desrespeitosa, dizendo que ela era uma garota e não sabia de nada. A sorte de uma e o azar da outra foi que um funcionário de TI estava por perto, arrumando um computador e foi testemunha.

Parecia até coisa de novela, mas aconteceu mesmo na empresa. A dona Beatriz foi falar primeiro com a diretora de recursos humanos, com seu jeito energético. Ela pediu que a Patrícia fosse demitida, mas a Sandra não quis fazer nada, pois disse que aquilo era um exagero. Pronto, aí a confusão estava armada. A dona Beatriz foi falar com o presidente, dizendo que uma atitude como aquela não cabia na empresa, que ele não poderia permitir aquilo e precisava interferir, que seria uma péssima mensagem para os funcionários. Se aquele tipo de atitude não fosse brecada, seria difícil falar sobre respeito ao cliente, já que não eram capazes de respeitar uns aos outros internamente.

Resumindo, a Patrícia acabou sendo demitida e todos os olhares ficaram mais atentos à gestão da dona Beatriz, uma mulher que não se intimidava e que sabia defender a equipe.

Apesar de diferentes, os dois fatos acabaram se interligando.

Tudo veio à tona porque a dona Beatriz não deixou por menos.

Ela comprou a briga, uma das tantas que se seguiram.

O presidente era conhecido por ser arrojado e inovador, deve ser por isso que ele manteve o cargo naquele momento tão emblemático e desafiador para o mercado de eletroeletrônicos. Os chefes americanos queriam aumentar a produção de celulares, o que significava uma ampliação da fábrica e dos funcionários, além de uma reciclagem na liderança, tudo para encarar as muitas mudanças do mercado.

Com tanta coisa acontecendo junto, dentro e fora da empresa, o presidente convidou a dona Beatriz Camargo para assumir também a diretoria de recursos humanos. Foi a primeira vez na história que essas duas áreas ficaram juntas. A Sandra foi demitida, mas ninguém declarou formalmente o motivo, embora todos soubessem.

As atividades dos recursos humanos e do marketing se completavam: uma tratava da comunicação com os funcionários e a outra, da comunicação com o cliente. No final das contas, essas áreas não podiam ser diferentes, deviam passar a mesma mensagem.

Foi durante aquela agitação toda que conheci a dona Beatriz Camargo. Na verdade, comecei a conhecer melhor seu estilo de liderança exatamente na reunião em que ela e o presidente informaram aos funcionários das áreas de marketing e de recursos humanos as mudanças.

Todos ficaram de boca aberta com o anúncio do presidente e confesso que eu também fiquei. Nas empresas em que passei, as funções eram bem distintas, não se misturavam, de acordo com as estruturas organizacionais tradicionais. Em alguns casos, nem se entendiam. Tudo foi confuso e, ao mesmo tempo, excitante para mim, um estudante de administração tendo contato com uma forma diferente de organizar a estrutura de uma empresa. Aquilo não estava nos livros. Como poderia dar certo?

O presidente da empresa disse na reunião de anúncio algo assim:

– Nossos funcionários são nossos maiores recursos de marketing, os melhores recursos nos relacionamentos da empresa. Os funcionários representam a nossa inteligência na hora de entender o mercado. Publicidade é importante, os canais de distribuição são importantes, a internet veio para nos desafiar, mas nada, nada será bom o suficiente se as pessoas não acreditarem em seus potenciais, se não desejarem profundamente estar nesta empresa, empregando seus talentos.

"Se os clientes tiverem uma boa experiência cada vez que entrarem em contato com nossa empresa, estaremos solidificando nossa reputação. Essa reputação irá fazer da nossa empresa a melhor opção para os clientes. Não sabemos aonde todas as mudanças irão nos levar, mas estamos nos preparando para elas. Se queremos nos diferenciar, precisamos ser arrojados e inovadores. E é por meio desse espírito que anuncio a todos a nomeação da nossa nova diretora de marketing e recursos humanos, a Beatriz Camargo. Espero poder contar a colaboração de todos.

"Se as áreas da empresa conseguirem trabalhar conectadas, integradas, nosso cliente será melhor atendido, o que trará muitos benefícios a todos. Espero que nosso futuro, mais interligado, seja um desafio a cada um de vocês, da mesma forma que desafia a mim, como pai, como homem e como executivo. As incertezas são muitas. Como será o futuro com a internet, com mais aparelhos celulares, mais interatividade? A única coisa que sei é que farei de tudo para que esta empresa seja um sucesso, uma certeza no meio de tantas dúvidas.

"Nossos resultados financeiros precisam atender às expectativas dos acionistas. Nós temos todas as condições de sermos rentáveis. A rentabilidade nos dará mais autonomia para dirigirmos nossos negócios, melhorarmos a oferta aos clientes e tudo o que oferecemos aos funcionários."

Uau! Fiquei empolgado, queria bater palmas, mas o máximo que podia fazer era anotar no meu bloco aquele discurso inspirador, que me fez pensar ainda mais no futuro, no meu futuro.

Depois veio a fala da dona Beatriz, que foi curta. Todos esperavam um grande discurso, mas ela simplesmente agradeceu a confiança do presidente. Também disse que iria investir mais tempo para conhecer as pessoas da sua nova equipe. Ela mostrou seu estilo. Nos corredores da empresa, havia uma agitação nova no ar.

Pelo o que tinha entendido, o presidente estava abraçando um novo mundo, fazendo uma mudança importante. Apesar disso, ainda não compreendia muito bem o que aquela decisão representava. Foi como um rolo compressor, as pessoas estavam todas boquiabertas.

Um falatório começara a rolar nos corredores, diziam que alguma coisa estava realmente mudando. Percebia que uns ficavam bem felizes com as mudanças, outros ficavam preocupados, achando tudo um absurdo.

Pensava o quanto era difícil mobilizar pessoas, especialmente aquelas que queriam mais é que o mundo acabasse num barranco, para que morressem encostadas. Um desafio para líderes de verdade, com coragem e entusiasmo.

A cada dia que passava, a dona Beatriz chamava um dos funcionários da equipe, para que todos pudessem conhecê-la – e vice-versa. Também conversou com outros funcionários da hierarquia. Acho que ela conversou com mais de vinte pessoas.

Alguns amavam o estilo dela, saíam da sala de reunião fascinados; outros, nem tanto. De uma coisa ninguém duvidava, ela tinha um estilo arrojado.

Por mais que toda aquela agitação despertasse minha curiosidade, eu ainda me sentia triste em meu quarto na pensão, sentia muita saudade da minha mama. Algumas noites eu me sentia sufocado naquele quarto, tinha vontade de andar pela casa, mas não podia, eram as regras. Pensava muito em meu pai viúvo e em como ele e meus irmãos estavam se virando sem a mamãe. Nossa casa ainda estava em silêncio, vivendo o luto profundo da perda. Tenho certeza de que para meu pai e meus irmãos a dor era muito maior, a nossa casa tinha a cara e o jeito da mama.

Naquele ano iria me formar na faculdade e havia decidido não participar do baile de formatura, somente da colação de grau.

Não tinha espírito para festa, uma festa com que minha mãe sonhava. Seria o primeiro filho a receber um diploma universitário. Nunca fui o melhor aluno, nem o pior, aprendi bastante nas aulas, aprendi muito mais com os livros e com minha gravata-borboleta. Faculdade alguma ensina o que eu tinha vivido. Lembro-me de minhas críticas ao colegial, de quantos textos e contas sem utilidade alguma tivemos de decorar. É impressionante o quanto podemos ser nocauteados pela vida porque não aprendemos a trabalhar em grupo, ouvir, esperar e cooperar nos tempos de escola.

Dois poderosos se estranharam

Comecei a ouvir alguns comentários de que a dona Beatriz Camargo e o senhor Frederico Leissman, diretor financeiro, não se entendiam muito bem, que os dois tinham se estranhado logo no início da relação, que não conseguiam chegar a um acordo como cavalheiros, ou melhor, como dama e cavalheiro.

O senhor Frederico era um executivo de carreira, estava na empresa havia muito tempo, parecia ser muito respeitado, ou será que temido? Ele era o responsável pela área financeira, jurídica, de suprimentos e *compliance*. Eu não o conhecia pessoalmente, ele não estava entre os executivos para quem eu servia café, mas diziam que ele era um homem sério, correto e tinha muito prestígio na empresa, pelo menos com os chefes de fora do Brasil e com o presidente. Os funcionários não tinham grande carinho por ele, o senhor Frederico era um homem mais reservado e conversava mais apenas com os colegas que trabalhavam diretamente com ele, enfim, completamente diferente da dona Beatriz, que em pouco tempo de empresa já falava com todos.

Será que era por isso que ele rejeitava a dona Beatriz? Por ela ser tão querida e ele não? Sempre achei que homens de negócios não lidassem com este tipo de sentimento.

Eu o conheci melhor quando servi café em uma reunião dele com a dona Beatriz. Os dois estavam meio exaltados. Senti que o clima não estava bom entre eles, o senhor Frederico questionava cada tela que a dona Beatriz apresentava. Não sabia o que ela estava mostrando exatamente, fiz entradas rápidas na sala de reunião, mas no pouco tempo que estive presente, consegui ver algumas coisas boas que ela estava propondo.

Vi a dona Beatriz sair agitada da sala de reunião. Logo após, pediu um chá de erva cidreira na sala dela, imagine só, um chá depois de uma reunião. A coisa deve ter pegado para ela. Quando entrei na sala, ela andava de um lado para o outro e falava sozinha. Entrei mudo e saí calado, embora minha vontade tenha sido de falar com ela, oferecer ajuda, sei lá, queria poder ajudar de alguma forma.

Os dois tinham muito o que discutir. Seria bom para os negócios se eles se entendessem como colegas de trabalho. Ela queria implantar coisas inovadoras, num prazo que parecia ser impossível, o que tornava o desafio ainda mais tentador.

No dia seguinte, após aquela reunião, fui levar café para a dona Beatriz em sua sala. Percebi que ela estava com a mesma roupa do dia anterior. Não que eu prestasse muita atenção nessas coisas, mas era impossível não notar que ela estava com o mesmo terno azul-claro. A imagem dela era de esgotamento, mais mental do que físico. Quando entrei, ela já estava com a bolsa no ombro, disse que não queria mais o café, pois estava de saída. Saiu como uma bala, acho que queria sair antes que as pessoas da equipe chegassem.

A Rose, secretária da dona Beatriz, era uma mulher de meia-idade, falante que só, falava até pelos cotovelos. Conseguia ser mais falante do que eu. Aprendi a ficar próximo das secretárias, pois elas podem ajudar bastante ao contar o que os chefes, ou, no caso, a chefa, gostam. Algumas vezes rolava até um certo ciúme. Lembro quando o senhor Antônio me chamou para pegar uns documentos assinados, em vez de chamar a secretária. Não sei ao certo por quê.

De qualquer forma, a Rose disse que me avisaria quando a dona Beatriz voltasse – e aí sim, eu poderia servi-la. Parece que ela ficou trabalhando a noite toda nos ajustes do plano que ela tinha apresentado ao senhor Frederico. A Rose não sabia dos detalhes, disse-me apenas que a Beatriz vinha trabalhado bastante nos ajustes, pois aquele plano era muito importante para o seu trabalho. Era a sua apresentação oficial, por assim dizer, para todos os funcionários. Um grande evento estava sendo planejado e, logo depois, haveria outro evento ainda maior, envolvendo todos os distribuidores do Brasil.

O que será que leva uma diretora a trabalhar a noite inteira?

Deve ser coisa séria mesmo.

Quando ela retornou à empresa, estava linda como sempre, renovada, nem parecia a mesma mulher que eu tinha encontrado às 8 horas. Às 10h30 estava pronta, como se tivesse dormido o sonho das deusas. Ela era incrível, impossível de não notar.

Tomou um café duplo, na xícara de chá, bem forte e puro, como ela gostava. Pegou uma pasta grande, o notebook, outros papéis soltos e saiu em direção à sala de reunião, junto com duas pessoas de sua equipe. Naquele dia, ela pediu almoço na sala. Quando fui servir, a sala estava cheia de cartazes, som alto, ela e a equipe conversavam animadas e a dona Beatriz andava agitada para cima e para baixo. Acho que ela estava se preparando para se apresentar em público. Comia duas garfadas de sua salada e levantava, dava orientações em pé, e voltava a sentar. Fiquei até tonto com tamanha agitação.

Quando voltei para recolher os pratos e copos, ela me disse:

– Seu Milton, minha salada estava ótima. Quando terminarmos aqui, por favor recolha a louça, mas deixe o restante exatamente como está, com todos os cartazes, pois amanhã teremos um grande dia aqui.

Naquele dia fui embora curioso. É impossível para um cara como eu viver no meio de tantos acontecimentos e não me envolver – participar da forma que posso, sentindo, pensando e, de vez em quando, dando uma opinião ou outra.

Às vezes pode até parecer que sou intrometido, mas o fato é que eu me envolvo, me indigno com as coisas que vejo e ouço. Como consigo "juntar as partes", acabo torcendo pelos meus chefes, pois os conheço de uma forma que poucos conhecem.

A vida na pensão estava cada vez mais sem graça. Antes eu achava meu quarto enorme, especialmente quando comparado ao que tinha dividido com meus irmãos, mas, àquela altura, depois que conheci a minha futura namorada, a Lia, a pensão não era mais o meu número.

Não tinha tido nenhum relacionamento sério até encontrar a Lia. Antes dela, todas as garotas com quem tinha saído representaram apenas curtição. Eu achava que o período da faculdade era o momento de curtir, mesmo sobrando pouco tempo e grana para a diversão. Acho que a verdade é que ninguém tinha chamado minha atenção suficiente a ponto de eu querer me amarrar.

A relação entre nós foi rolando sem muita pretensão e quando percebi, estávamos envolvidos de verdade.

Eu andava mais tenso com o último ano da faculdade e a Lia oferecia tranquilidade, ao lado dela me sentia menos ansioso e, além do mais, ela era uma gata. Sem querer, fui fisgado.

Chegava a hora de pensar seriamente no que iria fazer. Tinha o emprego em uma empresa que estava indo cada dia melhor, ia me formar naquele ano e já podia começar a pensar em outro canto para morar. Iria me dedicar ao TCC, pois, pelo que me disseram, aquele trabalho era mais que uma monografia para concluir o curso, poderia ser meu primeiro passo rumo ao futuro, um futuro com conforto, opções e segurança.

Gostaria que o professor Edson pudesse me acompanhar naquela jornada, mas não foi possível. Por isso, acabei escolhendo a professora Carmem. Ela demonstrava interesse genuíno pelos alunos, ela nos ouvia com atenção, além do mais, era uma das professoras com quem eu tinha melhor relacionamento – não amizade, mas a gente se identificava, tínhamos formas parecidas de pensar. Na primeira aula, a professora Carmem tinha me chamado a atenção, pois eu estava conversando muito, atrapalhando a aula. Tinha ficado puto, com muita raiva, mas logo reconheci que estava errado.

As coisas então começaram a melhorar, até que ficaram boas.

A professora demonstrava uma preocupação real sobre o que os alunos iriam fazer após a faculdade. Foi uma das docentes que mais falou de ética nos negócios e da administração moderna, trazendo *cases* de empresas bem administradas, com bons líderes.

Quanto ao TCC, o negócio era unir o útil ao agradável, fazer o que era preciso, escrevendo sobre um assunto que eu gostasse.

Precisava escolher um tema adequado, que fosse fácil de dar conta, afinal, trabalhava de dia, estudava de noite e ainda fazia uns bicos nos finais de semana para juntar dinheiro.

Minha mãe sempre falou tanto da importância de comprar minha casa própria. Depois que ela se foi, sentia que precisava fazer algo a respeito, queria que ela se orgulhasse de mim, não importava onde estivesse. Também queria deixar meu pai tranquilo, sei lá, depois da morte da minha mãe ele começou a pedir mais ainda para que eu voltasse para casa. Ele sempre se preocupou com o dinheiro que eu gastava para morar. Ele só ia sossegar mesmo depois que eu comprasse um canto para mim.

Dormi muito pouco naquela noite, mas acordei animado e curioso para chegar logo na empresa e saber o que iria acontecer, estava na maior torcida pela dona Beatriz.

Quando cheguei, a Rose me disse para servir o café da dona Beatriz na sala de reunião, pois ela já estava lá, se preparando para a apresentação, mas dessa vez não estava vestindo a roupa do dia anterior.

Mais tarde, quando servi café para as pessoas na sala, o clima era outro. A dona Beatriz conseguiu criar um ar de animação.

Eu entrei bem na hora em que as pessoas batiam palmas depois de assistir a um filme em que falava sobre a evolução do marketing e da sociedade. Estavam presentes na sala o senhor Frederico Leissman, o presidente, o diretor das fábricas, o diretor comercial e mais algumas pessoas da equipe.

Parece que o esforço dela estava sendo reconhecido, o presidente elogiou muito o trabalho que ela e a equipe estavam fazendo.

Aquela foi uma reunião rápida, comparada às outras apresentações que já tinha presenciado. Entrei somente duas vezes na sala de reunião. Foi o suficiente para ver a cara séria do senhor Frederico, a cadeira dele estava afastada da mesa.

Ele dizia:

— Beatriz, você e sua equipe parecem saber mesmo como envolver as pessoas. Daria tudo para saber como você fez tudo isso em menos de 48 horas.

A dona Beatriz respondeu:

— Com a sua ajuda, claro! Depois de seus comentários, trabalhamos bastante, minha equipe e eu, e aqui está o resultado.

Senti que aquele comentário foi uma alfinetada, de leve. Ela foi educada e graciosa, mas era, sim, uma ironia.

Um ponto de interrogação se instalou na face do senhor Frederico, ele corou. Surpreendi-me, afinal tinha o visto questionar – e bastante – a dona Beatriz. Os papéis tinham se invertido. A única pessoa na sala que não demonstrou qualquer surpresa foi o presidente.

A dona Beatriz teve um início de empresa bem complicado e provocativo, ela foi desafiada e testada inúmeras vezes, mas não se encolheu, ao contrário, continuou em frente. Hoje, a maior parte das pessoas sabe quem ela é. Aqueles eventos fizeram ela virar a noite, mas também proporcionaram muito sucesso, mostrando a todos quem ela era e para o que tinha vindo. Só fiquei um pouco chateado porque não assisti a nenhum evento, só vi os bastidores da preparação, pois ambos foram realizados fora da empresa.

Tinha ficado o tempo todo na torcida, tinha visto bem de perto quem era a dona Beatriz, a sua dedicação. Algumas pessoas da equipe não gostavam dela porque ela imprimia um ritmo intenso, que não era para qualquer um.

Ouvia a dona Beatriz dizer várias vezes que a gente é o que faz, quem entrega um trabalho "mais ou menos" passa a imagem de um profissional "mais ou menos". Os clientes não querem produtos que funcionem "mais ou menos", querem produtos ótimos, que funcionem sempre – e se, por acaso, um produto falhar e apresentar algum problema, o atendimento tem que ser exemplar e excelente, pois do contrário, o cliente iria embora. Nesse ponto, a dona Beatriz e o senhor Frederico concordavam. Quando o assunto era o cliente, eles pouco discordavam um do outro. As discordâncias estavam mais na execução. A dona Beatriz gostava do palco, do brilho e dos aplausos, ela era uma ótima comunicadora. As pessoas ficavam muito empolgadas quando ela falava, ela tinha um entusiasmo que vinha do coração, conseguia contagiar mesmo. Já tinha visto muitos olhos brilharem durante suas apresentações. Tudo o que fazia era impecável, com muita qualidade.

O meu diploma

O último ano da faculdade passou rápido, foi um ano diferente dos outros, o Natal estava se aproximando e seria o primeiro sem a nossa mama, o que me deixava triste só de pensar que teríamos um lugar vazio na mesa. No fim, o Natal daquele ano foi assim, quieto, reflexivo, com muitas tentativas de alegrar a casa, mas todas sem muito sucesso. A única coisa verdadeiramente positiva era o fato de eu ter passado de ano com boas notas e saber que, no começo do ano seguinte, iria receber meu tão esperado diploma.

O assunto do diploma tomou parte do espaço vazio em nossa casa. Meu pai estava orgulhoso, meus irmãos estavam felizes por mim, eu também sentia o mesmo, mas a felicidade só seria realmente completa se a minha mama estivesse ali para festejar comigo. Sabia que, onde estivesse, ela estaria feliz.

A grande surpresa foi que meus colegas da faculdade me elegeram como orador da turma. Em casa, o Giovani brincava com aquilo, até fazia chacota, querendo saber o que tinha acontecido para que um cara como eu, tão preocupado com o que dizer, de repente tivesse se tornado orador. Na verdade, eu também demorei a acreditar que tinha sido escolhido.

Quando o grande dia chegou, mantive minha decisão de não participar da festa de formatura. A colação de grau por si só já era uma festa para mim.

Nos dias que antecederam a colação, estava ansioso, nervoso mesmo. Treinei no espelho da forma como vi o senhor Antônio fazer, o que ajudou. Ganhei um pouco mais de confiança.

Eu me preparei muito, fui e voltei várias vezes no meu discurso, mudei de rumo, resgatei ideias já escritas. Depois de muitas horas de treino, o meu discurso saiu e foi algo mais ou menos assim:

– Começo agradecendo a todos os meus colegas que confiaram a mim esta difícil tarefa de representar os formandos de administração. Vou tentar representá-los e espero não decepcionar. Escrevi muitos rascunhos e nenhum deles parecia estar à altura do desafio que me foi dado. Resolvi então recorrer à simplicidade e deixar a emoção, que o momento da formatura representa, dominar minha mão. Aqui vai.

"Muitas vezes duvidei que seria capaz de chegar ao final do curso de administração, mas esse dia chegou. Mais que um diploma, conquistei minha coragem. Sempre incentivado pelos professores, colegas, familiares e algumas pessoas que nem estão mais aqui, mas que foram imprescindíveis para que eu chegasse ao fim do curso. Acredito que não deva ter sido diferente para muitos dos que estão se formando. Com nossos professores, aprendemos lições importantes de administração. Espero que vocês, nossos mestres, possam se sentir bem-sucedidos em sua missão.

"Vejo que o mais importante de tudo é que aprendemos a confiar mais em nós, a olhar para o mercado de trabalho e para os colegas de cabeça erguida, tendo orgulho das pessoas que estamos nos tornando. Estamos mais preparados para errar, para ser quem desejamos ser, para mudar de rumo e começar de novo, enfrentando as adversidades que ainda estão por vir.

"Hoje nós, alunos, estamos prontos para encarar novos desafios, para administrar, para negociar, para questionar e ajudar a repensar o papel das empresas na sociedade, acompanhando suas transformações. Transformações essas que nunca param, que estão, na verdade, se acelerando com as novas tecnologias. Em nossas vidas e em nossas carreiras, seremos donos de nossos destinos e de nossas escolhas, cem por cento responsáveis por elas.

"Meu desejo é que possamos, em nossa vida profissional, honrar compromissos e palavras, ser um exemplo por meio de nossas atitudes. Por mais que não exista um juramento pela ética na faculdade de administração, assim como existe um na faculdade de Medicina ou na de Direito, espero que possamos honrar a nossa ética. O que vale para cada um de nós também deve valer para os outros. Devemos ter a devida sabedoria para escolher um caminho que faz sentido a nossos valores, não o caminho mais curto para o sucesso. É preciso ajudar a sociedade a se desenvolver. Que cada um de nós possa oferecer estímulo, em vez de conforto, para todas as pessoas; ferramentas e práticas no lugar de respostas prontas; inspiração e propósito, em vez de ordem; coragem no lugar de temor e, principalmente, que cada um de nós possa ser feliz com nossas escolhas. Ao deitar a cabeça no travesseiro todas as noites, espero podermos descansar com a paz da integridade, pois fizemos a nossa parte – da melhor forma possível.

"Não é fácil, mas nós podemos, sim! Sentiremos saudades desses anos. Encerro lembrando a música da nossa poeta Rita Lee:

'Depois que eu envelhecer, ninguém precisa mais me dizer, como é estranho ser humano nessas horas, de partida...'

Fui aplaudido de pé. Experimentei uma emoção nova, senti orgulho de mim. Minha vontade era de ficar ali, em pé, no palco, curtindo os aplausos e os assobios. Fiquei paralisado com aquela sensação. Eu fui o orador da minha formatura, algo quase inacreditável para quem pensava que não tinha nada a oferecer. Vibrei muito e pude dividir toda aquela alegria com meu pai, meus irmãos, minha tia e a Lia, minha namorada, minha companheira. Até o seu Manoel estava presente.

Lembro de ter pensado comigo mesmo que aquela sensação de orgulho deveria ser o sucesso, ou seja, fazer o que se acredita e ser reconhecido por isso. Só faltava mesmo ser remunerado à altura.

Mudanças que...

A dúvida sobre a união das áreas de marketing e recursos humanos na empresa continuava, o time dos incrédulos apostava que dona Beatriz Camargo não iria dar conta do recado.

A turma dos acomodados, aqueles que queriam que as coisas permanecessem sempre iguais, parecia ter feito até mandinga para tudo dar errado, mas ela estava se saindo bem.

Via que as pessoas que mais se incomodavam com seu estilo assertivo e direto eram os diretores que participavam das mesmas reuniões, especialmente o senhor Frederico. Àquela altura, já passados quase dois anos da chegada da dona Beatriz na empresa, todos sabiam que os dois não se bicavam, o que não era bom para as equipes e para os negócios. Como eles demoravam muito para se entender e chegar a um acordo, as decisões eram lentas e a execução geralmente esbarrava em algum gosto específico de um ou de outro, que precisava ser atendido. Parecia pai e mãe, quando não existe respeito entre os cônjuges, fica difícil falar em respeito para os filhos.

Na minha casa, sempre foi diferente, a geração dos meus pais tinha aprendido a mandar e nós tínhamos mesmo é que obedecer.

A dona Beatriz estava conquistando coisas incríveis com os funcionários. Uma das fábricas, que precisou ser reformulada com mudanças grandes na produção, foi uma das histórias de sucesso. Naquela fábrica, 70% do espaço destinado à produção de TVs seria redirecionado para a produção de celulares, e tudo aconteceu de forma suave. Ela planejou toda a migração, envolveu muita gente de outras áreas, considerou ideias inusitadas e atingiu o que a empresa precisava sem nenhuma repercussão negativa.

Várias ações para ajudar as pessoas foram desenvolvidas, especialmente as famílias dos funcionários que seriam afetados pela demissão ou que seriam transferidos de cidade. Dona Beatriz também considerou a comunidade em volta da empresa, fez parceria com uma instituição de ensino, estabelecendo cursos profissionalizantes, e elaborou dados para as negociações com o sindicato.

Aquela fábrica foi a primeira a ser transformada, não só por conta da nova produção, mas também pela implantação de novas tecnologias. Desde a virada do século, as tecnologias andavam num ritmo muito acelerado. Outra orientação foi a de considerar, na atualização das fábricas, leis futuras, valores que poderiam ser implementados pela sociedade, o que me pareceu ser algo bem difícil de seguir.

Tudo foi considerado. Foram meses de planejamento e discussão. Eu acompanhava tudo, servindo cafés e comida. Fiz até hora extra algumas vezes, o que foi bom para juntar uma grana, deixando-me animado com o aumento de renda. Até porque tinha terminado a faculdade e, de repente, tinha bastante dinheiro, mais do que tinha tido durante toda a minha vida.

Eu estava mesmo é entusiasmado com a movimentação, vendo as pessoas trabalharem tanto. Elas se divertiam com o trabalho, o que era essencial durante as muitas horas de dedicação. O astral era bom, todos estavam envolvidos, muitos participavam da execução. Via que todos aprenderam com o processo, e também se sentiram parte dele – como no meu caso.

A dona Beatriz trabalhava muito e, a cada passo, explicava o porquê das coisas, como cada um poderia ajudar, detalhava as pequenas entregas que faziam parte de um plano maior.

Durante uma certa fase, as coisas ficaram muito apertadas, o trabalho ficou intenso, não sabia bem a razão, mas o ritmo tinha aumentado.

Uma noite, quando o grupo estava particularmente estressado, a dona Beatriz preparou uma surpresa a todos. Havia uma van esperando pela turma na porta da empresa. Ela havia programado um pouco de diversão para todos.

No dia seguinte, a equipe que ficava centrada na sala Operação X-SO-PEX, que conduzia todo o plano, estava logo cedo no escritório, mas com um astral mais leve, bem diferente da noite anterior. Todos estavam cheios de energia, como a chefe.

Ficava me perguntando como ela podia ter aquele espírito tão diferente dos outros diretores. Por instantes, me lembrei do senhor Alex. Senti um certo alívio em saber que existiam pessoas sensíveis aos sentimentos dos outros, pessoas verdadeiramente humanas, que obtinham resultados fora de série porque conseguiam enxergar as necessidades dos outros.

Lembro de um episódio que serviu para definir bem quem era a dona Beatriz, para mim e para os outros.

Na diretoria de marketing, havia um garoto terceirizado, que ajudava nos serviços gerais da área. Ele trabalhava muito com papel, envelopes, armazenagem de produtos para os eventos. Seu nome era Ademar e ele devia ter uns 19 anos. Era um cara bem calado, que fazia o trabalho em silêncio. As pessoas quase nem notavam sua presença, mas sabiam que podiam contar com ele, sempre responsável e organizado.

Um dia, o Ademar se machucou feio com uma tesoura, enquanto abria uma das caixas que tinham acabado de chegar. Ele furou uma veia da perna. Foi um desespero geral. O sangue jorrava da perna do garoto. Os bombeiros levaram-no de cadeira de rodas para o ambulatório, a fim de esperar a ambulância. Dali para frente, não vi mais nada. A Eliana, que trabalhava na área, foi junto com ele para o hospital. Todos os que estavam na empresa no momento do acidente ficaram muito impressionados, foi chocante.

O Ademar já era casado e pai de uma filha. Tão novo e corria risco de vida. Pelo menos era o que eu achava. Fui para casa preocupado naquele dia, sem saber se a ambulância conseguira chegar logo ao hospital.

Na manhã seguinte, cheguei mais cedo na empresa e passei direto no ambulatório para ter notícias, mas estava fechado.

Tive que esperar as pessoas do nosso andar chegarem para ter informações. Eu estava ansioso, a imagem do sangue jorrando ficou me perturbando durante a noite, nunca tinha visto uma cena tão impactante. Se eu não tivesse apagado no meu acidente de ônibus, provavelmente teria visto coisa pior, foi um alívio não me lembrar de nada. Foi um alvoroço só na hora do acidente com o Ademar e nem me dei conta do que estava acontecendo. O efeito do corte e do sangue veio só depois, quando a minha adrenalina baixou.

Precisava saber o que tinha acontecido, fiquei com medo de ter que encarar outra morte tão cedo, não que eu tivesse alguma ligação com o Ademar, mas eu vi tudo acontecer e ele trabalhava bem perto de mim. Tínhamos conversado algumas vezes, acho que só não conversamos mais porque ele era reservado.

Logo que a Rose chegou, corri para ter notícias do Ademar.

Fiquei aliviado em saber que ele tinha sido atendido a tempo, mas muito surpreso com o desenrolar da história. Muita coisa aconteceu depois que fui embora, nem acreditava.

De dentro da ambulância, a Eliana ligou para a dona Beatriz e disse o que estava acontecendo. Ela achou que seria importante ligar, pois a dona Beatriz sempre demonstrou interesse pelas pessoas em geral, especialmente por pessoas que trabalhavam em sua equipe, mesmo que terceirizadas.

A Eliana tinha tomado uma decisão correta, pois ainda na ambulância ela descobriu que o Ademar não tinha plano de saúde. A empresa na qual ele era registrado não oferecia esse benefício para os funcionários. Até o vale alimentação era ínfimo, R$ 3,00. Uma miséria, comparado ao valor que os funcionários diretos da empresa recebiam. Numa cidade como São Paulo, aquele valor só dava para comer um pão com manteiga na padaria. Fiquei mais comovido ainda, ele provavelmente não conseguia almoçar durante a semana.

Não fui a única pessoa a se comover com a situação. A dona Beatriz, na mesma hora que ficou sabendo de tudo, disse para a Eliana levar o Ademar para um hospital particular, que a empresa iria pagar as despesas. Ela não parou por aí. Ligou imediatamente para o senhor Frederico, muito brava, questionando os contratos com fornecedores terceirizados, pois a área responsável por negociar contratos era de responsabilidade do Frederico.

Primeiro a dona Beatriz informou o que tinha acontecido e que ela já tinha autorizado o tratamento do Ademar em um hospital particular. A conta seria da empresa, o senhor Frederico deveria pagá-la. Ela questionou as condições dos contratos que a área de suprimentos estava negociando com fornecedores, pois era um absurdo ter pessoas terceirizadas trabalhando em condições como a do Ademar, sem plano de saúde e com um vale alimentação miserável. Continuou dizendo que não poderíamos nos orgulhar de economizar nas negociações de contrato com fornecedores, especialmente se tais contratos gerassem prejuízos para os funcionários.

Não soubemos quais foram os argumentos do senhor Frederico, mas me pareceu que ele não sabia muito sobre os detalhes daquele contrato específico. Muitos contratos eram negociados semanalmente. O importante foi que o episódio gerou uma mobilização, ou melhor, uma força-tarefa enorme na empresa, visando revisar os contratos com fornecedores.

Na Serviços Difusão, a dona Márcia nos contou sobre o questionário que ela teve que preencher, sobre os documentos que ela teve que apresentar na área de cadastro da empresa. Foi fácil atender a essas exigências, há muito tempo ela já se preocupava com as condições de trabalho de seus funcionários. Foi aí que ela ganhou muitos pontos. Afinal, foi graças a ela que fiz faculdade e aprendi tanto. Era por isso que a Serviços Difusão estava crescendo tanto, pela forma com que a dona Márcia conduzia seus negócios.

Depois que o Ademar se recuperou, a dona Beatriz resolveu contratá-lo, pois ele já estava na empresa havia um certo tempo e todos gostavam do trabalho dele. Aí tive mais uma lição sobre as escolhas que fazemos.

Quando a dona Beatriz ofereceu uma vaga de efetivo para o Ademar, ele não podia ser contratado, pois não tinha terminado o segundo grau e a empresa tinha uma política de estudo mínimo, que era ter o segundo grau completo. A dona Beatriz incentivou o Ademar a estudar. Ele começou a fazer um supletivo noturno e, quando se formou, foi contratado na hora como auxiliar administrativo.

Bom, a vida segue. Eu precisava ter uma conversa séria com a Lia, minha namorada. Depois da formatura, ela começou a me pressionar para ficarmos noivos, ela queria casar comigo e eu não sabia bem o que fazer.

Gostava muito dela, uma mulher bonita, inteligente, que estava se formando em jornalismo e já fazia estágio na redação de um jornal. Aprendi muito com ela, acho até que meu vocabulário ficou um pouco mais sofisticado depois que começamos a namorar. Tínhamos uma ótima relação, ela dividia o apartamento com umas amigas da faculdade e tinha família fora de São Paulo.

Compartilhávamos momentos divertidos, felizes mesmo. Eu aprendia com ela, sentia-me em paz ao seu lado, conversávamos sobre muitas coisas. Ela vivia num mundo profissional bem diferente do meu, mas seu grande sonho era mesmo casar e ter filhos. Ainda não sabia o que decidir naquele momento. A Lia foi a minha primeira namorada de verdade.

Nunca tinha pensado em sair da pensão direto para um casamento, queria estudar mais, ter uma casa minha... Mas também não queria perder a Lia, o que poderia fazer?

Resolvi comprar um presente para entregar na noite do nosso jantar, não que o presente pudesse de fato mudar alguma coisa, mas acho que foi uma forma carinhosa de dizer que gostava dela, mas não estava pronto para casar. Minha proposta foi a de continuar o namoro, sem prazo determinado. Não queria selar um compromisso, queria poder viver os dias com a mesma alegria e entusiasmo que tínhamos antes dessa história de noivado começar.

Passei na casa dela às oito em ponto, como combinado. Ela estava linda, cheirosa, com um ar esperançoso, ao mesmo tempo que meio tímido.

Pela importância da noite, resolvi investir em um táxi para irmos ao restaurante. Durante todo o trajeto, conversamos sobre assuntos sem importância. Era uma noite quente, gostosa e as ruas estavam cheias. Falamos do trânsito, das pessoas na rua, como se estivéssemos desconversando do assunto mais importante da noite.

Ao chegar no restaurante, pedimos uma cerveja e ela fixou o olhar em mim, como quem diz "fale logo que não aguento mais esperar". Fizemos o pedido e acabei desatando a falar antes que não conseguisse mais. Sabia que a noite poderia acabar em discussão e que eu teria que usar todo o meu charme e vocabulário para terminarmos o encontro de uma forma gostosa.

Ela continuou me olhando, ouvindo cada palavra dos meus argumentos. Só conseguia ouvir a sua respiração, cada vez mais profunda e forte, mais alta que o som das outras pessoas e dos talheres.

De repente, ela pediu licença, disse que precisava ir ao toalete e saiu andando como uma gata selvagem. Fiquei ali apreensivo, a espera foi longa, ao menos foi como sentia. Comecei a me preparar para ela brigar comigo, esbravejar, chorar, reclamar.

Também já pensava em quantas vezes iríamos repetir aquele assunto, na pressão que ela faria. Voltava à minha mente os bons momentos que tínhamos passado juntos. Um suspiro profundo, meus próprios argumentos pareciam se enfraquecer.

De repente, Diritto e Sinistra surgiram do nada e travaram um breve diálogo comigo, que me deixou zonzo. Será que deveria dizer a ela que precisava pensar um pouco mais?

O JEITO DE ENCANTAR DA DONA BEATRIZ

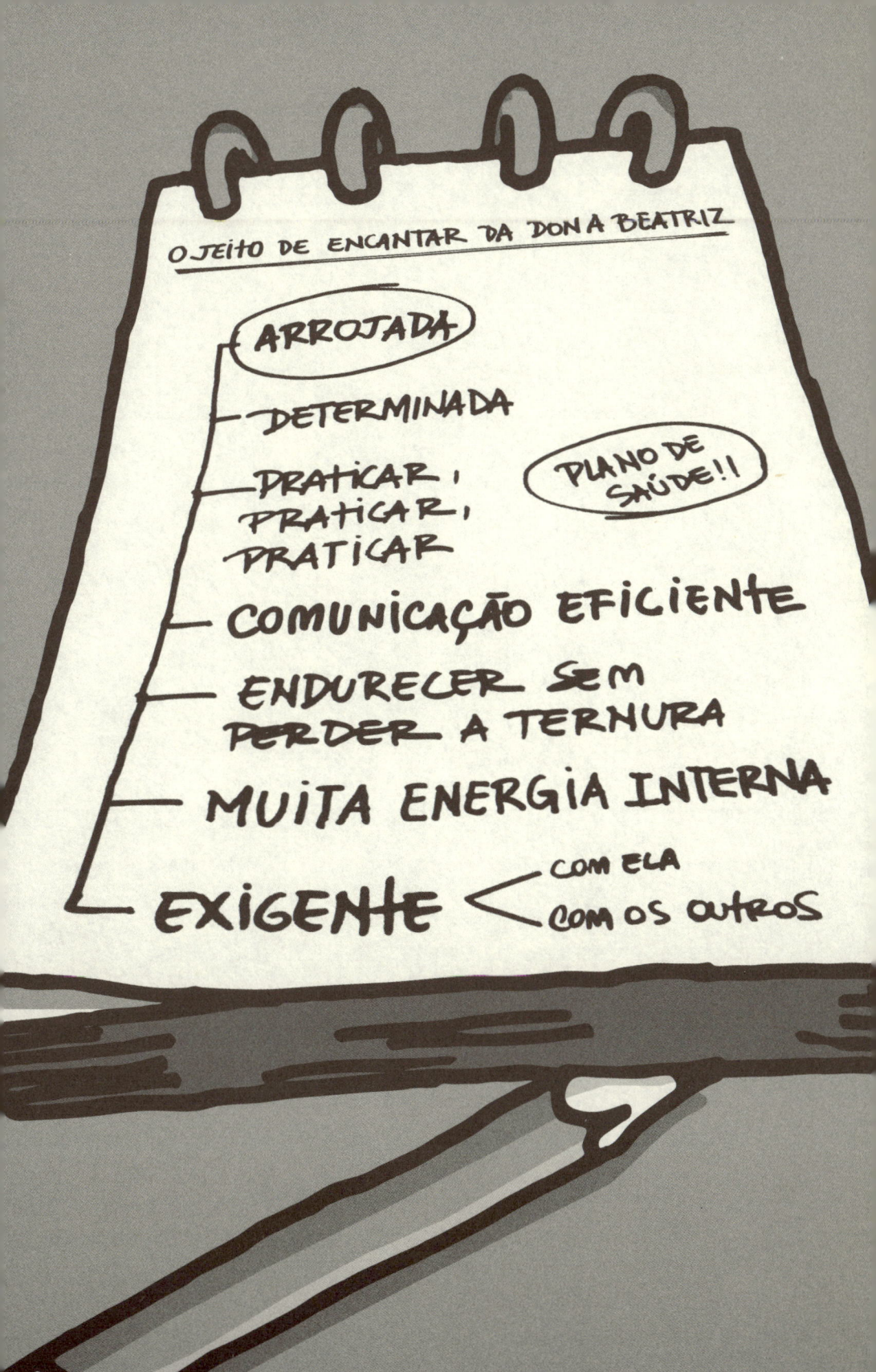

- (ARROJADA)
- DETERMINADA
- PRATICAR, PRATICAR, PRATICAR
- (PLANO DE SAÚDE!!)
- COMUNICAÇÃO EFICIENTE
- ENDURECER SEM PERDER A TERNURA
- MUITA ENERGIA INTERNA
- EXIGENTE — COM ELA / COM OS OUTROS

CAPÍTULO 7

O JEITO DE SER DO SENHOR FREDERICO

Lia

Naquele momento, lembrei-me do que meu pai me disse no período do hospital, quando sentia aos poucos de forma sufocante a dor da perda, com a piora da minha mãe. Tinha sido a primeira vez em que ele me disse coisas sobre seus sentimentos. Ouvi sua voz como se ele estivesse lá:

— Quando conheci sua mãe, Milton, senti que o chão não estava mais embaixo dos meus pés. Perdi o fôlego, alguma coisa subia e descia na minha barriga. Tive certeza de que queria aquela mulher para mim. Sabia que, ao lado dela, meus pés nunca mais voltariam a tocar o chão, que seria insuportável não a ter em meus braços. Queria envelhecer ao lado dela, senti que a vida não valia a pena se não tivesse aquela mulher ao meu lado todos os dias.

Pelo respeito, carinho e companheirismo que vi entre eles, sabia que meus pais eram apaixonados, mas nunca tinha ouvido meu pai falar de amor daquela forma. Ele sempre me aconselhou a casar com uma boa moça. Não considerava, em suas conversas, os sentimentos que fazem parte do casamento.

No final, ele casou mesmo por amor! Acho que meu pai não pensou em outra mulher depois de sentir o que sentiu pela minha mãe.

E então a Lia voltou com um semblante mais calmo. Eu logo disse:

— Você está linda esta noite, como sempre, mas acho que hoje há algo diferente.

— Obrigada, mas parece que você é que está me olhando de outra forma. Sabe, Miltinho, pensei no que você me disse e não estou convencida. Se você me ama, pode assumir um compromisso mais sério, podemos esperar mais para ter filhos.

"Também sou nova e, enquanto isso, vou trabalhar bastante para ajudar a juntar dinheiro. Assim, quando os filhos vierem, estaremos em uma situação financeira mais confortável."

Tomei as palavras de meu pai como exemplo e contei para ela o real motivo. De fato, estava contando aquilo para mim mesmo, assumindo a responsabilidade:

— Você tem razão. Podemos encontrar várias saídas se nosso desejo for o mesmo. Enquanto esperava você voltar do banheiro, lembrei-me de algumas palavras que meu pai me disse sobre o amor. Por mais difícil que seja, preciso ser honesto comigo e com você. Não posso assumir um compromisso mais sério porque não amo você o suficiente.

Ela reagiu no mesmo instante:

— Como é essa história de "não amo o suficiente"? Não existe pouco amor!

Engoli seco, parece que uma montanha tinha descido pelo meu gogó, via o desespero que estava se instalando no rosto da Lia.

Não queria magoá-la, mas não existia outra saída naquele momento. A verdade precisava ser dita, mesmo que doesse muito. Era melhor doer naquela hora do que mais para frente, com consequências ainda maiores, com mais pessoas e sentimentos envolvidos. Como dizer a verdade sem que ela me odiasse? Ou sem machucá-la?

— Lia, gosto de você, mas não é o suficiente para eu querer me casar agora. Talvez falte amor mesmo. Desde quando começamos a namorar, nunca tive em minha cabeça a imagem de um futuro juntos. Não sei como explicar, isso também é algo novo para mim, não quero magoar você, mas sei o que estou fazendo...

Abaixei a cabeça. Fiquei pensando sobre o que é o amor e todos os sentimentos que o acompanham. Difícil explicá-lo.

A nossa comida chegou, o garçom falava conosco. Era como se a voz dele viesse de muito longe. Aí ouvi a Diritta me dizendo:

– Cara, pensa como é ruim quando você fala com as pessoas e elas não ouvem! Lembre-se, você passa a maior parte do seu tempo com uma gravata-borboleta no pescoço.

Num sobressalto, virei para o garçom e agradeci os pratos dizendo que, por hora, estava tudo bem, mesmo não estando.

Lembro que mal conseguimos comer. A Lia rodopiou o garfo várias vezes no prato, estava com os cotovelos em cima da mesa, quase debruçada, buscando forças para levantar a cabeça. Eu fiquei ali, olhando para ela, me sentindo muito constrangido pela dor causada, sabia que não daria para consertar o estrago.

Pedi a conta e fomos embora. Uns dois quarteirões antes de chegar em casa, ela pediu para descer, disse que queria caminhar um pouco, pois a noite estava bonita. Percebi que seria a nossa despedida e resolvi acompanhá-la. Uma tristeza grande tomou conta de nós, parecia que uma nuvem triste nos acompanhava, o ar estava seco.

Antes de darmos os primeiros dez passos, ela desatou a chorar.

Ela estava guardando todo seu sentimento de angústia, raiva e dor para longe dos ouvintes. Ela sempre foi assim, não gostava de exposição, de chamar atenção. Em momentos assim, ela sempre corava as bochechas. Lembrava de quando nos conhecemos em uma livraria, nos esbarramos, os livros que ela carregava caíram, abaixamos juntos para pegar os livros.

Lembro de ter segurado a mão dela por um segundo, ela ficou com as bochechas vermelhas e eu me encantei com sua docilidade.

Naquele momento ela estava mesmo precisando desabafar e eu não sabia o que fazer, como lidar com uma mulher que chorava tanto por minha causa? Eu havia causado uma dor tremenda. Se fosse abraçá-la, poderia confundir ainda mais a situação. Se não fizesse nada, poderia parecer insensível, o que não era o caso. Afinal, estava preocupado com ela ou comigo?

Segurei a mão dela, continuamos caminhando, fiquei ouvindo seu choro doído. Ao chegarmos na porta do prédio da Lia, beijei seus lábios levemente. Por mais que minha vontade fosse a de tê-la em meus braços por mais uma noite, consegui me controlar e mandar para longe o cara egoísta que também habitava dentro de mim.

Despedimo-nos sem muitas palavras e assim eu fui para casa, meio desolado também, triste, bem triste, mas de certa forma aliviado por ter conseguido entender meus sentimentos e dizer para a Lia a verdade.

Segunda-feira

O meu domingo foi longo, fiquei muito mais animado na segunda-feira seguinte. Quase tinha me esquecido de que iria mudar de andar por um tempo. O garçom que servia o andar em que trabalha o senhor Frederico estava de férias e eu seria o substituto. A dona Márcia sempre achou melhor ter um garçom experiente para servir executivos, eles tratam de assuntos variados, sigilosos e recebiam visita e, quem diria, àquela altura eu já era bem experiente. Não só isso, eu também era formado. Quando me lembrei disso, meu peito se encheu de satisfação. Mas na mesma hora veio a imagem da Lia chorando...

Como poderia servir o senhor Frederico? Eu o vi provocar tanto a dona Beatriz, mesmo quando ela não merecia. Como poderia vê-lo com respeito, se muitas vezes eu o vi fazer a dona Beatriz ficar arrasada após uma reunião? Uma mulher que é tão boa para as pessoas.

E lá vamos nós

Tentei me libertar dos meus preconceitos. É difícil se livrar de ideias preconcebidas, de imagens que já formamos em nossa cabeça sobre as pessoas ou sobre a vida. Sabia que precisava fazer o meu trabalho, da forma como a dona Márcia esperava de mim, mas antes de ser um funcionário da Serviços Difusão eu também sou uma pessoa, um ser humano. Vi a dona Beatriz sofrer, trabalhar de madrugada para responder às cutucadas e perseguições do senhor Frederico e agora teria de servir não somente àquele homem, mas também à presidência.

Isso não me causava nenhuma emoção, depois que cheguei mais perto e conheci os bastidores da vida de um presidente, descobri que eles são pessoas como nós, com coração, emoção, certezas, erros, vitórias, muita experiência e desafios maiores, mas são todos pessoas, não são deuses, apenas simples mortais.

Entretanto, a proposta de servir o senhor Frederico estava realmente mexendo comigo, se pudesse, eu não aceitaria aquele trabalho. Mas precisava encarar a situação. Se ele ousasse me desrespeitar de alguma forma, poderia pensar mais sobre a minha escolha, mas, naquele momento, tinha mesmo é que fazer o meu trabalho da melhor forma possível.

O senhor Frederico tinha uma rotina diferente. Para começar, ele não gostava de café, então eu servia leite quente com duas gotas de adoçante e uma leve salpicada de canela por cima.

Tive que descobrir aquilo sozinho, diferentemente de outros chefes que servi, ele não me disse como gostava das coisas. A história do leite, por exemplo, descobri logo no primeiro dia.

Estava caminhando em direção à sala do senhor Frederico, com a bandeja na mão e, de repente, a dona Clarice, a secretária dele, disse:

– Não! Ele não toma café.

Pensei comigo, "Por que é que ninguém me disse isso antes?"

Alguns problemas poderiam ser facilmente resolvidos ou simplificados se as pessoas dissessem logo suas preferências, seus desejos.

Bom, o fato é que, pelo menos naquele momento, eu soube a tempo. Entrei na sala sem jeito. E lá vamos nós, pensei. Ele logo disse:

– Bom dia, você trabalhava em outro andar, certo?

– Sim, senhor – pensei comigo. "Caramba, ele me viu, ele sabe que eu existo e sabe onde eu trabalho". Confesso que não esperava por aquilo.

Ao sair da sala dele, resolvi parar na mesa da dona Clarice e perguntar se ela aceitava um café. Ela disse que sim e eu fui buscar. Voltei rapidinho, precisava conversar com ela e saber como deveria servir a sala de reunião, se o Frederico costumava pedir almoço, sei lá, precisava de mais informações para executar bem o meu trabalho.

Não foi muito animador, a dona Clarice não falou muito, não demonstrou interesse em conversar comigo. Fiquei meio chateado, o que queria era prestar um bom serviço, da forma como vinha fazendo. Resolvi não insistir, esperar o tempo ajudar.

Foram dias sem muita novidade, o senhor Frederico não era de falar muito, era reservado e também meio difícil de entender, pois ele tinha um sotaque forte, "portunhol" como dizem por aí.

Também não me esforcei muito no início. O fato de eu ter chegado para trabalhar com um certo bode afetou um pouco a minha performance. Acho que eu não era o mesmo Milton, até esqueci meus óculos imaginários, ainda não os tinha usado para ver as coisas com um outro olhar, com o olhar do senhor Frederico Leissman.

Ainda pensava na Lia, andava meio de cabeça baixa, não tínhamos nos falado mais e sentia falta dela. Alguns meses já haviam se passado, mas parecia que nosso namoro tinha terminado havia poucos dias. Porém, não me arrependia de ter tomado a decisão de não ficar noivo. Eu não poderia me casar com ela. Por mais que sentisse falta de tudo o que fazíamos juntos, era melhor assim.

Vez ou outra, ia para a balada com os amigos da faculdade ou mesmo com o filho do senhor Manoel e acabava a noite com alguma garota, mas não rolava nada sério no dia seguinte.

Tinha bastante tempo para pensar na vida. Os últimos anos tinham sido tão agitados que já tinha quase me esquecido de como era ter tempo, tempo livre para fazer o que eu quisesse.

Uma das coisas que queria fazer era visitar o senhor Pereira, fazia tempo que não o visitava. Queria também procurar algum curso para fazer, mas sem pressa. Era bom aproveitar a fase de solteiro e também ficar sem ter a mensalidade da faculdade para pagar, e assim guardar dinheiro. E o que eu queria mesmo era sair da pensão, ter uma casa novamente, mesmo que fosse para dividir com mais pessoas.

Desde que havia chegado em São Paulo, minha vida foi pontuada por emoções, algumas bem intensas, que acabaram virando coisas boas. Mas naquele momento era diferente, sentia estar perdido. Será que não estava vendo as coisas direito? Ou era só uma fase sem explicação?

Entrava e saía de salas de reunião e nada me chamava a atenção, diferentemente de outros tempos. Não é possível que as pessoas todas ficaram sem graça de uma vez, era mais provável que eu tivesse mudado, devia estar vivendo o luto da Lia e da dona Beatriz, junto com as emoções difíceis da morte da minha mama. Precisava sair daquela fase.

Mudanças sempre acontecem

Naquela época, havia um zum-zum-zum danado na empresa, diziam que o presidente iria ser transferido para outro país e que o senhor Frederico seria o novo presidente. Caramba! Por essa, ninguém esperava. Era um bom momento para trocar o presidente, pois a empresa estava crescendo e iria instalar uma nova linha de produção em outro país, daí os rumores.

Percebi que o presidente estava promovendo alguns workshops com os diretores de forma planejada, o que me deixava confuso. Se o presidente estava prestes a ir para outro país, por que investir tempo naquelas pessoas como se nada estivesse acontecendo?

No meio de tudo isso, o senhor Frederico começava a chamar minha atenção. Numa quinta-feira qualquer, entrei na sala dele para servir o último leite do dia. Ele estava separando um material que despertou minha curiosidade, me intrigou mesmo. Havia livros diferentes, papéis coloridos.

Depois que ele foi embora, fui falar com a dona Clarice. Fui direto ao ponto, pois ela não gostava de jogar conversa fora.

Disse a ela que o senhor Frederico era um homem diferente, que eu tinha uma certa dificuldade de entrar em sintonia com ele. Também mencionei os livros e papéis que chamaram minha atenção.

Ela me contou que o senhor Frederico vai a uma creche sempre quando pode, para contar histórias para crianças.

"Ele conta histórias para crianças?", pensei comigo. Minha expressão de surpresa foi tamanha que a dona Clarice também se espantou comigo.

– Por que a surpresa? – Ela me perguntou, como se fosse uma atitude esperada do senhor Frederico, especialmente porque ela trabalhava com ele havia muitos anos e o conhecia bem.

Aquilo me fez prestar ainda mais atenção no senhor Frederico, olhar para ele de outra forma. Pensei, "hum, talvez ele seja diferente do que eu imaginava quando servia a dona Beatriz".

Novas surpresas

Descobri que o senhor Frederico Leissman teve muitas dificuldades para estudar, seus pais tiveram que fugir de seu país de origem em função da guerra na Europa. Os pais dele eram judeus que fugiram para o Uruguai na tentativa de começar uma vida nova. Foi nesse país que o senhor Frederico nasceu.

Seus pais tiveram um novo início de vida muito duro, começaram tudo de novo. Deixaram para trás, na Alemanha, não só a dor da guerra, mas uma vida inteira, a casa, os móveis, os amigos, a rotina, tudo se transformou em memórias, marcas que ficaram para sempre em suas lembranças, em suas cicatrizes e em seus corações. Com essa lição de história, algumas atitudes do senhor Frederico começaram a fazer sentido para mim.

Histórias sobre sua vida começaram a aparecer aqui e ali, e os rumores sobre um possível novo presidente tornaram-se o assunto principal entre os funcionários. Especulações, gente querendo mais histórias sobre ele, saber se ele seria um bom presidente.

Os pais do senhor Frederico deram muita importância à educação, um fator importante para que ele conquistasse sua liberdade – condição essa que seus pais não tiveram. Vem daí a dedicação dele às crianças humildes da creche.

Ele entendia muito bem, por causa de seus pais, as adversidades da vida. Será que o jeitão meio calado dele tinha a ver com aquele início de vida conturbado e duro? Imagino que seus pais deviam ter passado ao filho toda a dificuldade vivida nos tempos da guerra e, depois, durante o reinício no Uruguai.

Começava a entender um pouco mais o senhor Frederico, ao ouvir as histórias. Se eram verdadeiras ou não, era difícil saber, o tempo iria dizer, mas com certeza elas me ajudaram a pensar diferente e eu acabei mudando a imagem que tinha sobre ele.

Um certo dia, quando entrei na sala de reunião da presidência, fiquei excitado ao ver na sala o senhor Alex, especialmente quando ele me cumprimentou pelo nome. Mais que um garçom, eu era o seu Milton. O mundo era mesmo uma ervilha!

Pensei logo que o senhor Alex deveria estar ali para ajudar a melhorar o relacionamento entre o senhor Frederico e a dona Beatriz. Não sabia quais eram as intenções do presidente, mais sabia bem como o senhor Alex podia ajudar uma equipe a resolver problemas de relacionamento.

Todos ouviam atentos ao que o presidente dizia, falava sobre o tipo de empresa que ele tinha se dedicado a construir nos últimos anos, que o crescimento era graças a uma equipe excelente, de muitos talentos. E acrescentou:

– O que vejo é que tenho uma equipe de contrastes. As diferenças são importantes, pois se todos pensarmos de forma parecida, não poderemos alcançar novos patamares.

"Também conseguimos o respeito de nossos acionistas, das comunidades onde temos nossas fábricas instaladas. Conquistamos clientes leais, que nos permitiram aumentar nossa fatia de mercado. Agora o desafio é aumentar o faturamento.

"Temos talentos com habilidades diferentes. Quando a Beatriz veio fazer parte do nosso time, ela trouxe uma energia nova, reciclando alguns velhos conceitos e provocando a todos nós. Obrigado, Beatriz, você ousou unir as áreas de recursos humanos e de marketing. Já o Frederico mantém a ordem nas finanças, toma decisões importantes e já conseguiu elaborar estratégias e planos de investimentos que convenceram nossos acionistas em momentos difíceis.

"Desde que assumi a presidência desta empresa, há sete anos, digo a mesma coisa: é impossível ser um bom líder se algum membro da equipe não estiver bem."

Naquele momento, o senhor Alex acrescentou:

– Um líder que não se preocupa genuinamente com as pessoas será no máximo um gestor. Você pode fazer apenas o que o manual manda ou pode inspirar outras pessoas, oferecer um senso de propósito e um sonho.

Não consegui mais ouvir, deveria esperar para voltar à sala, ser chamado. Dava um trabalhão ser um garçom curioso, era difícil juntar as partes e entender a história toda, evitando tirar conclusões precipitadas, como eu mesmo já tinha feito por não levar em consideração o fato de que as coisas não acontecem de forma isolada.

Lembrei de um workshop que participei na AOS, quando o senhor Alex disse que os esquimós conseguem ver cem tons de branco. Não consigo nem imaginar a existência de tantos tons da mesma cor, ainda mais o branco que parece não ter tantas variações. Ele disse que nós vemos a vida por meio das experiências que tivemos ao longo de nossa trajetória, o que aprendemos em casa, na escola, no clube, na igreja etc. Assim, cada pessoa tem um jeito diferente de ver a vida.

O problema é quando deduzimos as situações, imaginamos, inferimos e criamos a nossa própria versão da história. Às vezes, agimos sem considerar que, entre a *minha verdade* e a história em si, podem existir muitos outros fatores não considerados – e aí a coisa azeda e fica difícil encontrar a melhor solução.

As decisões que tomamos são baseadas em nossos valores, nossas crenças e expectativas. O senhor Alex dizia que nossas decisões são influenciadas pelo nosso modelo mental. A arrogância está em assumir que *minha inferência* é a verdade.

Nós vemos apenas uma parte do todo, vemos a vida como um recorte e por isso fazemos inferências. Por mais que sejamos experts em nossas áreas, é impossível conhecer tudo.

Aquele presidente sabia disso, ele valorizava uma equipe diversa, por isso contratou a dona Beatriz, dando boas-vindas ao diferente, ao desafio. A equipe estava meio viciada num jeito de operar, os funcionários estavam acomodados – até o furacão Beatriz Camargo chegar e chacoalhar tudo.

Naquele momento, minha irmã Dedé, a caçula, veio à mente. Lembrei-me do dia em que nós íamos assistir televisão e eu tinha comigo um pacote de balas, que ganhei da minha mãe. Um pouco antes de começarmos a assistir ao filme, fui ao banheiro e levei comigo o saco de balas, para evitar que minha irmã as comesse na minha ausência.

Logo depois, começamos a assisti-lo e levantei-me para aumentar o volume. Não existiam televisões com controle remoto naquela época. Bom, quando me sentei novamente ao lado da Dedé, ela estava segurando o pacote de balas. Eram balas de goma, ou melhor, jujubas, balas que exercem um poder especial sobre quem as come, pois você não consegue parar de comê-las. Hum, que delícia!

Olhava para minha irmã, indignado por ela estar comendo as balas do *meu pacote*, sorrindo com a maior carinha de que estava tudo bem, como se o pacote fosse dela, como se estivesse se divertindo com a situação.

Começamos a disputar as balas. Nossa sessão de disputa, entre sorrisos e cara feia, só era interrompida por alguns goles de groselha. Era tanto açúcar que a competição que travávamos ficava a cada instante mais agitada. Aquela situação durou alguns minutos, até que colocamos a mão juntos dentro do saco para pegar a última bala. A Dedé foi mais rápida e pegou a última jujuba. Olhei para ela, queria voar em cima dela, mas, de repente, ela mordeu uma pontinha da bala e colocou o outro pedaço na minha boca. Depois, sem dizer uma só palavra, minha irmã se recostou no sofá e fixou seu olhar na televisão.

Com tanto açúcar, acabei ficando com muita sede. Fui até a cozinha beber um copo d'água e passei no banheiro antes de voltar para o filme. Para a minha surpresa, encontrei meu saco de balas ainda lá. Que vergonha! No fundo, quem estava comendo a bala da Dedé era eu e não o contrário. Eu me irritava e a minha irmã, menor do que eu, estava achando graça na situação.

Fiquei sem saber o que fazer, não sabia se pedia desculpas ou se fingia que nada tinha acontecido.

Voltei à sala com meu saco de balas e resolvi oferecê-las à minha irmã. Comemos tudo sem dizer uma só palavra, e nunca voltamos a falar sobre isso.

Aquela lembrança me veio à mente, depois de tantos anos. Não sei por que, mas só naquele dia, ao ouvir as palavras do presidente, consegui entender por que os esquimós conseguem ver tantos tons de branco e nós, não. Os tons estão em suas memórias, na forma como eles aprenderam a viver e, assim, eles conseguem distinguir todas as variações do branco.

Meu tempo de espera tinha sido ocupado com lembranças e, antes mesmo que pudesse sentir vontade de voltar à sala, eles pediram café e água. Quando abri a porta, com o café, o presidente dizia:

– ...vejo que vocês dois não estão bem... – e foi dando alguns exemplos. – Em várias ocasiões, achei que as diferenças entre vocês poderiam se resolver com o tempo, mas não foi o que aconteceu. Eu deveria ter interferido antes.

"Putz", pensei, saí da sala novamente e voltei bem rápido com as águas.

Quanto mais eu passava os dias servindo a presidência e o senhor Frederico, mais eu percebia que ele tinha um ótimo entendimento do mundo corporativo.

Minha maior surpresa foi mesmo perceber que a relação dele com a dona Beatriz dava sinais de melhoras.

Notava que ela ficava menos agitada na presença dele. Com o passar dos dias, também comecei a prestar atenção em como ele conduzia as reuniões com sua equipe, principalmente em como ele ouvia as novas sugestões.

Era a fase de planejamento do ano fiscal seguinte, quando algumas áreas da empresa ficavam mais agitadas. Várias reuniões aconteciam, até o momento em que os documentos finais ficavam prontos para serem apresentados aos gringos que vinham dos Estados Unidos.

As vozes estavam certas

Como diz o ditado, onde há fumaça, há fogo. Alguns dias depois houve uma reunião no auditório da empresa, na qual foi anunciado que o senhor Frederico Leissman seria o novo presidente.

O senhor Frederico não era um líder que agradava a todos, não era carismático por natureza, mas estava aprendendo a ser melhor, especialmente com sua nova equipe direta.

Fiquei entusiasmado por ter descoberto que ele não era uma cobra, como às vezes suspeitava. Tive certeza de que ele era uma boa pessoa quando fui convidado para participar de um conselho, o conselho de funcionários.

Estava nervoso, tentando entender o que poderia ser aquilo, no convite não havia nenhuma uma pista do que faríamos lá, apenas dizia que a direção da empresa queria ouvir os funcionários, diretos e terceirizados, que ficavam alocados no prédio administrativo.

Não sabia o que eu poderia dizer. Quando terminei meu trabalho, fui ligar para a dona Márcia lá da sala pública, uma sala com vários telefones que os funcionários podiam usar.

Queria saber se ela sabia do tal conselho, se eu podia participar, se ela tinha alguma dica de como eu deveria me portar e como aquilo funcionava. Não queria fazer feio.

A Serviços Difusão tinha crescido, a dona Márcia não falava mais diretamente com os funcionários, tinha um supervisor, o Wilson, que era o nosso chefe direto. Meu nervosismo foi tanto que nem quis falar com ele, queria falar com a dona Márcia, já que ela sempre foi honesta comigo e cumpriu suas palavras, o que me deixou bem mais próximo dela.

Quando ouvi sua voz ao telefone, senti uma pontada, como se alguma coisa não estivesse bem, mas não sabia o que poderia ser. Parecia que ela estava triste, falando mais devagar, sem energia. Não dei muita importância, estava tão ansioso para contar sobre o convite do conselho que não quis perder tempo e fui logo falando das minhas dúvidas.

— Dona Márcia, não sei se a senhora sabe, mas o senhor Frederico convidou algumas pessoas para fazerem parte de um conselho de funcionários e eu fui convidado. Eles querem ouvir minha opinião.

— E qual o problema, Milton?

— Não sei direito... O que eu devo falar? Dar conselho é algo muito sério. Será que eles querem nos ouvir mesmo? Nunca vi isso acontecer, eu nunca participei de uma reunião em nenhuma das empresas que passei. Parece-me estranho.

Dona Márcia mostrou-se tranquila:

– Achei diferente quando recebi o comunicado, eles pediram a minha autorização, uma atitude muito séria e respeitosa. Vá tranquilo e seja você.

Fui caminhando para o ponto de ônibus ainda pensativo sobre o que poderia ser um conselho de funcionários. Dúvidas e mais dúvidas.

Naquela noite, recebi uma ligação que me deixou mais empolgado. Eu tinha comprado recentemente um celular, estava adorando, usava mais para receber ligações, pois custava muito caro ligar do aparelho. Fui influenciado pela empresa em que trabalho. Infelizmente, não pude comprar com desconto porque eu não era funcionário direto, era terceirizado.

Quem me ligou foi o senhor Manoel, estava me convidando para fazer um bico no final de semana, trabalhar de garçom em uma festa grande. A grana era boa, uma boa oportunidade para eu apresentar meus serviços a outros potenciais empregadores, em um buffet grande.

Se pudesse fazer mais bicos como aquele, juntando mais grana, meus dias na pensão estariam contados.

Conselho de funcionários

Estava chegando o dia da reunião do conselho de funcionários. Minha ansiedade era diretamente proporcional, só ia aumentando. Preocupei-me muito durante o período pré-reunião. Não sabia o que iria dizer, nem como iria me comportar, ou mesmo se iria de uniforme ou não. Não teria amigos participando, o que me parecia ser o maior problema. Além disso, seria o único garçom e minha primeira vez em uma reunião, como um "cliente".

Fiquei tentando me lembrar do que a dona Márcia tinha me dito ao telefone e em outros momentos de dúvida – mas o que exatamente ela tinha me dito? Na hora, estava nervoso demais para assimilar o que ela falara ou mesmo para explorar mais suas palavras. Como poderia ficar tranquilo quando estava prestes a participar de uma reunião com um monte de gente mais importante do que eu? Era uma baixa autoestima danada, mas o Diritto me salvou, lembrando-me que alguns funcionários terceirizados deveriam participar e, independente desse fato, boas coisas poderiam vir daquela reunião. Mas que não era comum um cliente querer ouvir um garçom, não era.

Foi difícil esperar, não conseguia me concentrar em mais nada.

Até que, finalmente, o dia chegou. Entrei na sala, que era bastante familiar, mas, mesmo assim, fiquei me sentindo um peixe fora d'água. Foi muito estranho não ter que servir as pessoas que chegavam para a reunião, muito estranho mesmo. Fui um dos primeiros a chegar, não queria pagar mico.

De repente, entrou pela porta o Dagoberto, o "encantador de serpentes". Era inacreditável! Congelei quando nossos olhares se cruzaram. Não conseguia mover um músculo do meu corpo.

A tensão tinha se instalado por completo.

O Dagoberto foi sentar do lado oposto ao meu, mas num ângulo em que conseguíamos nos ver. Que sensação horrível – e eu teria que lidar com aquilo. "O que ele estava fazendo ali? A mesma coisa que eu? Como pode?" Ele devia ter mudado de emprego e, por incrível que pareça, tinha vindo parar ali, na mesma empresa em que eu trabalhava.

Quando o senhor Frederico e a dona Beatriz Camargo chegaram, minha boca secou de vez. Eles demonstravam cumplicidade.

Eu, que até poucos minutos atrás estava à disposição para servir aquela dupla, me vi em uma situação invertida, e ainda por cima teria que lidar com a presença indesejada e incômoda do Dagoberto. De certa forma, ele ainda me incomodava e sentia que minha energia era sugada quando me deparava com ele. Sentia-me fraco e com medo quando estava perto dele, também como poderia ser diferente? Relembrei em segundos de todas as emoções ruins que senti em nosso último encontro, quando ele me ameaçou com o poder do seu cargo.

A mesa estava arrumada em formato de "U", vinte funcionários foram convidados, mais duas pessoas que não conhecia, somando vinte e quatro com o presidente Frederico e a diretora de marketing e recursos humanos, Beatriz Camargo.

Quem diria, aquela dupla se apresentando em parceria, quem diria...

O senhor Frederico começou com um "boa-tarde" bem simpático, não muito natural, sua voz estava ligeiramente trêmula. Parece que ele evitava situações assim, conversas diretas com as pessoas. Enfim, ele agradeceu a presença de todos e foi logo explicando porque estávamos todos ali:

– Este conselho é um desafio para a direção da empresa, mas, ao mesmo tempo, sentimos que estamos dando um passo importante. Nosso antigo presidente nos ensinou, todos os dias em que esteve conosco, a importância dos nossos empregados.

"Aí, junto com os diretores, ficamos pensando numa forma, num caminho para tornarmos nossa empresa o melhor local de trabalho deste país. Ficamos pensando no que poderíamos fazer para que vocês sentissem o valor que damos a toda a equipe. Em uma de nossas reuniões, a Beatriz trouxe uma sugestão, a de criar um conselho de funcionários. Juntar nossos próprios funcionários e aqueles que prestam serviço à empresa, que ficam alocados neste setor administrativo, para pensarmos em melhorias em nosso ambiente de trabalho, nosso dia a dia."

Mesmo com aquele início tranquilo, promovido pelo senhor Frederico e a dona Beatriz, ainda me sentia um pouco apreensivo com o conselho e muito incomodado com a presença do Dagoberto. O senhor Frederico continuou:

— Nosso desejo é incentivar a participação de vocês na construção da melhor empresa do país para se trabalhar.

Ao ouvir as palavras de abertura da reunião, palavras que, em sua maioria, foram lidas quando projetadas na parede, percebi o quanto o senhor Frederico estava se propondo a aprender para ser um líder melhor. Ele era funcionário de carreira, cresceu com a empresa e o seu compromisso com o novo cargo tinha relação com sua paixão pela empresa, por toda a dedicação ao longo dos anos. Ele queria ver a coisa dar certo.

Logo em seguida, foi a vez da dona Beatriz falar. Ela começou, com seu brilho natural e uma energia estimulante.

— Estamos muito felizes com o início do conselho de funcionários e esperamos que vocês também se sintam felizes em participar deste desafio. A diretoria acredita que, se todos tivermos o mesmo objetivo, nós conseguiremos. Esperamos poder contar com a postura proativa de cada um de vocês, para encontrarmos soluções para os problemas que impactam o bem-estar das pessoas e a produtividade de cada um.

"Queremos que cada funcionário seja responsável pela evolução da empresa. Desejamos criar uma cultura feita por protagonistas a partir daqui, na qual ideias e críticas sejam acolhidas pela direção da empresa, sempre tratando, desenvolvendo e implantando o que for viável – e também oferecendo *feedback* quando a ideia não for possível de se realizar por algum motivo.

"Para iniciarmos nosso trabalho, nós convidamos dois profissionais para nos apoiar nesta empreitada, profissionais com experiência em comportamento e desenvolvimento de cultura organizacional. Eles vão nos orientar com conhecimento e métodos, mas a maior oportunidade de sermos bem-sucedidos é pelo envolvimento de todos, com disposição para aprender e exercer empatia. Nós estaremos representando os sete mil funcionários da empresa."

Ela explicou a forma de funcionamento. A proposta era a de nos encontrarmos mensalmente nos primeiros seis meses. Depois, os encontros passariam a ser bimestrais, com duas horas de duração. Após um ano, outro grupo, com outras pessoas, seria formado. Ela emendou, falando:

– Este é um projeto de longo prazo.

Quando a dona Beatriz falava, eu me acalmava. Ela tinha o poder da palavra, como um feitiço muito poderoso e paralisante, ao menos era isso que acontecia comigo e acho que com outras pessoas também. Ela sempre conseguia a adesão dos membros de sua equipe, que era reconhecida pelo alto-astral no dia a dia.

Quando os dois convidados começaram a falar, fiquei apreensivo novamente, sabia que o Dagoberto estava ali, evitava olhar para o lado em que ele estava sentado, com medo de encará-lo. A dupla de consultores se apresentou, chamavam-se Eduardo e Heloísa, mas nos orientaram a chamá-los de Duda e Helô.

Foi inebriante a sensação que comecei a sentir. Quase não acreditava que eu estava participando daquela reunião, tudo parecia ser perfeito, exceto pela presença incômoda do "encantador de serpentes". Conforme os consultores falavam, eu me acalmava e pouco a pouco o nervosismo dava espaço a uma emoção incrível, que me fazia esquecer por instantes da serpente que estava ali. Como pode? Será que havia outros com o perfil dele? Como poderia lidar com aquilo? Deveria contar para alguém ou não sobre o caráter duvidoso do Dagoberto?

Em todas as empresas que trabalhei, sempre quis poder falar das coisas que via e ouvia, sempre desejei essa oportunidade. E naquele momento, a oportunidade finalmente acontecia.

Estava sendo convidado formalmente a participar e seria realmente ouvido. A abertura do senhor Frederico e da dona Beatriz trouxe aquela certeza para mim, especialmente porque conheço os dois nos bastidores, vi a dona Beatriz sofrer, defender pessoas, agir de acordo com o seu caráter. O mesmo eu digo do senhor Frederico, aprendi a admirá-lo, conhecendo seu lado humano que ele mesmo sempre fez questão de esconder. Tudo naquela reunião tinha sido preparado com cuidado. Via que eles conseguiram o que pretendiam, todos estavam animados com aquele momento.

O Duda e a Helô começaram a explicar como uma cultura é formada, foi uma minipalestra. Eu nunca tinha pensado sobre cultura daquela forma, na verdade eu nunca tinha pensado sobre cultura, não tinha investido nem um só minuto para pensar sobre aquilo, mas entendo que, na realidade, estou o tempo todo envolvido na cultura ou nas culturas em que participei. Fica claro que a cultura da empresa nos envolve, o jeitão que fazemos as coisas, como por exemplo em que investimos ou gastamos o dinheiro, nosso tempo, nessas horas vemos o que é valorizado, qual é a nossa cultura.

Pensei no senhor Alex, na cultura da AOS e o quanto ele valorizava a música, a arte, como forma de inspirar a criatividade de todos. E no senhor Antônio, no dia do auditório, quando ele decidiu manter a boa disposição de todos na empresa, mesmo quando alguém pisou na bola e enviou informação confidencial ao concorrente. Naquele dia, ele mostrou valorizar a transparência e a confiança. Foi uma decisão difícil, mas ele provou suas crenças, sua cultura.

Uau! Entendi a diferença entre discurso e prática. Claro, as atitudes de alguns líderes que servi começavam a fazer sentido.

O próprio senhor Frederico teve que mostrar humildade, investir na relação dele com a dona Beatriz, tudo para poder ser um bom presidente. O fato de eles terem aberto o conselho de funcionários juntos mostra que é possível resgatar algumas relações, basta uma das partes querer. Quando o senhor Frederico mudou a forma como ele se relacionava com a dona Beatriz, ela começou a mudar também. É mais fácil querer ver o outro mudar, ninguém quer mudar a si próprio.

Ao encerrar, a dona Beatriz mostrou a agenda dos próximos encontros, para que todos pudessem organizar seus calendários. Ela também deu um livro de presente a todos.

Quando a reunião terminou, saí bem rápido para não ter a infelicidade de falar ou mesmo sentir o bafo do Dagoberto. Já tinha sentido emoção demais para um dia e ainda me sentia meio como um peixe fora d'água. Não me sentia em condições emocionais de ficar ali aproveitando o coquetel que era servido. Durante meus primeiros passos em direção ao elevador, um fato desviou minha atenção. Um garçom veio me servir, imagine que engraçado. Até então não tinha me dado conta daquilo. Meu nervosismo era tão grande que mal consegui prestar atenção nas outras pessoas além do Dagoberto, do presidente, da dona Beatriz e dos consultores.

Que cegueira! Eu conheço o Nélson, ele também era funcionário da Serviços Difusão e, no instante em que ele me serviu um suco, um estalo despertou minha atenção. Estava em posição invertida! Aceitei o suco por educação, não podia fazer desfeita com um garçom, o que deu tempo suficiente para a serpente do Dagoberto se rastejar rapidamente em minha direção. Conforme ele ia se aproximando, o suor começava a brotar do meu rosto, minhas mãos foram ficando geladas, tudo o que eu queria era saltar pela janela. De repente, o Dagoberto começou a falar comigo:

— Ora, ora, quem está por aqui. Mundinho pequeno esse.

— É, o mundo é uma ervilha! Como uma cidadezinha do interior onde todos se conhecem. — Nem sei de onde vieram aquelas palavras... Mas me mantive firme.

— Diga-me, Milton, você esqueceu seu uniforme de garçom? O que você fez para participar? Tá puxando o saco de quem?

— Olhe, Dagoberto, acho que você está me confundindo...

Fui salvo pela dona Beatriz, que veio em nossa direção. Ela veio me cumprimentar e disse que eu não precisava ficar tímido — ela estava sem dúvida vendo meu nervosismo, talvez até minha palidez.

Agradeci e pedi licença, pois tinha um compromisso, saí sem olhar para o Dagoberto. Sorte que o elevador chegou e não tive tempo de dizer mais nada.

A ficha caiu

Saí correndo, queria sair dali, andar pela rua, respirar, recuperar meu eixo. Tinha vivido muita coisa naquele dia.

Queria esmurrar a imagem do Dagoberto. Como todo ser humano, senti coisas ruins, experimentei desejos maldosos durante minha viagem de volta para casa. Também pensei que precisava dar um tratamento adequado aos pensamentos maldosos que estava tendo. Eles não poderiam roubar a sensação boa de estar participando do conselho de funcionários.

Fui para casa tão envolvido com o duelo dos meus pensamentos, tentando acalmar a Sinistra, que me esqueci do livro que tinha ganho. Só fui me lembrar dele depois que cheguei no meu quarto.

Estirei meu corpo na cama e comecei a folhear o livro, em busca de algo que me ajudasse a entender tudo o que eu tinha sentido naquela tarde. A raiva, o nervosismo, a empolgação e as fichas que estavam começando a cair. Aos poucos fui me desprendo das fichas ruins, até da rejeição, comecei a substituí-las por fichas de aplausos. Lembrei-me das palavras da dona Márcia dizendo que o truque era se manter focado no trabalho e nas mensagens que chegavam até mim. Tem muita gente disposta a nos desencorajar, nos rejeitar, mas também existem outras pessoas dispostas a fazer exatamente o contrário.

Senti um impulso tremendo de guardar as fichas ruins, pois várias pessoas já disseram algo legal sobre meu trabalho e sobre mim, o que levantou meu astral. Ouvi novamente a voz da dona Márcia e me toquei que, quando tinha ligado para contar sobre o conselho de funcionários, a voz dela estava triste. Percebi que estava preocupado demais com meus sentimentos, que não fui capaz de prestar atenção na dona Márcia.

Já era tarde para ligar no escritório, mas prometi a mim mesmo que ligaria na segunda-feira.

Outro pensamento me distraiu e daquela vez foi a figura do Nélson, o garçom que veio me servir suco. Até então um garçom nunca tinha me servido na empresa. Que maluco. Dei-me conta de que o Nélson estava sério, faltou um sorriso no rosto no momento em que ele me serviu.

Precisava tratar de me acalmar. Talvez a melhor forma fosse escrevendo o que tinha acontecido naquele dia. Escrever ajuda a manter minha mente focada em algo produtivo. Aos poucos, a minha ansiedade diminuiu e decidi tomar uma ducha.

No dia seguinte, iria fazer um bico no buffet que o seu Manoel me indicou. Precisava me apresentar às 18 horas e aí deveria trabalhar até tarde, chegando na pensão quase de manhã.

Seria a primeira vez em que iria trabalhar em um buffet legal, grande, desses que só servem festas e eventos de primeira. Os outros bicos que tinha feito eram em festas menores. Mesmo assim, tinham me ajudando a guardar um bom dinheiro. Ainda não tinha um destino para o dinheiro, mas queria juntar o máximo que pudesse. Já estava quase abandonando o plano de me mudar da pensão. Lembrei-me do meu trabalho de conclusão de curso, especialmente da empresa que inventei e estruturei para a minha dissertação, um buffet.

Depois da festa

A festa foi muito chique, a mais chique que já vi, coisa de filme. As cenas vinham à minha mente como se eu ainda estivesse lá.

Antes da festa começar, a gerente do buffet falou com todos os funcionários que iriam trabalhar naquela noite, foi severa quanto às regras, explicou quem deveria servir o que, nos separou em grupos, o da comida e o das bebidas. A cara de todos da turma de funcionários estava séria, mais parecia que participaríamos de um duelo e não de uma festa. Fui designado para o grupo que serviria as bebidas, fiquei tão animado que nem dei muita importância para a forma rígida com que ela dissertava, como um papagaio, sem parar. Quando ela, enfim, resolveu parar de falar, nos separamos e cada um de nós se dirigiu para um canto. Meu grupo foi para o jardim recepcionar os convidados.

Enfim a festa começou. A banda anunciou o início da grande festa.

Os homens estavam vestidos da forma como eu me visto todos os dias para trabalhar, de smoking, só que com algumas diferenças. Os sapatos brilhavam muito de tão novos, pareciam custar muito dinheiro. Na cintura, eles usavam uma larga faixa brilhante, acho que era cetim. As mulheres usavam lindos vestidos, todas cheirosas, com perfumes que se misturavam com o aroma das flores do jardim. A festa era ao ar livre e a lua cheia iluminava a cena, como se fosse um foco de luz para a pista de dança. Os casais se divertiam e deslizavam ao dançar ao som da orquestra.

O som do violino muitas vezes se destacava em meio aos instrumentos, com muitos solos. Os outros instrumentos ofereciam a harmonia que completava a música.

Outra coisa que me fascinou foi a forma com que os garçons trabalhavam, diferente do que eu imaginava ser o melhor a fazer. Eles faziam seu trabalho sem empolgação, não havia brilho nos olhos ou entusiasmo. A situação ficou evidente quando uma senhora pediu um copo de leite para tomar um remédio e o garçom que a estava servindo debochou do pedido ao conversar comigo na cozinha, momentos depois.

Nem me lembro o nome do figura, mas não esqueci o que ele disse:
– Imagina só, se a tiazinha precisa de um leitinho, ela não devia vir para festa, devia era ir para cama – e riu.

Claro que não é uma coisa comum pedir um copo de leite em uma festa de gala, mas várias situações que não prevemos acontecem em eventos como aquele e na vida. Aliás, fazer algo além do esperado é o que diferencia uma pessoa da outra, uma empresa da outra. Daí todo o empenho da dona Márcia em criar uma empresa diferenciada. Vejo o quanto fazer algo direito dá trabalho, aliás, dá um trabalhão. Tem muita gente que não quer nada com nada. Será que o desempenho das pessoas tem relação com o chefe? Com a forma áspera com que a gerente falou antes da festa começar, ela não conseguiria nada especial, nenhum esforço adicional dos garçons. As pessoas escutaram sem comentar nada ou fazer perguntas, mesmo quando a moça perguntou se alguém tinha alguma dúvida. Acho que ninguém falou nada para se ver livre dela o mais rápido possível.

O dia clareava. Meu corpo e minha mente estavam exaustos, os últimos dias tinham sido de muita adrenalina. Estava me sentindo atordoado, arrasado de tanto cansaço. Num último suspiro de pensamento, lembrei-me que tinha coisas importantes a resolver, ligar para saber da dona Márcia e também pensar em uma forma de me livrar dos sentimentos ruins que o Dagoberto despertava em mim. Tinha certeza de que iríamos nos cruzar mais vezes pelos corredores.

Outra segunda-feira

Acordei com as missões da semana bem claras na minha cabeça: ligar para a dona Márcia, agradecer o senhor Manoel pela indicação no buffet e encontrar uma forma de fugir do Dagoberto.

Segui meu caminho, peguei o ônibus, o metrô, cheguei na empresa para me trocar e descobri que fui roubado! Meu celular foi-se, não acreditava! Era a primeira vez que aquilo acontecia comigo, bem com meu celular novo.

Liguei para a Serviços Difusão, mas a dona Márcia não estava e não iria trabalhar a semana toda. Estranho, a Aline disse que ela não estava de férias, mas também não disse onde ela estava e eu achei chato ficar perguntando. Queria falar com ela, contar do conselho de funcionários e, por fim, emendar uma pergunta sobre como ela estava. Mas não deu.

A segunda-feira tinha mal começado e já estava difícil. Não consegui falar com a dona Márcia, não consegui falar com o senhor Manoel e a única pessoa mesmo que não queria falar e nem ver era o Dagoberto. Tanto lugar para o cara trabalhar e ele parou bem ali.

Os critérios para convidar as pessoas para o conselho de funcionários foram diversos, eles queriam três funcionários com mais de cinco anos de empresa, três com mais de quinze anos de empresa, dois com menos de um ano de empresa, um com menos de três meses de empresa – aí que o Dagoberto entrou na história –, um fornecedor que ficava no prédio administrativo – aí que eu entrava – e dois funcionários da fábrica, independente do tempo de empresa. O objetivo era ouvir pessoas com experiências e necessidades diferentes.

Logo após o almoço, no mesmo horário, começou a reunião de diretoria. Enquanto eu servia o café e o leite, o senhor Frederico começou a bater papo com os diretores, riram um pouco e ele pediu para a dona Beatriz contar como tinha sido o lançamento do conselho de funcionários.

Mais tarde, quando voltei, eles conversavam sobre o resultado financeiro da empresa, o dia da reunião com os norte-americanos estava chegando. Eles vinham para o Brasil a cada quatro meses discutir os negócios.

Além de querer construir a melhor empresa para se trabalhar, o senhor Frederico também tinha outras metas, bastante conhecidas. Aliás, logo depois que ele se tornou presidente, informações sobre as metas e missão da empresa foram colocadas em todos os lugares.

A empresa já tinha uma missão, mas ela sofreu uma alteração importante, nela também foi incluído o funcionário, com a mesma importância do cliente e do acionista.

Gostaria de ter podido trabalhar melhor naquele dia, mas não consegui. Minha pilha foi enfraquecendo rápido e se esgotou de vez quando dei de cara com o Dagoberto no elevador. O que já estava ruim ficou azedo de vez, que cara azarado que eu sou.

O elevador estava cheio e mesmo ele não falando comigo, fiquei com mais raiva daquela segunda-feira acinzentada.

Descobertas

Depois da reunião com os americanos, os resultados do período foram divulgados. O que me chamou atenção foi que o senhor Frederico agradeceu a todos os funcionários pelos bons resultados. Ele também foi visitar uma fábrica e conversar com todos de lá. Aquela era uma das diferenças entre o senhor Frederico e o ex-presidente. Ele ia até os funcionários – antes os funcionários que iam ao presidente.

Histórias como aquela corriam os corredores da empresa como pavios acesos, a "rádio peão" funcionava mesmo. O que era bom era falado e o que era ruim, também. Se um dia eu fosse um líder, manteria as mentes das pessoas bem ocupadas, eu as estimularia a pensar em projetos, alimentar e realizar sonhos, deixando a criatividade aparecer. Se necessário, daria um empurrãozinho, criaria espaços dedicados ou, quem sabe, tornaria o próprio lugar de trabalho um espaço que estimulasse a criatividade. Valorizaria grupos de trabalho, grupos de diálogo, como um grupo de estudos no ambiente da empresa, para que todos pudessem interagir.

Um ditado chinês diz que quando duas pessoas se encontram e trocam uma mercadoria, cada uma leva para casa uma mercadoria, mas quando duas pessoas se encontram e trocam ideias, cada uma leva para casa duas ideias. Para mim, cada uma poderia levar para casa também uma terceira ideia, a mistura, algo melhorado.

Incrível perceber que todos os líderes que juntam o negócio com as pessoas têm um resultado melhor.

O presidente anterior era bom, mas o senhor Frederico tinha se mostrado excelente com a atitude de envolver os funcionários.

Ele estava colocando na prática a sua visão sobre como engajar as pessoas. Ninguém conhecia bem esse lado dele, sua grande capacidade de ouvir críticas e fazer perguntas para tentar entender o ponto de vista do outro.

Ao mesmo tempo que tomava contato com essas descobertas, lembrava-me que também existem pessoas como o Dagoberto. Como aprenderia a lidar com aquele tipo de gente, que extirpa o que temos de bom e deixa apenas o gosto amargo do ruim e do indesejável? Se eu recebesse agora um poder divino, acho que eu conseguiria...

– Não!

Ouvi um grito de desespero, de lucidez. Diritta veio à consciência.

Diritta: – Você quer um milagre, Milton? Você é esse milagre! O poder é seu! Você nasceu com ele!

Naquela hora, Sinistra não aguentou, ela não consegue ficar em silêncio quando Diritta se manifesta...

Sinistra: – Cuidado para não se iludir, você vai acabar se estrepando.

"Chega!"

Comecei a perceber que outros como o Dagoberto deveriam existir. O que eu precisaria fazer é aprender a lidar com aquele tipo de gente, para não me enfraquecer.

Quantos encantadores de serpentes devem existir? Creio que muitos. Também existem aquelas pessoas que se fazem de boazinhas, com carinhas de anjo. Pessoas que não confiam em ninguém por serem completamente inseguras, tão inseguras que ferem os outros. No fundo, elas estão ferindo a si próprias, mas se iludem na sensação de controle. Pessoas assim só conseguem exercer poder sobre os mais fracos, os sem opinião, pessoas que não são capazes de deixar uma marca positiva.

No fundo, era eu quem deixava o Dagoberto me fazer mal por não saber lidar, por não saber dar uma resposta diferente, por estar com medo.

Eu tinha – e tenho – o poder de fazer diferente. Eureca! Que sensação de liberdade aquela descoberta.

Sei que o senhor Frederico também sentiu medo em várias situações, mesmo ele não declarando, assim como a dona Beatriz. Hoje também sei que ambos poderiam ter vivido em paz se tivessem conversado mais, tentando entender as razões do outro. Acho que ambos aprenderam a fazer diferente e respeitar um ao outro.

O maior esforço foi o do senhor Frederico, mas a dona Beatriz tinha seu mérito. Eles deram uma chance a mais e saíram ganhando.

Não podia perder mais tempo. A vida passa rápido, o relógio é cruel.

"Vamos lá, Milton, hora de tentar dormir, em poucas horas o dia vai chegar e junto com ele o trabalho", pensei.

O último pensamento que girou em torno de minha mente perturbada e excitada com tantas descobertas foi a dona Márcia. Estava com um peso enorme, chegava a sentir um leve aperto no peito. Enquanto não conseguisse falar com ela, não me acalmaria por completo.

Finalmente, antes de dormir, peguei meu bloco de anotações e anotei: "Visitar o senhor Pereira".

O tempo voa

Aquela semana passou sem grandes novidades, mas certa ansiedade começou a chegar. Em poucos dias, teríamos uma nova reunião do conselho de funcionários. Em seguida, teria uma reunião na Serviços Difusão: a dona Márcia tinha retornado à empresa e chamou os funcionários para isso. Quem sabe teria a oportunidade de falar a sós com ela. Só de vê-la, eu saberia se ela estava bem, poderia parar com a cisma que sentia. Ainda achava que algo estava errado e carregava um peso por não ter dado a ela a atenção que deveria, afinal eu estava preocupado demais comigo mesmo.

Estava determinado a mudar minha forma de lidar com o Dagoberto, sei que iria encontrá-lo no conselho de funcionários.

Diferente da primeira vez, cheguei no horário marcado para não dar chance ao azar, cruzar com o Dagoberto e ter que falar com ele. Estava criando coragem para aprender a lidar com pessoas como ele, mas não queria ficar me expondo, ainda tinha que treinar, praticar mesmo.

Na hora marcada, pontualmente às 9 horas, começou a reunião do conselho. Dessa vez, não tive nenhum receio de olhar para o Dagoberto, me saí bem nos primeiros minutos. A abertura foi do senhor Frederico, do seu jeito:

– Números se integram facilmente, já as pessoas, não. Por isso alinhamento e execução sofrem tanto. Nós precisamos melhorar nossa execução, nos tornarmos excelentes, não melhor ou pior que a concorrência, mas nos distinguir.

"Temos ótimos planos, podemos contratar consultorias com *know-how*, mas a execução depende das nossas pessoas. Os planos não são toda a realidade, estamos sempre no tempo zero. Como aprendemos? Falando sobre o que aconteceu e o que está para acontecer."

Fiquei meio inquieto, com uma vontade grande de perguntar o que ele queria dizer com "tempo zero". Resolvi me conter e esperar para ver se conseguiria mais informações para sanar minha dúvida. O senhor Frederico continuou, mencionando que time, equipe é construção, as pessoas precisam digerir juntas as experiências vividas. Então, ele passou a palavra para o Duda:

– Vocês estão aqui para ajudar a melhorar a empresa. Independente desta oportunidade, queremos criar uma cultura de protagonistas, na qual não exista muito espaço para pensamentos do tipo: "Vou esperar a organização me dar a oportunidade para que eu floresça."

"Se você resolveu correr o risco de estar aqui, você – e olhou nos olhos de cada um de nós – pode fazer o melhor possível para influenciar mudanças e participar delas. Talvez muitos façam isso naturalmente, mas que tal tentar de forma consciente?"

Foi uma fala firme, mas com muito respeito. Me fez ficar intrigado. Fazer as coisas de forma consciente me parece ser uma possibilidade interessante e, ao mesmo tempo, difícil de se executar. O que era preciso fazer para estar consciente?

– Nosso trabalho aqui é de equipe, nossa agenda é a seguinte: vinte minutos para abertura do senhor Frederico ou algum membro da diretoria, depois a Helô e eu iniciamos as atividades com vocês.

O Duda mencionou mais algumas palavras e logo a Helô emendou com uma dica de exercício para praticarmos todos os dias, antes de dormirmos, para aumentar a consciência. Que é assim:

- O que você fez que não deveria ter feito?

- O que você disse que não deveria ter dito?

- O que você pensou que não deveria ter pensado?

E depois o contrário:

- O que você não fez que deveria ter feito?

- O que você não disse que deveria ter dito?

- O que você não pensou que deveria ter pensado?

Aí era a vez do conselho falar. Fiquei novamente com a boca seca. Naquele momento, o senhor Frederico e a dona Beatriz saíram da sala, para o grupo ficar mais à vontade e também porque a agenda deles é cheia de compromissos. Mesmo assim, eles tinham vindo até nós, tinham feito a abertura, dado o recado. Aquele conselho era importante mesmo, o que me dava coragem de participar, oferecer minha ajuda. Mas será que tinha mesmo com o que contribuir?

Lembrei-me do professor Edson e da minha própria carta.

Quando me dei conta, já estava falando e dando sugestões, criativas ou não, comecei a confiar em minhas ideias e participei com entusiasmo das discussões. Com a habilidade dos consultores em conduzir o grupo, dando oportunidade para que todos falassem, as diferenças intelectuais, de cargo, ou de qualquer outro tipo, foram sumindo e eu passei a me sentir parte daquilo.

Ao encontro da dona Márcia

No caminho para o compromisso com a dona Márcia, eu só pensava na reunião do conselho. Foi incrível ter contribuído, estava realmente animado em participar da construção de uma empresa melhor, admirada pelos que estão fora e querida por todos os que estão dentro. Eu me sentia parte de lá, mesmo sendo funcionário da Serviços Difusão.

Ao chegar na Difusão, encontrei vários colegas que não via havia um tempão. Com os funcionários trabalhando cada um em um local, a gente acabava passando um tempão sem se encontrar.

Ao chegar na sala, a mesma que é utilizada para os treinamentos, eu sentei bem na frente, queria estar perto da dona Márcia para tirar minha cisma. Ao sentar, senti um novo aperto no peito.

De repente, entro em estado de choque. Minha garganta trava, um nó, me esforço para controlar o que estou sentindo. Não! Não! Não posso acreditar nisto!

O JEITO DE SER DO SR. FREDERICO

TUDO MUDA O TEMPO TODO!

MUDANÇAS ⇌ MUDANÇAS

OUSADIA ⇒ DETERMINAÇÃO ⇒ OBJETIVO = RESULTADO

HUMILDE = TERRA FÉRTIL

ESFORÇADO = FAZER A ⊕

EXISTEM VERDADES QUE NÃO SÃO DITAS

CAPÍTULO 8

O JEITO DE INSPIRAR DA MARIA CLARA

Choque

Não acreditava no que meus olhos estavam vendo, a dona Márcia entrou na sala com um lenço na cabeça, desses que se usam quando é preciso raspar a cabeça por causa de uma doença, no caso, o maldito câncer!

Aquela imagem me deixou atordoado, zonzo, senti medo novamente. Medo de ter que viver novamente a dor da perda.

Era tudo tão recente, o tempo passara, na verdade já fazia alguns anos, mas ainda parecia ser ontem o dia que minha mãe faleceu daquela forma tão repentina. Pouco tempo tive para aproveitá-la depois que saí de casa, afinal, já faz dezessete anos que moro em São Paulo.

Estava fazendo um grande esforço para afastar da minha mente aqueles pensamentos. Olhava para a dona Márcia e a via tão frágil, magra, abatida. Tentei desviar meu olhar, mas eles se fixaram nela e ficaram estatelados, arregalados. Por mais que tentasse disfarçar meu estado de choque, sabia que ela iria perceber.

De repente nossos olhares se cruzaram, seu olhar era firme, o corpo estava frágil, mas via força e brilho em seus olhos, que transmitiam muita coragem.

Quando ela começou a falar, tive certeza de que ela ainda tinha muita força, muito diferente de como encontrei minha mãe no hospital, o que me deu uma certa esperança. Comecei a me acalmar. Da mesma forma calorosa e com a energia de sempre, ela começou a falar e logo foi nos contando o que estava acontecendo.

Que coragem a dela. Por que será que a dona de uma empresa chama todos os funcionários para falar de sua doença?

Ela estava com câncer de mama, tinha descoberto havia pouco tempo e já teve que se submeter a uma cirurgia, tirar uma das mamas e fazer a tal da quimioterapia, por isso já estava sem cabelo. Ela disse, com certa descontração, que resolveu raspar de uma vez e assumir o inevitável. A partir daquele momento, ela iria comprar várias perucas coloridas, experimentando cabelos de cores e cortes diferentes.

Fiquei até imaginando que ela logo iria aparecer com uma peruca vermelha, de acordo com seu estilo irreverente.

Aquela mulher tinha muita personalidade, uma força que é difícil de se encontrar por aí. Mais uma vez, a vida colocava para ela um grande desafio, testando sua força e coragem.

Mesmo assim, ela ainda conseguia ser engraçada, uma guerreira mesmo.

Ela nos contou que, quando foi ao médico receber o diagnóstico, estava com sua filha, minha doce doutora Alice. Ao saber sobre a doença, o médico lhe disse que ela teria apenas uns seis meses de vida e por isso não valeria a pena fazer cirurgia e tirar a mama com câncer. Naquele momento, ela olhou bem para o médico e disse:

– Doutor, olhe bem para mim, olhe para as rugas em meu rosto, a marca que carrego por ter perdido meu marido e meu filho de uma só vez, paixões da minha vida, em um acidente de carro. E, mesmo assim, consegui achar um sentido para a vida. O senhor acha que, depois de ter sobrevivido a tudo isso, sou o tipo de mulher que vai morrer em seis meses?

Ela então olhou para a Alice e pediu que ela parasse de chorar, já que não seria tão rápido assim que a filha iria se ver livre da mãe. Também disse que iria embora procurar outro médico, um médico que estivesse disposto a tratá-la como necessário, para que ela pudesse ainda viver muito tempo.

Aquilo tinha sido cinco meses atrás. Ela fez a cirurgia, passou pela primeira rodada de quimioterapia e estava ali nos contando.

Disse que nós merecíamos a verdade, as pessoas sempre merecem a verdade.

– Vejam, estou bem viva, ainda que meio debilitada. Terei de fazer acompanhamento médico, pois o tipo de câncer que tenho não é muito comum, é mais resistente. Quero dizer a vocês, meus funcionários, que não vou desistir de viver e agradeço por estarem aqui. Muitos estão comigo desde o início, me ajudaram a construir uma boa empresa, o que não irá mudar. Preciso que vocês continuem dedicados ao trabalho, pois é o que me dará força. Esta empresa é muito importante para a minha vida. O trabalho me alimenta.

"Ainda há tempo, há de existir tempo. Gosto de uma frase que ouvi outro dia: 'Quem mata o tempo não é um assassino, mas sim um suicida. Mata a si mesmo'. A doença não irá me matar tão rápido, como o primeiro médico falou. Vocês ainda terão que me aguentar." Disse, sorrindo.

Assim, ela encerrou a reunião. Deu a notícia antes que as pessoas começassem a falar, antes que a fofoca geral se instalasse e, junto com ela, as especulações que tiram a cabeça das pessoas do trabalho, fazendo com que percam tempo tentando adivinhar o futuro da empresa.

Saí de lá um pouco mais tranquilo, mas ainda preocupado com a dona Márcia. Fui embora pensativo, sem vontade de conversar, tentando entender por que a vida nos prega esse tipo de peça. Por mais que tentasse encontrar uma resposta, ficava mais confuso. Por outro lado, aquela era mais uma lição de vida. Lembrei-me do poeta americano Ralph Waldo Emerson, que disse uma vez: "Faça aquilo que teme e a morte do medo é certa".

Tinha medo que algo acontecesse e a Serviços Difusão acabasse mudando o rumo das coisas, medo de sentir a dor da perda novamente.

A vida continua

Naquele meio tempo, o buffet em que tinha trabalhado me chamou novamente para um evento que ocorreria em dois meses. Fiquei satisfeito em saber que tinha sido escolhido, afinal, tinha experiência corporativa. O evento seria um treinamento para executivos, que aconteceria em uma cozinha, pois eles iriam fazer chocolate. Fiquei super animado, nunca tinha visto como se faz chocolate.

Aquele evento iria me distrair, andava meio triste e preocupado com a dona Márcia. A empresa em que eu estava não ia muito bem, ouvira dizer que estava passando por uma crise, mas que não era no Brasil, era fora do país, rescaldo da tal crise de 2008 nos Estados Unidos em função da bolha imobiliária que estourou. Com isso, os acionistas queriam mais dinheiro do Brasil, mais resultado, mais crescimento e o senhor Frederico andava trabalhando muitas horas do dia e da noite para conseguir atender à pressão, para vender suas ideias ao chefe americano.

Eu tentava entender melhor algumas das decisões do senhor Frederico, suas atitudes frente a tanta pressão. Até aquele momento, não o tinha visto tratar ninguém com desrespeito, mesmo quando teve uma discussão grande com o diretor comercial sobre a logística da empresa. O senhor Frederico propôs uma mudança radical na distribuição, bem como a expansão das lojas, também desenvolvendo o projeto de uma megaloja num grande ponto de circulação da cidade.

O que pude entender dessas reuniões foi o seguinte: o senhor Frederico discutindo, dialogando, pedindo sugestões para os membros de sua equipe; a dona Beatriz animada com as possibilidades de uma reviravolta no marketing; e o senhor Ricardo, diretor financeiro, muito azedo. Ele saía das reuniões reclamando pelos cotovelos, espalhando toxina para sua equipe. Ele sentia-se pressionado, tentava defender seu ponto de vista sem tentar entender o ponto de vista dos outros.

Já percebia um pouco melhor essas coisas. Quantas vezes eu via uma história somente pelo meu ângulo, criando uma versão distorcida, meio míope. Se não tivesse corrigido minha visão distorcida, teria me dado muito mal.

O clima estava quente nas reuniões. O senhor Frederico e sua equipe passavam muito tempo discutindo as possibilidades.

Um dia, alguns gerentes da equipe comercial foram chamados para apresentar o plano que tinha sido discutido nas reuniões.

Para a minha surpresa, um dos gerentes era o Dagoberto.

Assim que a apresentação acabou, o senhor Frederico parecia muito irritado, especialmente com o senhor Ricardo.

O senhor Frederico disse que o que ele acabara de assistir não tinha nada a ver com o que eles tinham discutido nas reuniões.

O senhor Ricardo tinha simplesmente ignorado suas diretrizes.

Quando questionou o Dagoberto, ele respondeu meio sem graça:

– Nós fizemos o que o senhor Ricardo nos orientou a fazer, o que apresentamos está alinhado ao briefing que passamos ao escritório do projeto.

Aí a chapa esquentou de vez.

Com muita educação, o senhor Frederico pediu para os gerentes saírem da sala, agradeceu a todos pelo trabalho e ficou na sala com dona Beatriz.

Vi o senhor Ricardo sair bufando. Voltei para recolher as xícaras e os copos. Pelo que eu ouvi da conversa, parecia que o senhor Ricardo tinha passado dos limites, não por ousadia, por ter tido uma ideia melhor, mas por ter desrespeitado totalmente o acordo que tinham. Ele simplesmente ignorou todas as conversas com o senhor Frederico.

Fiquei pensando "o cara devia ter uma carta na manga ou era abusado mesmo, como ele podia ter ignorado seu chefe, no caso, o presidente?"

Entendi depois, falando com outros colegas da empresa, que o senhor Ricardo não gostava do senhor Frederico, ele queria ser o presidente, até pelo fato de ele se achar responsável por "trazer dinheiro para empresa". O senhor Ricardo achava que sua função era mais importante, mas não foi assim que o conselho da empresa pensou.

Depois que o senhor Frederico foi nomeado, o senhor Ricardo achou que ele não iria durar muito tempo no cargo, já que ele não tinha o "brilho e a influência necessária" para lidar com os altos executivos nos Estados Unidos. Ele também se achava intocável por ter um bom relacionamento com alguns executivos no exterior.

Ele estava enganado, todavia, tanto no que diz respeito a seus próprios relacionamentos no exterior, quanto sobre o senhor Frederico, que vinha demonstrando muita influência para com seus superiores e equipe. O senhor Frederico não é um homem de palco, de dar show, como muitos, mas ele sabe muito bem valorizar as pessoas, sabe dar espaço ao talento alheio.

Aquele fato ficou claro durante as aberturas da primeira e da segunda reunião do conselho de funcionários. Ele deu espaço para a dona Beatriz usar seu talento em comunicação. É como se a mão esquerda do senhor Frederico –

que é destro – tivesse a mesma habilidade de escrever. No caso, claro, a "mão" que ele utilizava era a da dona Beatriz, com todo o talento que ela tinha em suas áreas de atuação. Assim ele ficou mais forte, com se tivesse duas mãos hábeis, duas mãos direitas.

A forma como o Dagoberto respondeu ao presidente com a verdade também me chamou a atenção. Ele estava correndo um risco danado de arrumar confusão com seu chefe. Vai ver que ele também tinha uma Diritta que falava com ele. Passei algum tempo pensando nisso, tentando entender o episódio.

Talvez ninguém fosse totalmente mau.

O senhor Ricardo foi embora da empresa cerca de um mês depois daquela reunião.

Chocolate

A temperatura estava caindo, o outono chegara, o que era propício para o evento em que iria trabalhar, onde as pessoas aprenderiam a fazer chocolate. Não entendia bem como aquilo funcionaria, mas estava animado, achei que ia ser no mínimo diferente, seriam dois sábados por mês, totalizando três meses.

Cheguei antes do horário marcado no primeiro dia, não gostava de chegar atrasado, sei que é muito ruim ficar esperando.

Fui recebido por uma garota de uns 30 anos que me deixou um tanto desajeitado, sem concentração. Não consegui prestar muita atenção no que ela dizia, só consegui mesmo me concentrar no que via, uma bela mulher.

Logo outra imagem familiar me fez acordar para a realidade. O mundo era realmente uma ervilha! Para a minha surpresa, a dona Maria Clara, que trabalhava no call center, estava ali. Ela também lembrou-se de mim e me recebeu muito bem.

Perguntei o que ela estava fazendo ali, e tive outra surpresa:

– Mudei de trabalho, seu Milton. Saí do call center e hoje trabalho aqui, na Chocolates Lille.

Que interessante, ela parecia gostar do que fazia no call center, lembrei do dia que presenciei a sua promoção. O que será que tinha acontecido?

Em poucos segundos, a dona Maria Clara e a Fernanda, a moça que me recebeu, começaram a explicar como seria o treinamento naquele dia. Prestei mais atenção na Fernanda do que nas instruções, achei que ela tinha me olhado um pouco diferente, mas o dia seria cheio de trabalho, então resolvi afastar aqueles pensamentos e me concentrar nas tarefas, até porque eram muito diferentes de tudo o que eu já tinha visto.

A dona Maria Clara cumprimentou todos os participantes do workshop com muita alegria, do seu jeito, satisfeita e orgulhosa de receber aquela nova turma que iria aprender a fazer chocolate.

"Fazer bombons e estimular a criatividade." Foi assim que ela começou explicando o que iríamos aprender naquele dia.

A dona Maria Clara explicou como utilizar os equipamentos da cozinha, falou sobre a higiene, temperatura do ambiente e apresentou a Fernanda – sua assistente.

Nas primeiras horas, todos aprenderam a fazer bombons de chocolate ao leite, um sabor tradicional para aprender o processo. Depois, os participantes se dividiram em pequenos grupos para preparar recheios de acordo com as receitas que receberam. A diferença é que cada grupo deveria adicionar um toque especial ao sabor dos bombons, utilizando os ingredientes disponíveis. Deveriam inventar, combinar os ingredientes, executando o processo da forma que achassem mais interessante.

O objetivo não estava relacionado somente a produzir um delicioso bombom, mas também em apreciar o processo. Dona Maria Clara continuou explicando o que pretendia:

– Este curso foi preparado para vocês praticarem o tempo todo. Nós iremos interagir, trabalhar e conversar. Esperamos que cada um aqui presente se sinta mais confiante, capaz de resolver problemas que ainda estão por vir. Cuidar do processo é tão importante quanto cuidar do resultado.

Todos foram convidados a colocar a mão na massa, ou melhor, a mão no cacau.

Foi interessante. Já tinha participado de vários workshops e treinamentos, servindo pessoas, mas aquele era bem diferente.

O dia passou rápido, nem me dei conta da velocidade com que o relógio andou. Percebi que as pessoas terminaram o dia de forma leve. Todos se divertiram, até com o que dava errado.

Presenciei a dona Maria Clara preparar chocolate com tanta paixão, que dava vontade de fazer também. Em alguns momentos, parecia que ela estava em êxtase, sua feição era puro prazer. As pessoas perceberam o entusiasmo dela e foram ficando envolvidas com o cheiro do chocolate.

No final do dia, todos tiveram oportunidade de expressar seus sentimentos. Enquanto ajudava a organizar a cozinha, ouvia as palavras finais dos participantes, que davam suas opiniões sobre o que haviam feito e o que poderia ser melhorado nas próximas aulas.

Depois que o grupo saiu, ofereci um café para a dona Maria Clara, que estava sentada contemplando a misturadora de chocolate como se estivesse olhando para uma obra de arte, ou melhor, como se estivesse muito satisfeita com o que aquela máquina foi capaz de produzir naquele dia.

Ela continuava a mesma mulher que havia conhecido anos antes. Entendi que ela era a dona da empresa e fazia o que realmente gostava.

Pouco antes de eu sair, procurei pela Fernanda, mas não a encontrei. Fui embora animado com tudo o que presenciei, morrendo de vontade de voltar lá.

A exaustão me pegou e dormi cedo naquele dia, uma noite de sábado. Não tive vontade de sair, somente de descansar.

Sonho

Acordei no dia seguinte cantando, o dia anterior tinha sido muito legal, comi bombons sensacionais e conheci uma pessoa que me despertou atenção, desejo mesmo.

Queria vê-la novamente, aquela mulher mexeu comigo. Estava cantarolando a "Balada do louco":

Dizem que sou louco por pensar assim/ se sou muito louco por eu ser feliz/ mais louco é quem me diz / e não é feliz.../ Eu juro que é melhor/ não ser o normal,/ se eu posso pensar que Deus sou eu./ Se eles têm três carros eu posso voar...

Só não tinha nenhuma ideia de como me aproximar da Fernanda.

Passei o domingo entretido com a lembrança daquela garota.

Também foi muito legal encontrar a dona Maria Clara, quem diria, hoje dona de uma fábrica de chocolate. Ela era uma profissional dedicada, lembrei do dia em que ela chorou porque queria resolver um problema do cliente. Agora ela tinha seus próprios clientes.

No final da tarde, resolvi ir até a livraria e comprar um livro novo, estava precisando me distrair. Não via a hora do próximo dia de curso chegar, para poder ver a Fernanda novamente.

Acho que ela também me olhou de forma diferente, precisava ter certeza, mas tinha que esperar quinze dias, que droga.

– Esquece ela, cara – gritou a Sinistra comigo.

Por alguns instantes, quase aceitei aquilo, mas lembrei-me novamente da história da autoconfiança.

Enchi o peito de coragem e resolvi não pensar na Fernanda, ao menos até o dia do curso, afinal, qualquer coisa que pensasse não seria executável mesmo. Iria esperar para encontrá-la novamente para ver como a situação poderia rolar.

Duas semanas se passaram, até que chegou a sexta-feira anterior ao dia do treinamento. Minha ansiedade só aumentara. Mal conseguia prestar atenção em qualquer outra coisa, a não ser no momento em que iria encontrar a Fernanda novamente.

O moleque que habitava dentro de mim ficou todo serelepe.

Acordei no sábado com um gosto de entusiasmo, misturado com uma palpitação danada.

Para meu espanto, quando cheguei na Chocolates Lille, não foi a Fernanda que me recebeu, como da primeira vez. Entrei procurando por um sinal dela, do cheiro, da voz e nada encontrei. A dona Maria Clara veio conversar comigo, explicou o trabalho do dia alegremente, com o mesmo entusiasmo da primeira vez, com a mesma paixão. Logo os alunos iriam chegar. Uma leve tristeza invadiu meu ser. Por que será que a Fernanda não estava lá? Será que ela estava apenas atrasada?

Mil razões para ela não estar ali passaram pela minha cabeça, tudo dedução minha, já que não podia perguntar por ela, ao menos eu achava que não devia fazê-lo.

O treinamento começou, fui para o meu posto e comecei a ajudar na preparação do chocolate. Meu esforço para disfarçar a decepção era enorme, não poderia transferir para o trabalho a tristeza que começava a bater em mim. Quinze dias de ansiedade, de espera, e nada. A mulher que tanto eu queria ver não estava lá.

Mal conseguia ouvir voz da dona Maria Clara, era como se meus ouvidos estivessem cheios d'água, o som era abafado e distante. Vinte ou trinta minutos depois de iniciado o treinamento, para minha surpresa, encontrei um significado para minha presença ali. Pude analisar o que eu ouvia e, para meu espanto, uma resposta apareceu depois que ouvi a história de como e por que a Chocolates Lille foi montada.

Uma das participantes gostaria de saber mais sobre a história da empresa, já que a Chocolates Lille era sempre mencionada como um exemplo de excelência, uma referência de qualidade e sustentabilidade. A dona Maria Clara ficou do tamanho do seu sonho!

Ela disse que aquilo tudo era o resultado de quinze anos de estudos e trabalho. O projeto da fábrica de chocolate foi seu trabalho de conclusão de pós-graduação no curso de marketing. Durante aquele período, ela estudou e pesquisou tudo sobre chocolate. Em uma viagem, por exemplo, comprar o chocolate local era algo obrigatório para todos os membros da sua família, bem como amigos próximos.

Uma dificuldade durante a montagem da empresa foi seu trabalho como executiva, mais a vida com a família (ela tinha um casal de filhos). Porém, ela nunca pensou em desistir, mesmo achando que seria difícil montar uma fábrica de chocolate.

Ela precisou de muita paciência, esperou os filhos crescerem, estudou, fez vários cursos sobre chocolate, um deles na cidade de Lille, que fica na França, quase na divisa com a Bélgica, o que inspirou o nome da empresa. Fez também dois cursos de pós-graduação em marketing. Sua formação era em engenharia elétrica, mas sabia que o marketing seria importante para lançar uma marca de chocolate, um mercado altamente competitivo.

Como ela disse:

— Essa história de marketing demorou para entrar na minha cabeça, daí resolvi insistir.

"Que persistência", pensei.

Ela teve de pagar muitos "pedágios", suportar os momentos iniciais. Enfim, foi difícil. Passou por várias tentações, tais como aceitar produtos sem nota em troca de descontos, o que ela não topava. Continuou:

— Uma vez, estava negociando um transporte, nosso negócio estava crescendo e iríamos mudar de endereço. A transportadora, então, perguntou: "Com nota ou sem nota?", "Com nota, claro", respondi. E o preço foi maior.

Fiquei muito entusiasmado com a trajetória da Chocolates Lille, me esforçava para controlar a empolgação. Até me esqueci da tristeza de não ter encontrado a Fernanda.

Tinha conhecido a dona Maria Clara em 1991, quanto tempo havia passado! E ela estava mais bonita ainda, sua alegria e satisfação iluminavam seu rosto, como se ela tivesse uma luz que a acompanhava.

Percebi que tudo ali tinha o toque dela, tudo era reciclável, feito de forma ética e respeitosa. E também estética, pois a fábrica era bonita, com muito vidro. Do escritório dela, que ficava no andar de cima, ela conseguia acompanhar o processo de produção. As embalagens dos produtos eram coisa fina e deviam ter custado caro, mas valiam o preço. Disse ainda:

– Aprendi com o presidente de uma empresa em que trabalhei que nós somos do tamanho de nossos sonhos. Eu acreditei nele e segui o meu sonho. Enfim, obrigada pela oportunidade de compartilhar com vocês parte da história da Lille, parte da minha história.

Naquele momento, seus olhos se encheram de lágrimas, ela se emocionou muito. A mulherada que estava fazendo o curso, também.

Ao ouvir aquela história, lembro que fiquei com vontade de sair e andar pela rua para pensar na vida. O que será que a vida queria de mim?

Não podia acreditar que, durantes todos esses anos, vivi tantas novidades, aprendi muito e hoje reencontro a dona Maria Clara, que conheci no meu primeiro emprego em São Paulo, em um curso que oferecia uma lição de vida, a de seguir atrás de seus sonhos.

Tive oportunidades encantadoras, comecei a perceber que é possível, sim, fazer algo a mais, seguir os sonhos e realizá-los. Um pensamento quase tímido, que surgiu pela primeira vez. Reviravam em minha mente palavras que descreviam tudo o que sonhei e os pesadelos que ainda precisava controlar, meus medos noturnos e a timidez que, vez por outra, ainda tomava conta de mim, especialmente quando precisava falar dos meus sentimentos, angústias, dúvidas ou mesmo negociar algo.

Olhava longamente para o chocolate derretendo, as formas dispostas na mesa, as mulheres falando. Senti uma súbita vontade de ir lá, colocar o dedo no chocolate e lamber o pote, igual criança. Exatamente o que eu não podia fazer naquele momento. Mas que dava vontade, dava.

Paixão

Acordei de meus devaneios pela entrada da Fernanda na sala.

Fiquei em choque, paralisado, sem fôlego, meu coração acelerou, não sentia meus pés. Tinha a certeza de que precisava encontrar uma forma de chegar perto dela, precisava dela como preciso de ar para respirar.

No final do dia, depois que todas as alunas foram embora, ficaram somente uns dois ou três funcionários. A dona Maria Clara subiu para o escritório, fiquei organizando as coisas e a Fernanda também. Nossos olhares se cruzaram e meu coração acelerou, precisava tomar alguma atitude, não poderia conviver com a angústia de ficar mais quinze dias me remoendo em devaneios, esperando o próximo sábado de treinamento.

Resolvi me arriscar, juntar coragem e pedir o telefone dela, na maior cara de pau.

Deu certo.

Fui embora sem acreditar no que eu tinha feito.

Nunca tinha me sentido assim por mulher alguma, aquilo deveria ser o que meu pai chamava de paixão. Só de pensar que conseguira o telefone dela, fiquei agitado demais para dormir. Também me lembrei das palavras da dona Maria Clara.

Peguei meu projeto de TCC, olhei bem para ele e pensei: "Por que não?" Meu sonho estava ali, bem na minha frente.

De repente, tinha duas possibilidades diante de mim.

Passei a manhã toda daquele domingo vendo a hora passar lentamente, não queria ligar tão cedo para a Fernanda para não a espantar.

Resolvi ligar perto das 11h30. Ela atendeu no terceiro toque, ufa. Foi rápido, a convidei para ir ao cinema e ela aceitou.

Desliguei o telefone e num lampejo fui tomar uma ducha, decidi comer algo na rua e caminhar para ver se o tempo passava mais rápido. Não pensava em mais nada, somente no momento de encontrar minha musa.

Caminhei pela Avenida Paulista, parei no MASP para ver a feirinha de artesanato que acontece todos os domingos, depois atravessei a avenida para comer um sanduíche, batata frita e refrigerante. A comida embolou na minha barriga, só desceu com dois copos de refrigerante. Ao longo do caminho, sentei-me para tomar um café. Ainda tinha tempo, o filme só ia começar às 16 horas.

Resolvi entrar numa livraria e folhear os livros. Fiquei entretido com o que lia, resolvi comprar um. Depois, quando chegou a hora de ir, caminhei cheio de nervosismo, coisa que não senti nem na primeira vez que estive com uma garota, mesmo quando adolescente.

Cheguei uns minutos antes do horário marcado, comprei ingressos para o filme e tíquetes para a pipoca e o refrigerante. Momentos depois, avistei a Fernanda, ela caminhava como se estivesse flutuando, linda, cabelos negros e compridos, não me lembro de mais nenhum detalhe, somente da imagem e da silhueta de seu corpo bem desenhado.

Quando nossos olhares se cruzaram em meio à multidão, foi como se o tempo tivesse congelado e todas as pessoas tivessem sido apagadas da cena. Senti-me um menino novamente.

Mal prestei atenção ao filme, mesmo tendo tanta vontade de assisti-lo. Quando ele acabou, fomos a um bar ali perto e nos sentamos. Fizemos o pedido e resolvi ir ao banheiro, mas antes, me enchi de coragem e disse:

– Preciso ir ao banheiro, mas antes vou lhe dar um beijo.

Nem sei de onde aquilo saiu, mas o fato é que saiu, e a melhor parte era executar. Foi um beijo excitante, cheio de desejo.

Foi assim que começamos nosso namoro.

A espera pelos próximos treinamentos foi diferente e mais tranquila. Entre um treinamento e outro, eu tinha a Fernanda.

Nós decidimos esperar um mês para contar para a dona Maria Clara. Quando finalmente dissemos, ela vibrou conosco.

Aquilo me aproximou ainda mais dela, tanto pelas histórias que escutava da Fernanda, que admirava muito a chefe, quanto pela minha própria relação com ela. Uma mulher simples, de fácil diálogo, muito próxima de seus funcionários.

A empresa crescera, já contava com duas sócias, cada uma responsável por uma área. A dona Maria Clara era a sócia maior, a criadora e idealizadora da empresa.

Quando o treinamento acabou, fiquei com a melhor recompensa, um amor para viver. Vez por outra, ia buscar a Fernanda no trabalho aos sábados e encontrava a dona Maria Clara. Ela me tratava como sempre me tratou, com respeito.

Hoje ela é uma empresária que deu certo justamente por fazer aquilo que acredita.

A Fernanda me contou que a primeira funcionária da empresa era empregada na casa da dona Maria Clara, ela não entendia nada de chocolate, mas aprendeu com a patroa. Agarrou a oportunidade de aprender com unhas e dentes e, um ano e meio depois, comprou seu primeiro carro.

A Fernanda também contou que a dona Maria Clara colocou na empresa todas as suas economias, cuidando pessoalmente de cada detalhe, desde a escolha das embalagens até a escolha dos fornecedores de matéria-prima. Tudo e todos deveriam estar alinhados aos seus princípios éticos. Ela tinha isso como princípio, não só pelo marketing, mas por acreditar que o papel de uma empresa na sociedade vai muito além do lucro. Ela não aceitava comprar cacau, por exemplo, de fazendeiros que empregam crianças. Sua paixão pelo chocolate também fez com que ela vencesse o cansaço e todas as adversidades de se começar uma empresa em um país com tantos impostos.

Ela sempre compartilhou todas as dificuldades e alegrias com seus funcionários, o que também explica a admiração que a Fernanda sentia. A dona Maria Clara era fonte de inspiração, pois ela partilhou tudo, absolutamente tudo com seu time.

A empresa crescera e já era reconhecida até internacionalmente. Aconteceu que um funcionário de uma empresa americana sofreu um acidente e acabou num hospital no Brasil.

Seu chefe, nos Estados Unidos, resolveu comprar um presente on-line para o funcionário, que estava sozinho em um país desconhecido. O chefe acabou encontrando o site da Lille, que era o nome da cidade francesa onde ele havia nascido.

O funcionário gostou tanto dos chocolates que pediu mais – e a própria Maria Clara foi entregar. Como falava inglês, ela conversou bastante com ele, já que entendia o fato de ele estar em um hospital sozinho, longe de casa.

Ao voltar para os Estados Unidos, o funcionário ligou para a dona Maria Clara e discutiu a distribuição dos Chocolates Lille por lá, já que ele trabalhava para uma rede de varejo. Foi assim que a empresa se tornou internacional, tudo sem abrir mão dos princípios e valores de sua fundação.

Eu já gostava da dona Maria Clara. Depois de conhecer sua história, passei a admirá-la, exatamente como a Fernanda.

Time

Enquanto isso, o trabalho na empresa continuava na mesma. Mas o conselho de funcionários havia terminado para mim e para o meu grupo.

Comecei a entender o jeito de ser do senhor Frederico. Durante sua gestão, a empresa cresceu cinco vezes em faturamento e passou a ser muito importante para a matriz nos Estados Unidos. Ele colocou o Brasil no mapa de negócios. A companhia tornou-se admirada e querida pelos funcionários.

As pessoas queriam trabalhar lá porque se identificavam com a forma que a empresa tomava decisões.

Uma das principais características do senhor Frederico era a de ele ser sempre aberto a ouvir as pessoas. Além do mais, cercou-se de gente competente, com habilidades diferentes das suas. Imagino que ele pagou um preço alto, mas no fim tornou-se um presidente muito admirado. A dona Beatriz era como sua mão esquerda – e o diretor financeiro, a sua direita.

Mesmo para uma cabeça metódica como a dele, tinha paciência para discutir assuntos difíceis e intangíveis. Um dia, por exemplo, presenciei uma discussão sobre o perfil ideal do funcionário para a sucessão dos diretores. Todos os diretores participavam e um deles disse que as características necessárias eram óbvias. O senhor Frederico levantou e disse:

– O que é óbvio para uns não é para outros. As palavras e os conceitos têm significado. Querem ver um exemplo? Vou dizer uma palavra e cada um diz a primeira coisa que vem à cabeça, O.k.? Vamos lá.

– A palavra é vaca.

Cada membro da equipe foi dizendo uma palavra:

– Carne.

– Leite.

– Manchas brancas.

– Pasto.

– Animal sagrado.

O senhor Frederico disse por fim:

– Não é interessante? Para cada pessoa a palavra tem um significado diferente. Há uma relação com as experiências anteriores, crenças, valores de cada um. No caso do Champak, por exemplo, vaca é um animal sagrado pois ele é descendente de indianos, certo Champak?

– Certo.

E a dona Beatriz emendou:

– Por isso é importante definir os comportamentos e as competências prioritárias, bem o que cada uma delas significa para o grupo, para a empresa.

Assim era o senhor Frederico. Com o conselho de funcionários, ele capturava as melhores ideias de quem vivia a empresa.

Incansável, sempre foi um dos mais esforçados. Dedicou todas as horas possíveis para aperfeiçoar suas competências, entender o engajamento, a cultura organizacional e os negócios da empresa.

Apostou muito em sua equipe. Trocou quem não aderia ao que ele acreditava, mesmo quando a pessoa tinha alta competência técnica. Formou pessoas e nunca parou de fazê-lo. Estava sempre disposto a ajudá-las a exercitar suas virtudes e competências pessoais, muitas vezes ainda ocultas para elas próprias.

Ele também ajudou sua equipe a resgatar e reforçar a autoconfiança. Da mesma forma que ele investia seu tempo na equipe, ele exigia resultados à altura.

O senhor Frederico Leissman não nasceu um homem extraordinário, nem tinha uma inteligência excepcional.

Também não era daquelas pessoas nascidas em berço de ouro, como quem tem oportunidades imensas na vida, acesso às melhores escolas. Ele veio de uma família de sobreviventes, era esforçado e dedicado, além de ambicioso.

Sua trajetória talvez explicasse o jeito aparentemente duro, a imagem que eu mesmo formulei a respeito dele quando ainda trabalhava servindo a dona Beatriz. Na verdade, ele é apenas exigente, sabe bem o que quer e não mede esforços para conseguir o que deseja. Abriu mão de horas com a família, mas, ao mesmo tempo, fez tudo o que podia por ela.

Sempre muito generoso, partilhou resultados e lucros na empresa e na vida pessoal. Dizia que, para empregar as melhores pessoas, era preciso pagar bons salários.

Com todo este jeito particular de ser, conquistou um grupo de funcionários bastante leal, que o apoiou em sua carreira. Em contrapartida, ajudou sua equipe a voar bem alto, pois sua atenção estava nas pessoas. Enquanto alguns viam somente a ostra, ele conseguia ver a pérola que existia dentro de cada um.

Cada pessoa tem um talento a ser explorado, o ambiente e o impulso certos podem fazer toda a diferença.

A grande chance

O tempo passava muito rápido, não sei se é pela idade que muda a forma de vermos as novidades ou se é porque estava totalmente envolvido com minha vida pessoal. Olhava a minha volta, para o meu quarto de pensão e tudo o que tinha acontecido em minha vida.

Mudei muito desde o dia que fui parar em um hospital após o acidente, mas uma coisa se mantinha: a busca, o encontro, a admiração pela vida, o amor, a reação honesta ao que é material, o entusiasmo com o que vem do espírito e da alma, o sonho de fazer a diferença na vida das pessoas, poder proporcionar algo melhor a quem deseja viver melhor e continuar aprendendo.

Estava namorando a mulher da minha vida, tinha certeza de que queria passar o resto dos meus dias com ela. A gente se completava – e ainda se completa, somos parceiros, amantes, amigos, cúmplices.

Um dia, meu telefone tocou e era a dona Maria Clara. Marcamos uma reunião na fábrica no sábado seguinte, às 10 horas.

Perguntei para a Nanda se ela sabia do que se tratava, mas ela não sabia. Imaginava ser outro treinamento que ela queria realizar, e iria me contratar novamente. Os bicos vinham me ajudando muito. Quando olhava minha poupança no banco, tinha a certeza de ter feito as escolhas certas. Minha poupança engordava e já podia, com muita tranquilidade, comprar um apartamento bom o suficiente para começar minha vida com a Nanda.

Quando cheguei à reunião, fiquei surpreso e, de certa forma, espantado com o que ela estava me propondo. O fluxo de sangue aumentou em meu corpo, tropecei na insegurança, tão cegamente quanto uma criança que está aprendendo a andar e ainda tem medo de cair.

Meus sentidos tomaram conta de mim e eu paralisei. Minha boca secou e não conseguia mais falar. Por instantes, emudeci.

— Pense, Milton, eu tenho certeza de que você pode fazer o que estou propondo. Acompanhei seu trabalho nos dias de treinamento, conheço você já há alguns anos. Antes de o contratar, a pessoa com quem falei me disse que iria indicar o melhor ajudante, o garçom mais experiente. Ainda por cima, você namora a Fernanda, uma funcionária com quem eu converso bastante. Acabei conhecendo mais você por meio dela.

Meus olhos se mexiam de um lado para o outro, meus pensamentos rodopiavam e eu não conseguia encontrar uma resposta. Ouvia atentamente a tudo e apenas consegui dizer:

— Posso pensar? Preciso pensar um pouco e organizar tudo o que a senhora está me dizendo.

— Sim, pode pensar, mas precisa me dar uma resposta em uma semana, tudo bem?

— Em uma semana eu ligo para a senhora e dou minha resposta, de qualquer forma, muito obrigado, obrigado mesmo.

Nossa conversa durou cerca de trinta minutos, até porque eu mais ouvi do que falei. Levantei e saí da sala dela. Sentei na padaria que ficava em frente à fábrica e pedi um café bem forte.

Como a Nanda estava trabalhando, esperei ela encerrar seu expediente para poder conversar e compartilhar a proposta que acabara de receber. Fiquei ali, esperando por ela e pensando: "Como é que eu podia aceitar? Por onde começar?"

Quando a Nanda finalmente terminou o trabalho naquele sábado, comecei logo a contar a proposta que a dona Maria Clara tinha me feito.

— O marido da dona Maria Clara irá fazer 50 anos e ela quer fazer uma festa para ele.

— Tá, conta, e aí?

— Bom, ela quer que eu cuide de todo o buffet.

— Que máximo!

— Você acha?

— Claro! E você respondeu que faria, certo?

— Não, eu pedi para pensar. Não tenho nenhuma experiência em montar um serviço de buffet, sempre servi, nunca contratarei ninguém para o trabalho.

— Miltinho, até entendo o que você está sentindo, mas essa é uma ótima oportunidade e eu acredito que você pode, sim! — A minha namorada se empolgou com a possibilidade. Eu perguntei:

— Você acha que eu posso dar conta? Essa certeza é baseada em quê?

— Primeiro, na pessoa determinada que você é. — Nossa, ela viu determinação em mim e eu nem tinha me dado conta.

— Depois, se a Maria Clara fez essa proposta, tenho certeza que ela sabe o que está fazendo. Aceite, eu ajudo você! Você me contou que seu trabalho de conclusão de curso da faculdade era sobre montar um buffet. Agora a chance está aí.

Ao vê-la tão animada, disponível para me ajudar, comecei a ver algo positivo naquela proposta.

— Por favor, aceite, Miltinho.

Emendei:

— Agradeço sua disposição em me ajudar, mas ainda preciso pensar em como fazer tudo. Jamais aceitarei o trabalho se existe alguma possibilidade de algo dar errado. Tem muita coisa envolvida, vou pensar por mais um ou dois dias e voltamos a falar sobre isso, tá?

Passamos o resto daquele sábado sem tocar no assunto.

Saímos à noite, nos divertimos, mas eu estava distante. Queria pensar no que a dona Maria Clara tinha me dito e na vibração da Nanda. Será que elas estavam vendo algo que eu não conseguia ver?

Cheguei na pensão completamente sem sono. Lembrei-me das palavras da dona Márcia no primeiro treinamento que fiz na Serviços Difusão, quando ela nos disse que o nome que carregamos na frente é nosso e ele não muda. Precisamos zelar pela pessoa que somos. Como o mundo é uma ervilha, de frente, de lado ou de trás, precisamos ser a mesma pessoa.

Vinha tentando praticar tudo que aprendia, cultivando os valores em que acreditava.

Minha responsabilidade era enorme, imagina só, cuidar de todo serviço de buffet do aniversário de 50 anos do marido da dona Maria Clara, que era a chefe da minha namorada. Não podia errar.

Em momentos críticos como aquele, Diritta e Sinistra despertavam e me atormentavam ainda mais o pensamento.

Uma batalha exaustiva estava sendo travada dento de mim, não sabia o que fazer nem por onde começar. Não, eu não podia dar conta daquele desafio, ele era maior que eu.

Finalmente, quando decidi dormir, ouvi o barulho do celular com uma mensagem. Era a Nanda, dizendo:

– Estou do seu lado, sei que você pode. Adoro você. Beijo na boca, Nanda.

Fiquei sem saber o que dizer em resposta, comecei teclando algumas letras e apaguei. Decidi dizer apenas: "Obrigado. Durma e sonhe comigo. Milton."

Apaguei a luz, deitei-me e me senti agitado. A exaustão do dia recheado de tantas emoções derrotou meu corpo após alguns instantes e caí num sono pesado. No meio da noite, acordei e logo me veio à cabeça uma imagem que me deixou animado: sou eu conversando com as ajudantes da cozinha sobre como gelar a bebida.

Subitamente, tive certeza de que podia. Peguei no sono novamente.

Logo cedo, no dia seguinte, a Nanda me ligou louca para saber se eu tinha decidido, ela parecia mais empolgada do que eu.

Quando disse que iria aceitar o desafio, ela deu um grito de euforia e combinamos de almoçar para comemorar.

A primeira experiência

Não relaxei desde o dia em que aceitei a proposta. Fiz listas e listas para não esquecer de nada, de nenhum detalhe. O que ajudou é que a dona Maria Clara escolheu um cardápio bem simples e ainda tínhamos um bom tempo antes da festa. Tempo suficiente para eu pesquisar os fornecedores.

O senhor Manoel me ajudou bastante com a organização e a Nanda me auxiliou a administrar os fornecedores. Contratei três ajudantes de cozinha, um cozinheiro e sete garçons.

A maioria desse pessoal eu não conhecia. Marquei duas reuniões, a primeira para uma semana antes da festa, e a segunda para duas horas antes. Nos buffets em que havia trabalhado, geralmente só havia uma conversa rápida antes do evento. Percebi que aquilo podia ser um risco.

Estava muito nervoso para curtir tudo o que estava acontecendo, repassei várias vezes minhas listas. De dia, de noite e de madrugada. Nos três meses que se passaram, eu só pensava na festa.

Finalmente, o dia tinha chegado. Respirei fundo, coloquei meu uniforme e chamei o pessoal para repassar todo o trabalho.

Quando todos chegaram, fizemos um círculo e eu tive certeza de que aquele era o meu lugar. Senti-me bem falando com as pessoas, tendo a oportunidade de usar o que havia aprendido.

Passei tanto tempo observando... Naquele momento podia praticar, o que era bem diferente.

Respirei fundo, olhei para cada pessoa, orientei sobre os lugares, repassei horários e agradeci a todos por estarem ali.

Disse o quanto era importante para mim que tudo desse certo, que tudo precisava ser excelente. Falei com todo o entusiasmo que estava dentro do meu coração e gostei da sensação que experimentei. Uma sensação difícil de explicar, prazer com alegria, excitação e paz, medo e certeza.

Após minha orientação, entramos em cena. Cada um assumiu seu lugar e eu fui procurar a dona Maria Clara no imenso salão de festas, que era iluminado por enormes velas. A noite era um baile de máscaras, como aqueles que vemos nos filmes. As roupas eram antigas, talvez da década de vinte na Inglaterra ou em Veneza.

Quando a avistei, ela me deu um sorriso largo, expressando o quanto estava feliz por viver aquele momento. Seu marido se aproximou a seguir e fomos apresentados. Ele me cumprimentou educadamente e nós três conversamos rapidamente sobre alguns detalhes. Os convidados começaram a chegar. A música ao fundo era de Vivaldi.

Mal senti a noite passar. Quando o último convidado foi embora, me dei conta de que não tinha nem percebido quando a dona Maria Clara havia saído da festa, acompanhada de seu marido. Segunda-feira iria procurá-la.

Tudo havia corrido bem. Sentia um orgulho danado de mim.

Resolvi me sentar e curtir a sensação boa que me dominava, cheguei a me emocionar. Algumas vezes duvidei que isto daria certo.

Como será que é um buffet nota dez?

Gostaria de saber a opinião da dona Maria Clara sobre o meu trabalho, sobre a comida, o atendimento e o quão satisfeita ela ficou com o serviço. Depois de dispensar todos os funcionários, queria me encontrar com minha namorada, acordá-la para comemorarmos. Sentia-me vivo e queria dividir aquilo com ela.

No caminho para a casa da Nanda, fui pensando na loucura que foi montar tudo para aquela noite. Quantas coisas eu poderia ter feito errado por puro amadorismo. Se não fosse pela ajuda dela, não sei se teria conseguido.

Ao chegar, entrei em silêncio. Nanda dividia o apartamento com mais duas amigas e ela havia me dado a chave, pois sabia que eu iria chegar muito tarde, ou quem sabe, muito cedo.

Quando abri a porta do seu quarto, ela dormia profundamente, mas seu semblante era suave, os lábios rosados e molhados, um convite. Decidi ficar apreciando seus suspiros e sentindo seu cheiro. Naquele instante, ela entreabriu seus olhos e disse:

– Miltinho, que bom que você está aqui. Me conta, como foi?

Olhei para ela e tive a certeza de que queria repetir aquela cena muitas vezes, queria dormir e acordar ao lado dela todos os dias da minha vida. Fiquei hipnotizado, para mim o mundo poderia parar ali, naquelas sensações boas. Saí do transe em que me encontrava e disse:

– Deu tudo certo, estou feliz em estar aqui. Durma mais um pouco, amanhã conversamos.

Adormeci ao seu lado, de roupa, em cima do edredom.

O domingo foi de moleza total, me sentia como se estivesse de ressaca, mas sem o enjoo e o mal-estar. Assim passei o dia no apartamento da Fernanda.

Surpresas

Era segunda-feira. Na primeira oportunidade que tive, liguei para a dona Maria Clara. Para meu espanto, ela me pediu para ir ao escritório dela no sábado, pois queria acertas as contas e aproveitar para conversar comigo. Disse ainda:

– A festa foi ótima. Até sábado, seu Milton.

Os dias passaram lentamente, minha ansiedade era grande – e ficou ainda maior quando recebi um telefonema da Serviços Difusão, me convocando para uma reunião com a dona Márcia no sábado pela manhã. "Ufa, ainda bem que era logo cedo e poderia ir ver a dona Maria Clara depois". Seria corrido, mas achei que daria tudo certo.

Enfim, o sábado chegou. Levantei bem cedo, mesmo cansado, rescaldo das noites de ansiedade mal dormidas. "Vamos lá", pensei. Queria muito falar com a dona Maria Clara, saber mais detalhes do trabalho de sábado e, principalmente, agradecer pela oportunidade e pela confiança. Primeiro, porém, precisava ir ao escritório da Serviços Difusão.

Cheguei na empresa e me sentei na sala de treinamento. Encontrei alguns amigos, que só via mesmo em dias assim.

Logo a dona Márcia chegou, magra, muito magra e parecendo frágil. Ela já tinha os cabelos curtos. Ela andava com certa dificuldade, mas a voz ainda era firme.

Cumprimentou a todos e ficou em pé, levemente apoiada por uma mesa. Começou a falar:

– Pedi a presença de todos vocês para anunciar que vou me afastar definitivamente da Serviços Difusão. Vendi a empresa, pois não posso manter o compromisso que tenho com vocês e com nossos clientes. O trabalho exige minha dedicação total, mas agora preciso descansar mais e cuidar da saúde.

Perdi o chão.

De certa forma, fiquei aliviado, pois ela iria se cuidar.

A dona Márcia começou a contar sobre suas idas constantes ao hospital por motivos diferentes e sobre os remédios fortes que a deixavam debilitada. Estava ficando cada vez mais tempo longe do escritório, uma distância que poderia colocar em risco a empresa, o que não era seu desejo. Por isso, disse, havia chegado a hora de parar. Ela reconheceu que, se tivesse preparado alguém para tomar seu lugar, ela talvez pudesse administrar a empresa de longe, mas infelizmente aquilo não havia acontecido.

Ela se emocionou muito. Rolou uma nostalgia danada, ela lembrou do início de tudo... Logo retomou sua força, porém, e disse que nunca havia desistido de nada na vida, e que não desistiria agora. Exatamente por isso ela iria se dedicar a sua saúde.

Não tinha a dimensão do que aquilo significava na prática, mas, mesmo assim, não conseguia raciocinar muito. A tristeza é um sentimento forte, fiquei sem reação.

Todos ficaram tristes, um silêncio profundo pairou no ar. De repente, a dona Márcia disse:

– Ei, pessoal, a empresa irá continuar. Em breve vocês irão conhecer o novo dono. A vida é assim, cheia de surpresas. Algumas vezes boas e outras vezes, não tão boas. As imprevisibilidades apresentam novas oportunidades, fazem com que a gente sinta o sangue circulando em nossas veias. Essa sensação, mesmo sem perceber, torna a vida fascinante. – Continuou: – Estou certa de que tudo vai melhorar. Por algum motivo, estou passando por essa experiência. Passei noites de muita dor, quando questionei muito os porquês de tudo isso. Nessas horas a irracionalidade toma conta da gente. Percebi o quão impotente nós somos. Chorei e tive medo, muito medo.

"Estou contando tudo isso porque quando a gente está nesta situação – e apontou para seu corpo – temos vontade de dar conselhos, de tentar usar a nossa própria experiência para ensinar algo útil.

"Vou sentir saudades deste lugar – olhou a sua volta, deu um grande suspiro e ganhou forças para finalizar – Obrigada pela dedicação de vocês, não tenham medo de tentar, de errar. Tudo faz parte. Trabalhei com o que desejava e ganhei dinheiro, me considero uma pessoa de sucesso".

Disse as últimas palavras de adeus e saiu sem olhar para trás, talvez para não se entregar ao desespero, ao choro que não tem controle.

Não me aguentei e saí atrás dela. Respondi a um impulso mais forte do que eu, totalmente insano.

Fui logo dizendo que não queria perder o contato dela, que eu devia muito a ela, agradeci toda a confiança e as oportunidades, especialmente por ela sempre ter acreditado em mim quando eu mesmo duvidava da minha capacidade.

Ela me olhou bem nos olhos e disse:

– Só fui o meio para que você pudesse colocar para fora tudo o que está aí dentro – e apontou para meu peito. – Passamos muitos anos juntos, aprendi muito com você também. Se desejar, pode me visitar, ficarei feliz com sua visita. Mas tenha certeza que estamos quites. – Piscou um dos olhos, virou-se e saiu.

Fiquei ali, parado, sem saber para onde ir. Foi quando me dei conta da hora e saí em disparada para encontrar a dona Maria Clara.

No caminho, não consegui pensar em outra coisa a não ser nas palavras da dona Márcia, na imagem de uma mulher tão forte que estava abatida por sua doença. Sentia-me sem direção, sem norte. Ela era tão importante na minha vida... me ensinou quase tudo que sabia. Consegui estudar, ter um trabalho de que me orgulho, que me colocou em contato com muita gente inteligente.

Vim do interior para encontrar uma vida melhor e encontrei o que buscava. Na verdade, encontrei muito mais. As palavras da dona Márcia, dizendo que tudo estava dentro de mim, ficaram ecoando em minha mente.

Um flash da minha vida passou pela minha cabeça, momentos de medo, de alegria, a imagem da doutora Alice, da minha namorada... Até serviço de buffet eu fiz!

Ao chegar na Chocolates Lille, a Fernanda me conduziu até o escritório da dona Maria Clara e percebeu logo que meu semblante estava apagado. Fiz sinal com as mãos para conversarmos depois.

Entrei na sala da dona Maria Clara, e ela me recebeu com seu costumeiro sorriso. Indicou a cadeira para eu me sentar. Sentia-me desolado, meio sem rumo, tentei disfarçar, mas não fui bem-sucedido. Ela gostou muito do trabalho que prestei, seus convidados gostaram da comida, a bebida estava na temperatura ideal e o atendimento agradou muito.

Foram só elogios, agradeci feliz, mas sem meu costumeiro entusiasmo. Estava preocupado com a Serviços Difusão sem a dona Márcia. Finalmente, por insistência da dona Maria Clara, contei o que estava acontecendo.

Para o meu espanto, ela disse que talvez fosse o momento de mudar. Fiquei ouvindo suas palavras quase sem respirar, a tagarela da minha namorada tinha contado para ela sobre o meu TCC e meu sonho por uma vida diferente. Na verdade, ela tinha contado quase tudo da minha vida. Entendi que a Nanda fez aquilo porque as duas tinham uma boa relação e também, de certa forma, para dizer que seu namorado não era um garçom qualquer.

Agradeci a oportunidade, recebi o dinheiro e me levantei.

Gostaria de ter conversado mais com ela, mas não tinha ânimo.

O moleque que habita dentro de mim estava muito triste, sem ânimo para levar adiante qualquer conversa.

Esperei a Fernanda e saímos para almoçar. Ninguém disse muita coisa, apenas contei que a Serviços Difusão foi vendida e que meu trabalho tinha sido elogiado.

Só conseguia pensar no que fazer da vida. Novas lembranças de momentos difíceis vinham à minha mente. Lembrei-me do dia em que um guarda me parou às duas da madrugada e me revistou, eu era apenas um trabalhador voltando para casa.

Senti-me humilhado, mas segui em frente. O lapso de memória me fortaleceu. Lembrei de uma frase escrita na mesa da dona Maria Clara:

"O talento é feito na solidão; o caráter, nos embates do mundo."
(Goethe)

O JEITO DE INSPIRAR DA MARIA CLARA

- ⊖ RAZÃO
- ⊕ EMOÇÃO
- ⊕ PAIXÃO
- ⊕ SER HUMANO
- ⊕ SONHO

= SIGNIFICADO

"SONHAR GRANDE CONSOME A MESMA ENERGIA QUE SONHAR PEQUENO"
(MILTON LEONE)

CAPÍTULO 9

O JEITO ALQUIMISTA DO SEU MILTON

Aqui e agora

Aprendi muito com o passado, com tudo o que vivi. O tempo às minhas costas, dias, semanas, meses, anos. Pessoas morreram, adoeceram, nasceram e outras, como eu, passaram por uma ressurreição, por uma nova vida, com mais consciência, mais preparo e com a coragem para fazer diferente.

Sentia confiança, podia construir todas as minhas estradas! O futuro só depende das nossas decisões. A coragem tomou conta de mim, misturando-se com o meu sangue, entrando por cada veia do meu corpo, me transformando num homem forte, robusto, brilhante, entusiasmado, apaixonado e louco para mudar o mundo.

Descobri que tinha a liberdade de usar o tempo da forma que achasse melhor, fazer escolhas, usar todo o tempo que tinha sem desperdiçá-lo, ser prático, com um toque de ousadia. A energia que muitas vezes usei para reclamar é a mesma energia que podia usar para solucionar.

Comecei a sonhar grande, usar toda a coragem que uma vez trouxe aquele menino do interior para a capital. Era hora de dar um novo rumo para minha vida.

O JEITO ALQUIMISTA DO SEU MILTON

- DONA MÁRCIA
- SR. ANTÔNIO
- SR. ALEX
- SR. FREDERICO
- DONA BEATRIZ CAMARGO
- MARIA CLARA
- PROF. EDSON
- SR. MAURO

→ LIVROS
→ MÚSICA
→ BLOCO DE ANOTAÇÃO
→ MILTON LEONE

A experiência que tive com a festa do marido da dona Maria Clara mostrou que eu poderia, sim, ter o meu negócio.

Mostrou que eu era capaz.

Iria construir uma empresa, utilizar tudo o que aprendi com a dona Márcia e continuar a história que ela tinha começado. Era a vez de Milton Leone construir seu próprio legado!

Como mostrar as possibilidades que esta empreitada apresenta? Será que olhos comuns conseguiriam vê-las? Será que eu deveria me arriscar?

Fiz uma lista de tudo o que poderia perder. Tempo, salário, tempo, salário... Ficar onde estava também tinha seus riscos.

Continuar na mesma ou arriscar apresentavam as mesmas chances. Como de costume, um diálogo foi travado internamente.

É só arriscando que podemos ver as oportunidades. Tinha que confiar na minha visão e encontrar pessoas que apostassem nela, em vez de tentar fazer igual ao que outras empresas fazem ou fizeram.

Tudo o que existe na sociedade é resultado do conjunto de decisões tomadas ou executadas por um grupo de pessoas ou por alguém. E esse alguém poderia ser eu.

Oferecer momentos inesquecíveis aos clientes, experiências memoráveis. Tudo deveria ser conduzido com a máxima excelência, mesmo quando ninguém estivesse olhando. O que fazemos nos bastidores nos aperfeiçoa, nos prepara para quando estamos com o cliente. Essa foi uma das coisas que aprendi com o senhor Antônio. Ele era honesto com seus princípios e, assim, transpirava a verdade. Ele era a pura corporificação da sua mensagem, que ia muito além do discurso: era dito e feito!

Uma atitude de crescimento é o passaporte para novas experiências, novas aventuras. Sentia-me pronto para uma maratona, ou melhor, pronto para deixar minha marca no universo!

Escolhi ver o Sol, o brilho da noite, a magia de cada instante.

Desejava autonomia, minha liberdade de utilizar tudo o que tinha aprendido, adicionar o meu toque. Muitas empresas tratam as pessoas de forma descartável, como móveis da sala, que você mexe sem pedir permissão. Alguns gestores pensam que atividades menos intelectualizadas, como a de garçom, por exemplo, não exigem qualquer pensamento ou planejamento, o que é um erro.

Pessoas são tratadas como se a única opção fosse trabalhar sem pensar, como se fosse apenas executar e pronto. A evolução, no entanto, vem da educação, do aprendizado, do livre pensar, do planejamento e de muito suor.

Pensava, sentia, queria e iria fazer. Meu desafio era encontrar as pessoas certas e fazer com que elas sonhassem o meu sonho. Queria construir uma empresa com pessoas apaixonadas, que se incomodem com seus erros, que quisessem fazer seu trabalho de forma perfeita, que quisessem servir outras pessoas de cabeça erguida, não com submissão, mas como profissão.

Tinha chegado onde estava porque o medo não tinha me dominado, consegui olhá-lo e colocá-lo em seu lugar. Mas o medo tem seu papel, claro. Os obstáculos deixam os músculos fortalecidos, oferecem resistência – mas fui ganhando força, dando passos resolutos, um após o outro.

A oportunidade que a vida me apresentava era a de construir algo novo. Existem dois grupos que se destacam para mim: o grupo das pessoas que se comportam como vítimas, que desperdiçam tempo e talento reclamando, colocando a culpa nos outros, e aquelas pessoas que se comportam como protagonistas, que utilizam seus talentos para melhorar o mundo, que era o que eu almejava.

O funeral da Sinistra também ocorreu naquele momento. Ela nunca mais, a partir daquele dia, iria me puxar para baixo. O ilimitado estava ao meu alcance, está ao alcance de todos!

Montar um buffet era a melhor maneira de conquistar meu sonho, um novo caminho. Decidi tirar meu projeto de TCC da gaveta, agregar a ele tudo o que tinha aprendido até então e dar um passo muito importante.

Sabia exatamente o que queria. Demorei para descobrir minha vocação, mas sempre existe a oportunidade de começar.

O que faz meu coração bater mais forte é estar perto das pessoas, influenciá-las, ensinar e promover uma vida melhor a cada uma delas. Inspirá-las a encontrar suas forças interiores, a autoconfiança e a criatividade, que estão no centro de cada ser humano.

Meu sonho era colocar à disposição dos meus empregados e clientes tudo o que sempre acreditei, construir uma empresa baseada nos meus princípios, com pessoas apaixonadas pelo que fazem. Uma empresa que girasse em torno das pessoas.

Acredito no potencial humano, na criatividade, no brilho dos olhos, no sorriso. Acredito que a vida é feita de ação e reação, de pequenos ciclos. Esses princípios, que sempre pautaram minha vida, norteariam minha empresa.

Pretendia deixar uma marca no universo, com funcionários que também quisessem deixar suas marcas. Sabia que não seria fácil, mas precisava tentar. Pessoas do tipo que se incomodam, pessoas que queiram fazer melhor todos os dias, pessoas que queiram crescer e, especialmente, pessoas que gostem de gente. Este era o tipo de pessoa que viria a recrutar.

Esse tipo de ambição não é privilégio dos mais ricos ou daqueles com condição social melhor que a maioria. Ricos ou pobres, todo mundo sonha, ricos ou pobres, todos podem. A diferença está nas oportunidades, que aparecem ou que criamos. Aquela seria a minha vez de oferecer tais oportunidades.

Minha equipe seria composta de pessoas diferentes, gente com e sem experiência, com e sem diploma, com e sem disciplina.

Não podíamos nos tornar uma empresa careta ou cega. Para ser diferente, as pessoas devem ter respeito às regras na medida certa, para que as regras não castrem. Todos precisam ter sangue nos olhos, o sangue do coração! Não há limites quando se toca o coração.

Queria ajudar todos aqueles com poucas oportunidades, dar uma chance para que eles pudessem mudar suas próprias vidas e avançar na busca dos sonhos.

Não sou o tipo de cara que simplesmente aceita as coisas como elas são. Quero criar minhas próprias regras, o que aprendi com a dona Márcia. O importante é não se submeter, mas assumir a pessoa que se é.

Aquela era a hora de começar.

Lembro que resolvi aproveitar a empolgação e compartilhar todo meu entusiasmo com a dona Márcia. Meu plano era pedir demissão, e ela merecia ser a primeira a saber da minha decisão, das minhas razões, mesmo que ela não estivesse mais no comando da Serviços Difusão.

Liguei para a ela e disse que queria vê-la, pois tinha algo importante para contar. Ela me convidou para ir à sua casa. Fiquei feliz com o convite, queria visitá-la.

Uma rede de apoio

Levei bombons da Lille. A dona Márcia me recebeu com muita alegria, uma mesa farta, tinham tantas variedades de comida que eu nem sabia o que aceitar. Tinha empadinha de frango, sanduíches de peito de peru, de carne desfiada, esfirras, pães de vários tipos, patê de atum e doces.

Mesmo com toda a receptividade, ainda me sentia meio constrangido da decisão de procurá-la. Ela estava magra, mais magra do que eu esperava, e olha que ela é uma mulher de perfil esguio.

Começamos a conversar e eu acabei me distraindo do choque de vê-la tão abatida fisicamente. Ela experimentou os bombons que levei e se deliciou com eles. Contou-me um pouco mais sobre sua luta contra a doença. Disse:

— Essa doença não vai me vencer! Eu digo isso toda vez que chego ao hospital. As enfermeiras, os médicos, todos já me conhecem.

Pensei comigo: esta é a dona Márcia. A mulher que sempre me orientou, ensinou, e mesmo em um momento tão difícil, continua servindo de exemplo. Mesmo com uma doença grave, mostra sua força.

Aproveitei o momento para contar meus planos e a decisão de sair da Serviços Difusão. Demonstrei meu entusiasmo, até me emocionei. Discorri sobre minhas recentes descobertas, sem medo de censura. Queria compartilhar com ela tudo que estava dentro de mim. Ela ouviu atentamente, animada e me surpreendeu com a pergunta:

— Aceita uma sócia?

— Como assim? — Minha voz saiu alta. — A senhora saiu da empresa justamente para se cuidar, por que quer embarcar nessa?

— Porque confio em você, porque você é quem vai cuidar da empresa e porque não quero ter como única responsabilidade na vida tomar meus remédios em tempo. Ofereço meu investimento, já que você precisa de recursos, mas também quero ajudar a pensar. — Continuou:

— Sua empolgação tocou meu coração, preciso desse tipo de coisa para continuar a viver, você estaria me dando um presente! Não fique constrangido. Ofereço minha experiência e ajuda para solucionar problemas. Dinheiro e conselho, que tal?

— Eu nem sei o que dizer...

— Se não puder, não diga, mas pense, Milton. Eu já estava matutando sobre o que fazer, além de cuidar de mim. Não consigo ter como únicas atividades o médico e o hospital. Milton, você vai me ajudar e eu também o ajudo, é uma troca.

— A senhora me deu uma ótima ideia e claro que não tenho que pensar. Aceito a sua oferta, a senhora como minha sócia — disse.

— E qual é a sua ideia?

— Vou montar uma rede de apoio, com pessoas que queiram ajudar na concepção do buffet Leone.

De repente, naquele momento, fiquei meio constrangido, pois já havia decidido dar meu nome ao buffet. Perguntei se ela não se importava e, mais uma vez, ela me incentivou, dizendo que a ideia era minha, ela só queria colaborar. O dinheiro que ela tinha ganho ao longo dos anos era o suficiente. A Alice também era uma médica bem-sucedida, então, por que não?

Ela iria se divertir com o trabalho de criação de uma nova empresa.

Saí da casa da dona Márcia meio incrédulo com o que estava acontecendo, por essa eu não esperava. A dona Márcia, minha sócia... Que vida maluca era aquela, cheia de reviravoltas...

Durante a conversa, ela me orientou tecnicamente, me deu o telefone do contador, do gerente do banco e também fizemos uma lista das providências que eu deveria tomar. Quando era para falar de negócios, aquela mulher era um ás, pragmática e direta ao ponto. Eu ouvia suas sugestões atento, ao mesmo tempo em que tentava encontrar uma razão para tudo de bom que, de repente, estava acontecendo na minha vida.

Eu estava assumindo o controle. Liguei para a Fernanda e pedi que ela me encontrasse.

Resolvi revirar de vez a minha vida. Passei em um shopping antes de me encontrar com minha namorada e comprei uma surpresa. Depois de toda a parcimônia dos últimos anos, agora sabia porque estava guardando dinheiro, tendo cautela. Era o que o senhor Alex ensinava sobre consciência e maturidade.

Fazer as coisas, pensar sobre as decisões e tentar contemplar o maior número de pessoas ou variáveis.

Aprendi a dominar minha insegurança, venci muitos medos e, tendo a dona Márcia como minha sócia, tinha certeza de que os novos tempos já tinham começado.

Já que...

Ao encontrar a Fernanda no restaurante em que marcarmos o encontro, me ajoelhei a seus pés – o restaurante parou para ver a cena e ela corou as bochechas – e disse:

– Resolvi revirar minha vida, andar por novos caminhos, arriscar, mas só conseguirei fazer tudo isso se você estiver ao meu lado como minha mulher, minha esposa. Quero muito me casar com você. Desde o primeiro dia em que a vi, algo novo nasceu dentro de mim, perdi o chão. Tenho certeza de que você é a mulher com quem eu quero passar o resto da minha vida. Quero envelhecer ao seu lado e cuidar de você como minha esposa. Aceita este homem de meia-idade, perdido de amor, como seu esposo?

– Claro que aceito.

Levantei e coloquei a aliança no dedo da Fernanda, selamos ali nosso compromisso para a vida inteira.

Contei a ela tudo o que eu tinha vivido naquele dia, meus pensamentos, minha visita na casa da dona Márcia. Contei, especialmente, que ela iria se casar com um homem desempregado, mas empreendedor e aspirante a empresário.

– Depois de tudo isso, ainda quer se casar comigo?

Ela me olhou bem fundo nos olhos, sorriu e disse:

– Eu amo o seu brilho, sinto-me mais viva ao seu lado. Também participarei da sua rede de apoio, tenho certeza que seu buffet irá se transformar em realidade.

Ganhei duas vezes, uma esposa e uma parceira nos negócios.

Ela me apoiou incondicionalmente. A noite seguinte não foi somente romântica, afinal, tínhamos decidido passar o resto da vida juntos, mas cheia de intensidade, de desejo, de promessas, de vida.

Eu me sentia tão feliz que tinha vontade de sair pela rua chutando lata, correndo, sei lá, extravasar toda a alegria, o fluxo de energia que corria dentro de mim.

Quando amanheceu, estava escrevendo, rabiscando no papel meus planos. Não consegui pregar o olho, me deliciei ao ver minha musa dormir com tamanha leveza.

Iria convidar o senhor Manoel para participar da rede de apoio, mas também precisava de pessoas que não eram do ramo. Aí, de repente, tive "um clique", resolvi convidar para a rede um amigo meu da faculdade, um cara mais jovem, com uma experiência diferente da minha, alguém que não fazia parte do meu dia a dia.

O Alberto era o cara mais jovem da sala, ligado em tecnologia.

Se ele topasse, poderia ser muito diferente e legal. Ele poderia me ensinar mais sobre as redes sociais e sobre o que os jovens buscam no início de carreira.

Decidi que minha rede seria formada pela dona Márcia, a Fernanda, o senhor Manoel e o Alberto. Era um começo.

Acredito que as melhores ideias resultam da interação entre várias cabeças. Lembrei de um livro que li no primeiro ano de faculdade, o *Relatório PopCorn* (*Faith Popcorn*). Havia uma passagem em que o autor juntou pessoas de áreas completamente diferentes para pensar juntas, pois experiências e vivências diferentes levam a conclusões inusitadas.

Amigos podem ajudar quando estamos diante de uma grande decisão. Precisava testar minhas ideias, ouvir opiniões e sugestões. Ao mesmo tempo, essas pessoas poderiam questionar meu ponto de vista e me ajudar a pensar além. É mais fácil ser confiante quando podemos contar com o apoio de um grupo.

Na prática, sentia frio na barriga. Formalizei meu pedido de demissão. Acreditava ter feito a coisa certa.

A hora do "vamos ver"

A culinária japonesa havia crescido em São Paulo. Quando começamos uma empresa, a gente fica louco para fechar bons negócios. Quando aparece um cliente, tudo o que queremos é aceitar as propostas.

Eu aceitei fazer um jantar japonês. O Buffet Leone não deveria se limitar a um cardápio ou a um tipo de serviço fixo. Decidi oferecer todo tipo de cardápio para ter dinheiro em caixa – um erro que me custou caro. Por pouco, achei que meu nome iria para a lama.

Precisava contratar um sushiman ou dois.

Fui atrás de um cara que foi muito bem recomendado. Não conhecia ninguém que preparasse comida japonesa. Quando o Matheus chegou para a entrevista, estava quinze minutos atrasado. Ele chegou logo se desculpando pelo atraso e reclamando do trânsito.

Não gostei muito da postura, mas resolvi não dar muita atenção ao fato. Eu precisava de um sushiman e ele tinha sido muito bem recomendado pela qualidade da comida, além de oferecer variações interessantes, pratos diferentes do tradicional.

Conversamos rápido em virtude de seu atraso. Eu precisei sair para um compromisso.

Àquela altura, minha atenção estava voltada para a preparação do jantar japonês, em como conseguir mais clientes e também para o meu casamento. Essa terceira parte, aliás, andava tomando grande parte dos meus pensamentos. Queria agradar a Fernanda, dando uma bela festa, mas decidi segurar as rédeas. Não queria gastar tanto dinheiro na comemoração, queria mais segurança para a empresa, caso não conseguisse mais clientes. Como contar para a Fernanda?

Eu já estava morando em um apartamento pequeno, alugado. Era onde iríamos morar depois do casamento. Com o investimento da dona Márcia, aluguei um pequeno galpão e foi onde começamos o Buffet Leone.

Minha vida estava completamente diferente, o que era engraçado, tudo ao avesso. Por muitos anos vivi na mesma pensão, tive o mesmo emprego, ainda que prestando serviços em lugares diferentes. Naquele momento, não tinha salário, havia montado um negócio, alugado um apartamento e, de quebra, iria me casar. Minha cabeça estava a mil por hora.

Estipulei para mim uma nova rotina. Meus dias começavam muito cedo, chegava no galpão e fazia café. Tínhamos montado uma boa cozinha para o buffet. Não era grande, mas adequada. Tomava meu café e depois passava algum tempo pensando em novas possibilidades. Parar e respirar ajuda a pensar, por mais que meu ímpeto fosse o de sair fazendo, ligando para possíveis clientes, correndo atrás.

Havia também o desafio de colocar as coisas em prática, agendar reuniões com os clientes que a dona Márcia indicara.

Tudo ia acontecendo. Faltavam apenas dois dias para o jantar japonês.

Quando tudo parecia encaminhado, recebi uma ligação do Matheus. Má notícia: ele não iria poder mais trabalhar no jantar. Um problema de família, ele teria que se ausentar da cidade. Fui do céu ao inferno em apenas um minuto. Desliguei o telefone nervoso. Fiquei no sufoco, não sabia como resolver aquele problema. Pois é, a gente sempre pode passar por situações inesperadas.

Debrucei sobre a mesa, meu corpo pesou. Coloquei as mãos na cabeça. Por alguns minutos, achei que tudo ia para o brejo. Foi quando me lembrei do senhor Frederico e sua calma ao resolver um problema financeiro crítico. Calma. É disso que precisava para minha energia criativa aparecer.

Respirei fundo, pensei na força que a dona Márcia sempre demonstrou para resolver os problemas. Meu negócio estava no começo e resolvi não deixar aquela situação me paralisar.

Tinha um problema, fato, mas era hora de achar uma solução.

E o que fazer?

Dei alguns telefonemas e nada. Comecei a pensar nas minhas alternativas.

Resolvi falar com os assistentes de cozinha. Expliquei o que estava acontecendo, o quanto era importante para o Buffet Leone realizar a festa em grande estilo. De repente, de forma muito tímida, recebi de um integrante da equipe uma indicação. O José tinha uma amiga, a Leci, que estava desempregada, já tinha trabalhado como *sushiwoman*, mas não tinha muita experiência.

Resolvi telefonar para a Leci, aceitar a oferta e arriscar. Era o que me restava. Ela não só aceitou minha oferta, mas também me apresentou o sushiman que a treinou, um cara muito experiente, ótima pessoa. Eles trabalhariam em dupla.

O dia do jantar chegou. Cheguei cedo, queria adiantar tudo, dar a devida atenção à comida, aos convidados.

Quando o evento começou, eu mesmo servi as bebidas por algum tempo, o que foi importante. Prestei atenção aos convivas, ouvi de perto suas palavras e tive certeza de que tudo estava correndo bem. E correu. A noite foi elogiada. Minha cliente gostou do trabalho, pois seus convidados elogiaram a festa. A boa música, a comida e o atendimento. As bebidas poderiam estar mais geladas, essa foi a única ressalva.

Percebi como era importante ter todos os processos integrados. As bebidas tinham sido compradas pelo próprio cliente. Os convidados não sabiam dos detalhes, quem comprou o quê. Eles levaram para casa somente a impressão final.

Precisava ser criativo. Lembrei do francês Louis Pasteur, quando disse que o acaso favorece a mente treinada. Ao trabalhar parte da noite servindo os convidados, percebi suas reações e necessidades, explícitas e implícitas.

Era hora de questionar algumas das minhas crenças, deixar de lado o que acreditava ser a verdade e descobrir, de fato, o que é a verdade. Não podia perder a perspectiva do cliente, dos meus clientes.

Comemorei com a Nanda o bom resultado do meu primeiro evento.

Enquanto a vida nos unir

Nosso casamento foi simples. A Fernanda me apoiou na proposta, a cerimônia iria contar apenas com familiares e os amigos mais íntimos. Usamos o salão de festas do prédio onde ela morava.

A simplicidade também se expressou no vestido da Fernanda, o que a tornou ainda mais linda. Seus longos cabelos negros se destacavam no vestido branco. Quando nos encontramos no cartório, me dei conta do quanto estava tenso e apreensivo, mas feliz. Sentia-me um adolescente inseguro, que acabou de conquistar a garota mais bonita da escola e estava prestes a segurar sua mão pela primeira vez.

Ao chegarmos no salão de festas, puxei um pedaço de papel do meu bolso e soprei para ela meus sentimentos de amor:

– Fernanda, sempre ficarei ao seu lado enquanto a vida nos unir. Ao seu lado, sinto que minha coragem aumenta. As horas ao seu lado passam como segundos, muito rápidos, e minha maior vontade é a de ter o poder de fazer o tempo parar para ficar mais ao seu lado, admirar sua beleza. Sinto-me como se estivesse tocando as nuvens.

A cada palavra seus olhos ficavam mais brilhantes, era fácil sentir sua alegria. Seu silêncio já seria suficiente. Seu peito inflava e se retraia, uma respiração profunda e lenta. Quase sussurrando, ela disse:

– Eu te amo.

Somente quando o último convidado foi embora que seguimos para o Guarujá. Dona Márcia nos emprestou seu apartamento, ficamos lá por uma semana.

Voltei de viagem e fui de cara ao encontro do trabalho.

Algumas vezes, quando chegava em casa, minha mulher já estava dormindo. Essa era uma cena que sempre tive prazer em apreciar, ver a Fernanda dormir.

No primeiro ano de casamento, passamos muitas noites de sábado separados, eu precisava trabalhar. Os clientes corporativos ainda eram esporádicos. As festas noturnas nos finais de semana é que pagavam as contas.

Vivia na loucura, os clientes corporativos do buffet começaram a aumentar, pouco a pouco. Mesmo tendo mais finais de semana livres, eu ainda me dedicava ao trabalho.

Buscava uma alternativa para integrar todos os serviços, oferecer comida, bebida e bom atendimento. Trabalhando para o senhor Mauro, observei vários exemplos sobre como engajar e conectar os funcionários com os clientes. No call center, o senhor Mauro tornou o que era sem importância algo relevante, ele deu um novo significado à função de atender bem o cliente, tornando o serviço nobre.

Nosso serviço deveria ir além da organização de eventos.

Decidi investir mais em detalhes, como a cor da gravata-borboleta dos garçons. Elas iam mudar de acordo com o evento, ou de acordo com a cor do logo da empresa que estivéssemos servindo. Também decidi oficializar o ato de incluir no planejamento uma conversa com o cliente, para assim conhecer melhor o evento, o objetivo, que tipo de emoção deveria ser passada, que tipo de música e tudo o mais.

As coisas iam bem. O faturamento do buffet começou a melhorar. Eu trabalhava muito, dia e noite, a dona Márcia se envolvia muito pouco com o dia a dia. Tínhamos uma ou duas reuniões por mês, vez ou outra falávamos ao telefone. Quando ela se sentia melhor, com mais energia, passava algumas tardes no galpão.

Por mais que o trabalho fosse muito importante, eu tinha uma bela esposa e precisava me dedicar a ela. Resolvi planejar uma viagem surpresa no feriado de Páscoa.

Na primeira noite no hotel, organizei um jantar no quarto.

Escolhi trutas grelhadas com amêndoas e arroz com brócolis, pedi uma garrafa de vinho frisante e, para a entrada, queijos. Tudo com o devido romantismo para agradar a minha esposa e, de certa forma, me desculpar pela ausência. Quando servi o vinho, a Fernanda disse que não poderia beber e eis que fui surpreendido pela notícia de que seria pai. Por aquela eu não esperava, fiquei muito feliz, mais do que jamais pudesse ter imaginado.

Muita coisa aconteceu no período da gravidez, a Fernanda trabalhou normalmente até o dia anterior ao parto. Ela também gostava de trabalhar, era dedicada à empresa de chocolates e ainda tinha disposição para me ouvir e me apoiar nos momentos difíceis.

O nascimento de Anita me acertou em cheio, me senti nocauteado ao assistir o parto da nossa menina. Aquela experiência alterou minha perspectiva de mundo por completo.

Passei várias noites apreciando nossa menina, pensando sobre minha responsabilidade e tudo o que aprendi sobre ética e valores morais. Queria ser um exemplo para a Anita, afinal tudo o que eu fizesse seria uma referência à minha filha. Minha responsabilidade com o mundo aumentou, queria que Anita encontrasse um mundo mais justo, mais humano, menos violento, com mais respeito entre os homens. Ao mesmo tempo, esperava ensiná-la a seguir seus sonhos, oferecer estímulo, incentivá-la a ter coragem, a confiar nas pessoas, especialmente em seus pais.

A vida estava muito diferente, minha família aumentara, tinha duas mulheres importantes em minha vida, a Fernanda e a Anita.

Xeque-mate

Recebi uma ligação logo cedo, era de uma pessoa de uma agência de eventos.

Eles estavam planejando uma campanha para um dos clientes.

A inauguração seria por meio de um grande evento, com convidados de uma rede de varejo nacional. A agência me convidou a enviar uma proposta para o evento. Fiquei muito entusiasmado. Marcamos uma reunião para a semana seguinte, eu queria entender suas necessidades.

Cheguei na agência na hora marcada. Nunca tinha entrado em uma e gostei da atmosfera, de ver um espaço mais despojado, com um colorido forte e vibrante. As paredes eram roxas, as poltronas e sofás em três tons, cinza, verde-claro e preto.

A pessoa que me recebeu apertou a minha mão e me orientou a entrar em uma sala de reunião muito próxima da recepção. A Daniela era uma moça bonita, de uns 30 e poucos anos.

Negra, alta e de cabelos enrolados.

Já sentados na imensa sala, ela começou a falar:

— O seu buffet foi muito indicado por ser uma excelente combinação de preço e qualidade. Acredito que possamos fazer um ótimo negócio juntos. Precisamos ganhar uma concorrência, e acho que, em conjunto, poderemos aceitar esse desafio.

Eu ouvia atento, anotava tudo o que ela falava. Quando senti que era a minha vez de falar, perguntei:

— Qual é o objetivo da campanha?

— O objetivo ainda é sigiloso, pois não podemos contar quem é o cliente. Normalmente, nós só revelamos detalhes aos fornecedores depois de fechado o contrato.

— Como assim? Se você não me contar mais sobre o cliente, não poderei planejar o evento de forma a encantar os convidados. Sem essa informação, terei poucos elementos para fazer um bom orçamento.

Daniela arregalou seus olhos, levantou a sobrancelha e inclinou levemente o corpo para frente, como quem parece não estar acreditando no que estava ouvindo. Emendou:

— Esses detalhes não fazem muita diferença para um buffet.

Acho que ela pensou que eu deveria era ficar satisfeito de participar da concorrência, que o cliente era deles. Insisti:

— Sabe, Daniela, eu gosto de receber o máximo de informação possível. Às vezes um pequeno detalhe pode fazer toda a diferença e encantar o cliente. Só posso fazer meu trabalho se souber com quem estou tratando. Além do objetivo, gostaria de saber mais sobre a campanha, a música-tema, se houver, e ainda ver as peças de comunicação que vocês estão criando, ou melhor, planejando. — Parei para respirar e continuei:

— Gostaria de participar da concorrência. Imagino que essa decisão não dependa apenas de você. Enquanto isso, que tal aproveitarmos a reunião? Conte-me tudo o que precisa, assim posso pelo menos começar a preparar um rascunho de orçamento.

Ela relaxou um pouco e se distraiu falando dos detalhes operacionais, número de convidados, data, horário, tipos de comida e bebida. Tentei fazer uma pergunta, mas fui interrompido, de forma rude, mas não grosseira:

– Vou conversar com meu chefe e voltamos a nos falar. Preciso que você me envie um orçamento em três dias.

Saí de lá menos entusiasmado do que entrei, meio sem entender meus sentimentos. Se desse certo, aquela festa poderia fortalecer a presença do Buffet Leone em eventos corporativos e aumentar minha carteira de clientes. Ainda mais naquele momento que tinha uma filha, o fracasso não era uma possibilidade.

Aconcheguei-me nos braços da minha mulher. Ao lado dela, me sinto fortalecido e mais competente para resolver problemas, pois sou aceito mesmo quando digo as maiores asneiras. Tudo sem julgamentos. Grande parte das vezes, acabamos em risos.

Ela consegue afastar de mim meus medos, o medo de ser ignorado, humilhado ou o de perder. Fernanda me entrega o que ela tem de mais escasso, o tempo, especialmente nesta fase do bebê – ou seja, ela é minha companheira de todas as horas. A mulher da minha vida, por ela eu iria até o inferno.

Tentei encontrar uma ideia genial, tipo a cereja do bolo, mas não consegui. Com as informações que eu tinha, propus um cardápio elegante e, ao mesmo tempo, descontraído, leve, usando molhos variados de iogurte nas saladas, seguido de seis tipos de risotos uma das nossas especialidades.

No dia marcado, enviei meu orçamento com tudo o que tinha sido solicitado. Preparar o orçamento para um evento daquele porte exigiu de mim muita dedicação.

Umas três horas após enviar o orçamento, recebi uma ligação da Daniela. Ela disse que meu preço estava alto. Eles queriam fazer o trabalho comigo, eu tinha sido muito bem recomendado – senti aí uma certa pressão –, mas queriam pagar menos.

Resolvi pensar e pedi mais um dia. Antes de desligar, perguntei se eu poderia saber algo mais sobre o evento. Tentava negociar com ela alguma informação, preparei perguntas, como diz a raiz da palavra negociar: negar o ócio. Dá trabalho se preparar para uma negociação, ainda mais quando se tem poucas informações.

Senti que ela não gostou muito das minhas perguntas. Comecei a achar que ela queria apenas me espremer no preço, parecia que era a única coisa com que ela se importava.

Desliguei o telefone frustrado, com raiva mesmo, com emoções negativas pela Daniela. O meu desejo era conseguir o contrato, fechar o negócio, o que renderia um bom dinheiro para o buffet. Grana ajuda a manter os planos e os sonhos. O problema é que, na realidade, aquela relação não estava muito legal. Pensava que não podia aceitar trabalhar com uma empresa que valorizava somente o preço, não era o meu jeito. Como se diz lá em Minas, aquilo não ornava comigo.

Ainda dividido, revi o preço, tirei quase todo o meu lucro.

Resolvi fazer um investimento, abrir mão de um bom resultado no presente em troca de novas parcerias no futuro, mais clientes corporativos. No fim, pensei bem e voltei atrás, decidi manter o meu preço.

Disquei o número e, ao ouvir o "alô" do outro lado da linha, disse que não baixaria mais o preço, pois a qualidade do meu serviço seria afetada. Acrescentei que o Buffet Leone não abre mão dos excelentes profissionais e de ingredientes de alta qualidade. Essas coisas custam caro.

Desliguei o telefone de forma educada. Senti-me bem. Fui para casa contar para a Fernanda que tinha perdido um bom negócio financeiro, mas tinha ganhado paz. Paz em agir de acordo com meus princípios.

Em momentos como esse, recarrego minhas energias quando estou em casa e vejo as mulheres da minha vida. Anita ainda era um bebê e já demonstrava sua personalidade, me olhava atentamente, como se soubesse meu estado de espírito. Acho que as mulheres são dotadas de um radar muito preciso, que detecta facilmente quando algo não está bem.

Novas pessoas

O número de funcionários aumentou. O Buffet Leone passou a ser uma empresa constituída de sucesso.

Tive um período de muito trabalho, de ansiedade mesmo, mas consegui colocar a empresa em seu lugar.

Minhas preocupações mudaram, aumentaram até. Envolvia-me com assuntos diversos, andava num ritmo forte de trabalho.

Até que um dia, após ter realizado o primeiro de uma sequência de três eventos, descobri que o negócio tinha sido fechado de forma errada, a venda foi feita a um preço menor do que o necessário – e nós iríamos perder dinheiro.

Naquela época eu não cuidava mais das vendas, o Jair era o homem do atendimento.

Quando descobri o prejuízo, chamei o Jair, a Verônica do financeiro, mais algumas pessoas da empresa e sentamos para discutir a situação. Precisávamos manter a qualidade e a excelência do serviço e diminuir o prejuízo. Uma crise estava diante de mim.

Foi uma reunião difícil, desatei a falar. Estava muito bravo. Eu falava, mas eles permaneciam em silêncio, o que me irritava.

Sentia que eles estavam encolhendo ao redor da mesa. De repente, o Jair me olhou e disse:

– Eu errei. Deveria ter conferido a planilha de cálculo, mas não conferi. Da próxima vez, não vou deixar que isso ocorra, vou checar duas vezes o cálculo antes de enviar uma proposta a um cliente.

Percebi que o grupo estava todo me olhando, esperando pela minha reação.

Por instantes, distanciei-me virtualmente da cena e percebi que estava diante de uma situação feia. Por segundos, vi o quanto estava sendo agressivo. Estava sendo honesto, dizendo tudo o que pensava, mas, ao mesmo tempo, me sentia um pouco desrespeitoso. Por mais que a equipe tivesse cometido um erro, não poderia desrespeitá-los. Estava afastando a equipe de mim. Pedi desculpas pelo meu desabafo e, já mais calmo, solicitei sugestões de como resolver o problema. A Verônica disse:

– Senhor Milton, talvez fosse uma boa ideia empregarmos um "observador", alguém de fora. Ao acompanhar nosso trabalho de forma neutra, essa pessoa pode nos ajudar a descobrir eventuais erros, pequenos detalhes que podem nos escapar totalmente, já que estamos muito habituados aos processos rotineiros. Como vimos, esses detalhes podem fazer toda a diferença.

Ouvi atento as palavras da Verônica. Nunca imaginei que uma pessoa com o perfil dela, com experiência em contabilidade, pudesse encontrar uma solução criativa.

Decidi continuar confiando na equipe e assumir o prejuízo, ou seja, manter o contrato com o cliente. A partir daquele momento, exigiria controles mais rígidos.

Encerramos de forma positiva. Todos saíram e eu fiquei ali, pensando e refletindo sobre o episódio vivido.

"O que eu fiz, mas não deveria ter feito?"
" O que eu disse, mas não deveria ter dito?"
"O que eu pensei, mas não deveria ter pensado?"
"O que eu não fiz, mas deveria ter feito?"
"O que eu não disse, mas deveria ter dito?"
"O que eu não pensei, mas deveria ter pensado?"

Os eventos seguintes seguiram o mesmo padrão.

Quando liguei para o cliente para checar sua percepção sobre o serviço, ele declarou que todos mantiveram um alto grau de qualidade no atendimento. Também elogiou a educação, a cordialidade e o sorriso no rosto da equipe. Percebi que minha equipe estava comprometida com o resultado. Fiquei satisfeito, resolvi chamar todos os envolvidos e compartilhar as palavras do cliente.

Protagonista

A vida foi generosa comigo. Quantas emoções e desafios vivi nesses vinte e poucos anos em São Paulo!

Encontrei pistas do que fazer em todos os lugares que passei, na cozinha da pensão, nos cafés, nos almoços que servi. E também naquilo que li nos livros e nas tirinhas de jornal. Interessei-me por cada momento, percebi que poderia encontrar algo interessante em tudo que lia ou que via. Só tinha que conectar os assuntos, as palavras e, principalmente, as atitudes.

Os diversos ambientes em que trabalhei tornaram-se criticamente importantes. Cada um deles, à sua maneira, despertou meu interesse. Entrei em contato com pessoas, ideias e mundos diferentes.

Eu li certa vez que Bob Dylan tinha um ouvido muito sintonizado nas conversas que ocorriam à sua volta. Ele ouvia sorrateiramente as pessoas e tomava nota do que elas diziam.

Ele foi influenciado por tudo e por todos.

Enquanto isso, a Anita estava crescendo alegre, cheia de energia e interesse pelo mundo. Era uma grande satisfação vê-la correr pela casa, curiosa, perguntando o porquê de cada objeto. Aprendi bastante com o seu desenvolvimento. Junto com a minha filha e a Fernanda, tinha a oportunidade de me tornar melhor dia após dia. Elas me estimulavam a fazer o certo, a aprender e a ensinar.

Descobri que vivemos em um mundo muito técnico e teórico, que não dá conta do mundo real, aquele que acontece na prática e envolve o relacionamento entre as pessoas. Teoria e técnica são importantes, elas nos garantem prédios seguros, estradas, computadores, eletrodomésticos e muito mais, mas não dão conta de tudo o que precisamos.

Muitos executivos em posições de liderança que conheci deixaram de engajar e exercer a liderança por "quererem ver para crer", racionalizar o impossível, tais como as pessoas e suas emoções. Lidamos o tempo todo com pessoas. Os líderes bem-sucedidos que conheci perceberam isso e abriram mão do controle total, especialmente do comando, da ordem. Um controle que, na prática, não existe. Optaram por desenvolver indivíduos, equipes maduras e autônomas que conseguem lidar com as questões do dia a dia, pois o manual não dá conta do ineditismo do mundo atual em que vivemos.

Nem tudo tem explicação. Um exemplo é a saudade, que função tem a saudade? Qual a utilidade dela em nossa vida?

Comunicar, colaborar e inovar. Esta é a fórmula que tenho experimentado.

Senti-me como vítima algumas vezes, quando me queixei de coisas que estavam fora do meu controle, busquei culpados em vez da solução. Tantas vezes me revoltei e só depois percebi que o único que pode mudar sou eu mesmo. É tão fácil querer que os outros mudem... Difícil mesmo é mudar a si próprio.

Por mais assustador que fosse, valeu assumir o risco das minhas escolhas. Tenho certeza de que a única coisa sob controle sou eu mesmo. Posso controlar minhas emoções e a forma de agir diante das situações que a vida me apresenta.

Não tenho certeza do sucesso, mas deito minha cabeça em paz no travesseiro todas as noites, o que não tem preço.

Não sou mais inocente, deixei de lado a impotência que sentia, deixei de lado as limitações que impunha a mim mesmo.

Poucos vírus podem matar alguém mais rápido que o sentimento e a atitude de vítima. Passei muito tempo infectado, na UTI. Com o passar do tempo, me recuperei e dei alta a mim mesmo.

A dona Márcia me ajudou a descobrir meu poder, minhas responsabilidades e a encontrar a liberdade. Ela ainda vive, mesmo depois do diagnóstico bombástico do médico. Ela decidiu lutar contra sua própria doença.

Entendi que ser o protagonista não tem nada a ver com justiça ou com a busca de culpados, mas sim com responsabilidade.

Eu sou um pouco de cada pessoa que servi e observei por todos esses anos, fossem elas exemplares ou faltosas.

Muitas vezes é mais fácil desistir, deixar rolar e não encarar os fatos, mas certamente um dia a vida cobra cada decisão que tomamos, consciente ou inconscientemente.

Dei-me conta disso de uma forma triste. Certo dia acordei assustado, achei que era Anita chorando, mas era o telefone. O relógio marcava 6h30 de um sábado. A ligação era da casa de repouso onde o senhor Pereira ainda vivia. Naquele dia ele não tinha acordado.

A jornada

Éramos apenas seis no enterro: minha mulher, outras pessoas da casa de repouso, a pequena Anita e eu.

Foi uma morte suave, o coração parou de funcionar enquanto dormia. Nos momentos finais, o universo foi bondoso com ele, se é que aquilo era algum tipo de bondade.

Levei para minha casa uma caixa de sapatos com suas recordações. Resolvi doar para a própria casa de repouso suas roupas, os poucos objetos pessoais que tinha, que incluíam alguns livros, um tabuleiro de xadrez e um rádio relógio.

Passaram-se algumas semanas até que resolvi mexer na caixa.

Encontrei algumas fotos de sua última mulher e outra, envelhecida, com pessoas unidas ao lado de um fusca verde-claro, como se tivessem voltado de um passeio. Devia ser a primeira família dele.

O envelope, que guardava as poucas cartas, tinha um endereço de Bragança Paulista. Aquilo ficou na minha cabeça durante toda a semana que se seguiu. No final de semana, resolvi arriscar e ir até Bragança.

Queria muito encontrar alguém da sua família, contar sobre sua morte, mesmo sabendo que os familiares claramente não se interessavam por ele.

A casa do endereço era muito bonita, tinha um belo jardim, com as copas das árvores bem cuidadas. Fiquei olhando pensativo, por alguns instantes quase voltei atrás, mas o portão se abriu e uma senhora elegante saiu, cabelos curtos, brancos e arrumados, com um cachorro na coleira. Parecia que ambos iriam caminhar.

Ela parecia bem mais nova do que o senhor Pereira, o que me causou certo espanto. Não tinha tido aquela impressão pela foto envelhecida.

Chamei a senhora pelo nome da carta:

— Dona Violeta?

Ela me olhou e respondeu, educadamente:

— Pois não, em que posso ajudar?

— Eu trouxe notícias do senhor Pereira, sou amigo dele. Podemos conversar por alguns minutos?

Ela me olhou fixamente, por um momento tive a sensação de que lágrimas iriam brotar, mas ela logo retomou a pose e me acenou com a cabeça. Aproximei-me, estendi a mão e ela correspondeu. Dei um leve sorriso, agradecendo por seu gesto.

Ela me convidou para entrar e sentar em uma das cadeiras que ficavam na varanda. Começamos a conversar, contei como conheci o senhor Pereira. Entreguei a ela meu cartão para lhe dar um pouco mais de segurança. Por sua vez, ela não pareceu se amedrontar com minha presença, demonstrava segurança. Ficou me ouvindo e acariciando o cachorro em seu colo.

Contei sobre a morte do senhor Pereira. Ela empalideceu, bebeu o restante do suco e falou:

— Por que você se deu ao trabalho de vir até aqui? Para me contar isso? O Pereira faz parte do passado.

— Entendo, mas vim aqui por ele.

— Por ele?

— Sim, nestes últimos vinte e tantos anos sei que ele viveu arrependido. Se ele tivesse tido coragem suficiente para procurar a família, ele teria dito isso para a senhora.

Ela se manteve firme, com sua amável pose de senhora elegante, bem cuidada. Percebi que ela não queria mais conversar. Ficamos alguns minutos em silêncio. Levantei-me, agradeci o suco e me despedi.

Voltei pensativo, de certa forma aliviado, com a certeza de que tinha feito algo correto. Certamente, o que vale na vida é a jornada, que é muito mais importante do que o resultado em si. A jornada é que faz a vida acontecer, é o que nos dá oportunidades de aprender.

Ignoramos o fato de que um dia iremos morrer, que todo amor que sentimos ou que causamos irá virar apenas lembrança.

Mesmo assim, buscamos certezas e resultados, nos iludimos com o que compramos, com o que temos. Nós nos esquecemos de que a vida deve ser vivida hoje.

O senhor Pereira foi importante para mim.

Minha vida até aqui foi um ato criativo. Tive a ideia de mudar de cidade, de aceitar o emprego na Serviços Difusão, me tornar garçom, dizer não e dizer sim, viver a emoção do amor, de ser pai, tomar decisões com base em meus valores, perguntar e muitas vezes não se conformar com a resposta, questionar novamente e – o mais importante – cuidar das pessoas da minha vida.

Os dias no hospital mudaram o rumo da minha vida. Tive sorte em conhecer a dona Márcia. Sim, tive muita sorte na vida. Ela me ensinou algumas reflexões poderosas, do tipo: "O que eu ainda não sei? Ou como descubro o que eu ainda não vi?".

Acho que sempre vou sentir um certo frio na barriga diante da imprevisibilidade do mundo. Quando a gente menos espera, tudo pode mudar.

Meu desafio hoje é preparar os membros da minha equipe, fazer com que eles tenham autonomia em suas zonas de atuação, para que possam tomar as melhores decisões. Os manuais não dão conta da imprevisibilidade e do ineditismo do mundo. É preciso humildade, pois não temos todas as respostas, mas precisamos nos preparar para encontrar soluções eficazes quando necessárias.

A humildade nos faz tomar mais cuidado, ter prudência, faz nos preparar melhor, pois desejamos aprender sem ficar presos a verdades que não se sustentam mais.

O Buffet Leone é uma mistura de muitos talentos, muitas pessoas. Eu sou um pouco de cada uma delas, pois elas me guiam na hora de tomar decisões. E o melhor: também me ajudam a fazer aquilo que acredito, me ajudam a utilizar a energia criativa que está dentro de mim.

Penso que muitas empresas devem ter dificuldades parecidas como, por exemplo, conquistar clientes, manter o caixa no azul, reter funcionários, contar com pessoas talentosas e leais – e por aí vai.

As empresas de sucesso fazem algo diferente, algo a mais. Elas têm bons líderes, que inspiram, que falam com paixão, que conseguem comunicar suas visões com o coração. Como um rio que quer fluir e encontra barreiras, mas não desiste.

O filósofo americano Ralfh Waldo Emerson disse: "Nada grandioso jamais foi realizado sem entusiasmo".

É certo, porém, que nenhuma pessoa talentosa pode ter sucesso sozinha. De fato, tudo se resume a encontrar as pessoas certas, inspirá-las e trazer à tona o melhor em cada uma delas.

Eu simplesmente adoro aprender, sou um cara muito curioso, adoro derrubar regras, virar os rótulos de cabeça para baixo.

Os últimos vinte e poucos anos da minha vida foram simplesmente maravilhosos e empolgantes. Muita coisa rolou nesses anos todos – e continuam rolando...

O buffet cresceu e mudou de endereço. Meu pai continua sozinho, o Giovani é professor de educação física e dá aulas de futebol. A Dedé continua a mesma danada de sempre, deixa meu pai doido. Começou a faculdade de administração e depois mudou para moda, quer ser estilista. Eu aposto nela! A Fernanda engravidou novamente. No entanto, tudo isso é outra história!

Valeu!

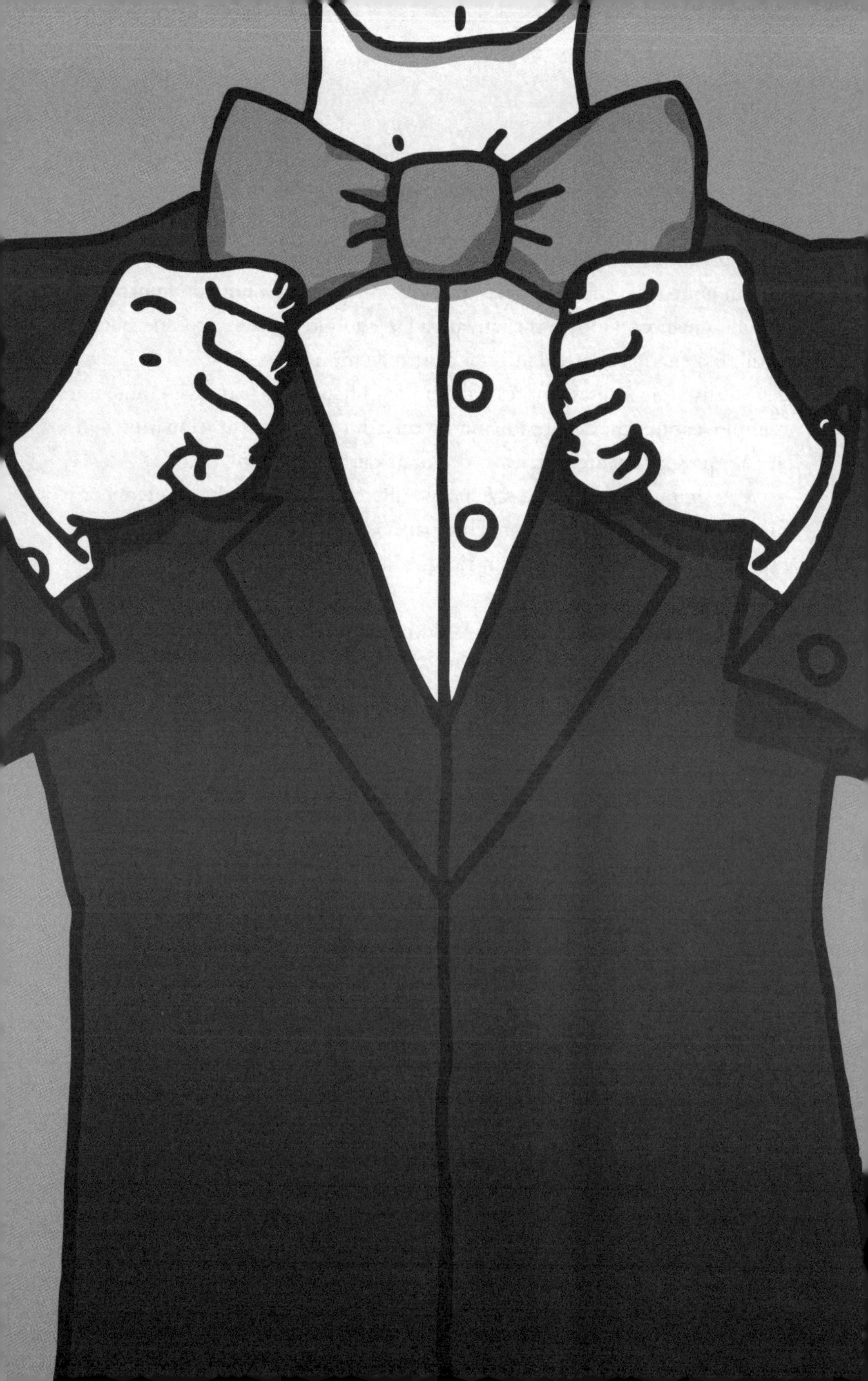

EPÍLOGO

O Buffet Leone tinha acabado de completar 5 anos.

Uma equipe grande estava envolvida no evento daquela noite, com funcionários próprios e também terceirizados.

Para mantermos a maestria e a excelência de nossos serviços, tratamos cada evento como *o Evento*, com "E" maiúsculo. Cuidamos de cada detalhe sem relaxar. Como dizia Aristóteles, "excelência não é um feito, mas um hábito". Somos aquilo que fazemos repetidamente.

Eu dirigia meu carro em meio a tantas descobertas importantes e ouvia minha música favorita, "Coisas da vida":

Depois da estrada começa uma grande avenida,
no fim da avenida existe uma sorte, uma nova saída.
(...)
Eu não tenho nada para dizer, por isso digo
Que eu não tenho muito o que perder, por isso jogo
Eu não tenho hora para morrer, por isso sonho.

Sentir a energia da cidade me enche de alegria e paz, mesmo no meio de tantas buzinas e confusão.

Ao chegar no local da festa, chequei todos os detalhes. Todos nos arrumamos, colocamos nossos uniformes, faço questão de usar o meu, a única diferença é a cor, quando todos estão de branco, eu uso preto e mudo a cor da minha gravata-borboleta. Nestes anos de buffet, tenho acumulado gravata-borboleta de todas as cores, quando o evento é corporativo, coloco uma gravata da cor do logo do cliente, estas gravatas todas são muito importantes para mim.

Chamei os funcionários para as palavras finais antes de entrarmos em cena.

Fizemos uma grande roda. Convidei todos, sem exceção, a participar. Este é um ritual que mantenho, realizamos um diálogo antes de iniciar qualquer evento, é o nosso aquecimento.

Comecei falando:

– Hoje é uma noite importante para nós. Mais uma vez, devemos fazer tudo o que sabemos para dar certo. Vou repetir os mantras que não me canso de dizer e que vem movendo este buffet, que vem norteando minha vida nestes últimos anos, constituindo a identidade e a cultura desta empresa, da nossa empresa, o Buffet Leone. Estes mantras não são somente meus, eu os peguei emprestado dos muitos líderes que servi em anos de trabalho e também de Aristóteles, Michelangelo, Einstein e tantos outros. Além de Buda, Jesus, Martin Luther King, Nelson Mandela...

"**O jeito de ser do Buffet Leone**, o que constitui o núcleo de nossa identidade, são as nossas crenças e, a partir delas, tomamos decisões e agimos. É uma convicção profunda. Isto faz toda a diferença, pois definir que tipo de pessoas contratar, o que discutimos em reunião, como nos apresentamos e servimos nossos clientes, podem parecer decisões sutis, mas elas significam tudo.

"Nelas estão nossos valores, muitos aprendidos em casa, com nossos pais, na escola que estudamos, na igreja, no clube, outros são um conjunto de critérios que usamos para avaliar nossas ações – e as ações dos outros – como boas ou ruins. A partir de nossas crenças, formamos nosso caráter e a nossa identidade, identidade esta que mostra quem somos através de nossas atitudes.

"Cada um de vocês deve acreditar na pessoa que é, em sua identidade. Não desvie de seu caráter jamais. Sempre haverá um tempo, um lugar para você apresentar a pessoa que você é. O mundo está clamando por pessoas de caráter, dispostas a tornar a Terra um lugar melhor. Cuide do mundo a sua volta, das pessoas, do jardim, pois se cada um de nós der a sua contribuição, construiremos um lugar melhor para nossos filhos e nossos netos viverem.

"Aconteça o que acontecer, enquanto estiverem trabalhando aqui, ajam sempre de acordo com os mantras de nossa empresa. A forma como tomamos decisões – especialmente aquelas mais difíceis – mostram o nosso jeito de ser e o que valorizamos. Isto é muito mais potente do que mil palavras. Saber expressar suas ideias, pensamentos é importante e, quando suas palavras estão alinhadas ao seu jeito de ser, não haverá o que explicar, suas atitudes falarão por você e dirão quem você realmente é.

"Nós nos mostramos mais em nossas ações do que com nossas palavras. Vamos fazer nosso trabalho da nossa melhor forma, e os clientes irão perceber o nosso jeito de ser porque cada um aqui sabe o que significa a crença que nos leva a ser quem somos.

"**NÓS ACREDITAMOS NAS PESSOAS.** Para nós, não existe uma empresa bem-sucedida sem pessoas. Zelamos por nossos funcionários com a mesma intensidade que zelamos pela necessidade de nossos clientes.

"Ao longo dos últimos anos, perdemos esta capacidade e precisamos retomar isto: confiar nas pessoas e sermos dignos de confiança. Nos faz bem acreditar nas pessoas, afinal são homens e mulheres que realizam negócios, tomam decisões, sentem medo... O tempo todo são pessoas se relacionando com pessoas.

"Isso nos coloca em sintonia com o outro e no poder ilimitado do ser humano, na sua criatividade, na sua genialidade, na sua força, na sua capacidade. Acreditar nas pessoas e em nós mesmos nos dá esperança. Desta forma, conseguimos acreditar que o mundo pode ser melhor, que amanhã também será um dia também melhor e que nós, em nosso processo de evolução, somos capazes de escrever uma nova história, ter um futuro diferente do que vivemos hoje, onde pessoas não serão mais injustiçadas socialmente, terão oportunidade e serão respeitadas.

"Devemos acreditar na pessoa que somos, repetir incansavelmente que podemos fazer algo, que existem novos caminhos, que podemos questionar, que podemos ser o que quisermos ser e que podemos ajudar as pessoas a nossa volta a serem melhores, acreditar em seus sonhos e que somos capazes de realizá-lo. Dar uma contribuição.

"Um barco não foi feito para ficar no porto e sim para velejar. O grande prazer da vida está na viagem e não somente em chegar ao destino.

"Acredito que juntos somos melhores do que seríamos individualmente, juntos, somos o melhor time. Hoje, daqui a poucos minutos, faremos o nosso melhor!

"**EU GANHO, VOCÊ GANHA, TODOS GANHAM.** Ter uma vida onde todos ganham – ao menos no que for possível para nós. Atingir o sucesso, fazer seu trabalho e levar a vida de uma forma que seja boa para você, boa para o outro e boa para a sociedade.

"Ninguém precisa perder para o outro ganhar, não em nosso negócio. Dá para todo mundo ganhar e praticarmos o capitalismo consciente.

"A magia da vida está em jogar frescobol, imaginem vocês na beira da praia em uma tarde ensolarada, com a brisa envolvendo, onde o que importa é a diversão, jogar a melhor bola para o outro devolver para você a melhor bola e assim o jogo continua vivo.

"Logo mais ofereceremos nossos serviços mais uma vez. **Vamos nos divertir, manter o jogo vivo, tudo sem deixar de oferecer um excelente trabalho para o cliente e para nós mesmos**. Assim, todos saem ganhando.

"**TEMOS NOSSA FORMA DE FAZER E ACONTECER.** Devemos praticar o que acreditamos, viver o que defendemos mesmo quando ninguém estiver olhando. Os fins não justificam os meios.

"Meu pai e algumas das pessoas que tive o prazer de servir e o privilégio de conhecer me ensinaram que é possível fazer a coisa certa mesmo que ela seja a coisa mais difícil a fazer. E não importa o quanto você já sabe sobre um assunto, tem sempre algo novo a aprender e, para atingir a excelência, é preciso praticar, praticar, praticar e praticar.

"O que vem nos diferenciando nestes anos e permitindo nosso crescimento são as pessoas que temos e a forma como fazemos as coisas por aqui. Para o Buffet Leone é mais importante o serviço que prestamos do que propriamente o lucro. Este é importante e necessário, claro, pois permite investimentos na empresa que queremos, mas ele não é o único objetivo, ele é o meio que permite a realização do que acreditamos.

"A vida é composta por múltiplas ações e reações. Pequenos feitos podem causar grandes efeitos. Uma única pessoa aqui pode fazer a diferença. O pessimista reclama do vento e o otimista espera que o vento mude. Já aquele que faz, o protagonista, já está ajustando as velas. **Vamos fazer nosso trabalho, vamos lá fazer o que sabemos!**

"**ENSINAR E APRENDER PARA FAZER MELHOR.** Devemos sempre ensinar o que sabemos, sem medo de compartilhar o conhecimento. Por outro lado, também devemos ter humildade para aprender, reconhecer que ninguém tem todas as respostas. Juntos, podemos descobrir os melhores caminhos. É preciso sempre passar o que sabemos para a frente. Como disse Cora Coralina: 'Feliz é aquele que transfere o que sabe e aprende o que ensina.'

"Ensinar por meio de histórias, de exemplos. É muito difícil persuadir alguém apenas pela lógica. Aprendi com a experiência de muitos homens e mulheres, pessoas como vocês. Meus avós, por exemplo. A história deles serviu para ensinar meu pai, meus tios e netos. Minha avó era praticamente analfabeta, mas escrevia como ninguém. Ela usava a sua poesia para ensinar o amor, o perdão e a compaixão, influenciando o mundinho à sua volta.

"**Vamos aproveitar cada oportunidade, cada momento, para ensinar o que sabemos uns aos outros, começando com os que estão hoje aqui conosco pela primeira vez.**

"**CONVERSAR E SABER OUVIR.** Mostrar um interesse genuíno no outro, ouvir, evitar dar respostas sem perguntas. Às vezes, a única coisa que falta é comunicação. Duas pessoas podem brigar por uma mesma laranja sem saber que uma quer fazer suco com a polpa e a outra, doce com a casca. Em vez de cortar a fruta ao meio, resultado insatisfatório para ambas as partes, seria muito mais produtivo ser honesto e comunicar os objetivos claramente. Um ficaria com a polpa; e o outro, com a casca – problema resolvido, e 100% de ganho para cada um!

"Conversar vai além de simplesmente falar e escutar. Significa colocar a verdade na mesa, claramente, e também ter interesse em descobrir a verdade do outro. O que vocês querem fazer com suas laranjas?

"A chave é estar ciente de que muitas coisas são percebidas apenas a partir da visão do outro. Só assim é possível descobrir novos caminhos, juntar ideias. Nenhum homem é uma ilha, nós não existimos isoladamente.

"**Prestem atenção, muita atenção quando servirem os convidados. Fiquem atentos aos sorrisos, aos olhares e também àquilo que não é dito, apenas possível de ser percebido.**

"**COM TUDO ISSO, CHEGAMOS AO NOSSO OBJETIVO FINAL: ENCANTAR.** Encantar é um tipo de vibração, uma energia que tem efeito positivo sobre as pessoas porque nós conseguimos nos inspirar e oferecer o melhor de nós ao outro em um movimento de dentro para fora. Para encantar nossos clientes, precisamos nos antecipar, oferecer o que eles ainda não sabem que desejam. Assim, eles levarão para casa emoções positivas adquiridas através da experiência – e desejarão repeti-la. Precisamos despertar paixão por momentos prazerosos e, assim, eles irão desejar repetir a experiência.

"A paixão habita dentro de cada um de nós. Cada pessoa tem o seu mecanismo, cada ser humano é despertado para a paixão de uma forma diferente. Não dá para explicar. Cada pessoa é única. Não tem ciência que dê conta disto, da mesma forma que ela consegue explicar o relógio, mas não consegue explicar o relojoeiro e ninguém consegue explicar racionalmente a saudade ou mesmo medi-la.

"A paixão é aquele forte sentimento que vem do coração, do centro do nosso ser, que dá sentido à nossa existência, que desperta, oferece um começo, um olhar, uma possibilidade e que nos impulsiona. Ela é uma força avassaladora que nos move e também move o outro para a ação. Inspira, encanta e contagia. Essa força aliada às ideias ou simples palavras faladas com paixão tem o poder de mudar o mundo, de mover uma multidão.

"Quando um sonho é colocado em seu coração, não importa a dificuldade e quantos 'nãos' você receba, você sabe que terá sucesso.

"Vou contar uma coisa, existe algo que é mais importante do que qualquer treinamento ou sorte, é o coração. Somente um coração determinado conseguirá seu objetivo. Tudo diz respeito à paixão. Não sei se a vida é curta ou longa para nós, se passa devagar ou corre acelerada, mas sei que nada do que vivemos tem sentido se não tocarmos o coração das pessoas.

"A paixão mora dentro de cada um de nós! Nosso coração é que nos motiva e determina nosso destino. Por isto, nestes anos tenho buscado para esta empresa pessoas que apresentem, acima de tudo, algum tipo de paixão. E vejo isso aqui, agora.

"Espero que a minha inspiração ofereça algo a cada um de vocês. A maneira mais simples de identificar a verdadeira paixão é responder à pergunta: 'O que faz seu coração bater mais forte?'"

Referências de aprendizagem e inspiração

Aristóteles
Steve Jobs
Ken Wilber
Albert Einstein
Mario Sérgio Cortella
Epíteto
Julian Rotter
Peter Senge
Ken Robinson
Carolyn Taylor
Fred Kofman
Daniel Goldman
David Kelley
Clóvis de Barros Filho
Edgar Schein
Daniel Pink
Howard Gardner

Jim Collins
Stephen Covey
Sylvia Vergara
Ram Charan
Warren Bennis
Chris Argyris
Peter Drucker
Buckingham e Coffman
Ben Zander
Charles Duhigg
Humberto Mariotti
Carl G. Jung
Margaret J. Wheatley
Anita Roddick
Christophe Dejours
Carmine Galo
Nancy Duarte
Humberto Maturana

Contato com a autora
cweisz@editoraevora.com.br

Este livro foi impresso em papel *Pólen Bold* 90g pela Edições Loyola